Keller/Seifert: Atypische Beschäftigung zwischen Prekarität und Normalität

Forschung aus der Hans-Böckler-Stiftung 158

Herausgegeben von der Hans-Böckler-Stiftung, Düsseldorf

Berndt Keller
Hartmut Seifert

Atypische Beschäftigung zwischen Prekarität und Normalität

Entwicklung, Strukturen und Bestimmungsgründe im Überblick

edition sigma

Bibliografische Information der Deutschen Nationalbibliothek

Die Deutsche Nationalbibliothek verzeichnet diese
Publikation in der Deutschen Nationalbibliografie;
detaillierte bibliografische Daten sind im Internet
über http://dnb.d-nb.de abrufbar.

ISBN 978-3-8360-8758-2

Umschlaggestaltung: Gaby Sylvester, Düsseldorf – www.sylvester-design.de

Druck: Rosch-Buch, Scheßlitz

Printed in Germany

Inhalt

Vorwort

Das Thema atypische Beschäftigungsverhältnisse haben wir seit gut zwei Jahrzehnten in zahlreichen gemeinsamen Aufsätzen, Broschüren und Sammelbänden behandelt. Es lag deshalb nahe, über die angeschnittenen Einzelfragen hinauszugehen und sie in einer größeren Arbeit zusammen- und fortzuführen. Hierfür sprach auch die vermehrte Aufmerksamkeit, die atypische Beschäftigungsverhältnisse in der politischen wie wissenschaftlichen Debatte im Laufe der Jahre gewonnen haben. Entsprechend zugenommen hat die einschlägige Literatur. War sie in den 1990er Jahre noch recht überschaubar, ist sie seitdem zu einem fast eigenständigen, verschiedene Disziplinen übergreifenden Forschungsgebiet angeschwollen; fast wöchentlich kommen neue Arbeiten hinzu.

Wir haben die uns wichtig erscheinende Literatur weitgehend verarbeitet. Mit der vorliegenden Buchveröffentlichung geben wir aber nicht nur einen Überblick über den Stand der Diskussion, sondern bearbeiten auch neue, bisher nicht behandelte Fragestellungen und wollen zur weiteren Diskussion und wissenschaftlichen wie politischen Befassung mit diesem Thema anregen.

Zu kurz gekommen ist in der bisherigen Befassung mit atypischen Beschäftigungsverhältnissen die Frage nach den Ursachen für deren Expansion. Wie ist die Zunahme einzelner Formen zu erklären, welche theoretischen Ansätze bieten sich an? Hierzu präsentieren wir unsere Hypothesen, die zu weiterführenden Arbeiten herausfordern sollen. Ein weitgehend offenes Feld stellen die Langfristfolgen atypischer Beschäftigungsverhältnisse nicht nur für die Individuen, sondern auch für die Wirtschaft und deren nachhaltige Wettbewerbsfähigkeit sowie die Funktionsweise des Arbeitsmarktes dar. Hierzu stellen wir ebenfalls unsere Überlegungen vor, die in zukünftigen Arbeiten zu vertiefen sind. Auch die Einbettung in die internationale Entwicklung und Diskussion gehört zu den bislang nur unzureichend geleisteten Arbeiten. Das könnte ein Nachfolgeprojekt sein.

*

Ohne die großzügige Unterstützung durch die Hans-Böckler-Stiftung für die Drucklegung dieses Buches wäre unsere Arbeit nicht über die Manuskriptform hinausgekommen. Hierfür danken wir sehr herzlich. Wertvolle Unterstützung bei empirischen Auswertungen leisteten *Susanne Schulz* und *Barbara Zimmer*. *Claudia Müller* danken wir für ihre umsichtige Durchsicht des Manuskriptes.

Essen, Düsseldorf, im Oktober 2013

Berndt Keller
Hartmut Seifert

1 Problemstellung

Der Arbeitsmarkt verändert seine Struktur. Das bisher vorherrschende Ordnungsmuster gerät mehr und mehr aus den Fugen. Der Arbeitsmarkt zerfällt in Segmente mit nur geringer Durchlässigkeit. Atypische Beschäftigungsverhältnisse gewinnen, das Normalarbeitsverhältnis (im Folgenden NAV) verliert an Bedeutung. Mittlerweile entfällt deutlich mehr als ein Drittel der Gesamtbeschäftigung auf Leiharbeit, befristete und geringfügige sowie Teilzeitbeschäftigung. Außerdem steigt die Zahl der Solo-Selbstständigen. Gleichzeitig wächst der Anteil der Arbeitnehmer mit prekären Beschäftigungs- und Arbeitsbedingungen. In dieser Entwicklung sieht der Sachverständigenrat die Herausbildung einer „Zwei-Klassengesellschaft auf dem Arbeitsmarkt“ (2005: Ziffer 181).

Obwohl atypische Beschäftigungsverhältnisse kein neues Phänomen darstellen, finden sie erst seit den „Gesetzen für moderne Dienstleistungen am Arbeitsmarkt“ (im Folgenden: Hartz-Gesetze) vermehrt Beachtung in der wissenschaftlichen und politischen Debatte. Seitdem ist eine heftige Kontroverse entbrannt, wie sie beschäftigungs- und sozialpolitisch zu bewerten sind. Befürworter führen den Beschäftigungsanstieg zwischen 2005 und 2008 und die weitgehende Vermeidung zunehmender Arbeitslosigkeit während der scharfen Konjunkturkrise 2008/09 sowie die nachfolgende Beschäftigungsexpansion auf die Deregulierung des Arbeitsmarktes, u.a. atypischer Beschäftigungsformen, zurück, bleiben allerdings den empirischen Nachweis für ihre Vermutung schuldig. Kritiker verweisen auf deren außerordentlich hohe soziale Risiken und sprechen von Prekaritätsrisiken, die weit in die Nacherwerbsphase hinein reichen. Diese Probleme greift auch die erst spät aufgekommene Debatte über Altersarmut auf.

Mit der Expansion atypischer Beschäftigungsformen hat sich der Informations- und Wissensstand über ihre Wirkungsmuster und sozialen Probleme in den vergangenen Jahren, u.a. durch die Evaluationsstudien zu den Hartz-Gesetzen, zweifellos deutlich verbessert (BMAS 2006).[1] Allerdings dominieren nach wie vor Studien zu einzelnen Branchen (u.a. Handel, Bauwirtschaft) oder ausgewählten Formen (vor allem Leiharbeit und Minijobs). Überblicksartige Darstellungen, welche die Veränderungen des Beschäftigungssystems und ihre einschneidenden Folgen insgesamt deutlich machen, stellen nach wie vor Ausnahmen dar (Keller/Seifert 1995, 2007; Keller et al. 2011). Außerdem stehen zumeist kurzfristige Probleme der Arbeitsmarktentwicklung (vor allem Arbeitslosenquote, Einkommensunterschiede, Übernahmequoten) im Mittelpunkt. Nur ver-

---

1 Einen nach verschiedenen Kriterien gegliederten Überblick bietet die Informations-Plattform des IAB: http://infosys.iab.de/infoplattform/thema.asp. Leicht zugänglich ist auch die „Datenbank atypische Beschäftigung“: http://www.boeckler.de/datyp/index. php.

gleichsweise selten werden dagegen die langfristigen sozialpolitischen Konsequenzen thematisiert, die sowohl auf individueller als auch kollektiver Ebene auftreten, obwohl sie inzwischen deutlich zu Tage treten.

Die vorliegende Studie gibt einen systematisch-umfassenden, empirisch fundierten Überblick über atypische Beschäftigungsverhältnisse seit den frühen 1990er Jahren. Diesen Referenzzeitpunkt wählen wir, weil die deutsche Vereinigung eine deutliche Zäsur auch für die Entwicklung des Arbeitsmarktes bedeutete. Die Studie zeigt die gravierenden sozialen Probleme auf, welche die Ausbreitung atypischer Beschäftigungsformen kurz- und langfristig, d.h. sowohl während als auch nach der Erwerbstätigkeit, verursacht. Die Notwendigkeit ihrer ausführlichen Behandlung ergibt sich allein schon aus der Tatsache, dass sie aus quantitativen Gründen keine zu vernachlässigende Größe mehr darstellen.

Die Studie, die sich mit Formen, Entwicklung, Verbreitung, sozialstruktureller Zusammensetzung sowie Problemen der Regulierung atypischer Beschäftigungsformen befasst, hat folgende Gliederung.

In *Kapitel 2* erfolgt die für den weiteren Verlauf der Analyse notwendige definitorische Abgrenzung von Normalarbeits- und atypischen Beschäftigungsverhältnissen. Außerdem werden Kriterien entwickelt, mit deren Hilfe sich die multidimensionalen Prekaritätsrisiken umfassender und zugleich differenzierter bestimmen lassen, als dies zumeist der Fall ist. Das deskriptiv gehaltene *Kapitel 3* behandelt die langfristige Entwicklung sowie den aktuellen Umfang und die sozialstrukturelle Zusammensetzung der einzelnen Formen. Im Mittelpunkt von *Kapitel 4* steht die Frage nach den sozialen Folgen, denen anhand von operationalisierten Kriterien der Prekarität nachgegangen wird. Es wird gezeigt, in welchem Maße sich die Prekaritätsrisiken von Normal- und atypischen Beschäftigungsverhältnissen unterscheiden. *Kapitel 5* geht über detaillierte Beschreibungen hinaus und diskutiert bisher in der wissenschaftlichen und politischen Diskussion weitgehend vernachlässigte, theorieorientierte Erklärungen der Expansion atypischer Beschäftigungsverhältnisse. *Kapitel 6* geht der bisher nur unzureichend behandelten Frage nach, welchen Einfluss die Interessenvertretungen, Betriebsräte und Gewerkschaften, auf atypische Beschäftigung ausüben. Das abschließende *Kapitel 7* behandelt Vorschläge, die geeignet sind, die Prekaritätsprobleme zu lösen oder zumindest zu lindern. Sie verstehen sich als Beitrag zur laufenden Diskussion über die Neu-Regulierung des Arbeitsmarktes.

2 Definitorische Abgrenzungen

2.1 Normalarbeits- und atypische Beschäftigungsverhältnisse

In der Arbeitsmarktforschung hat sich die Unterscheidung zwischen atypischen und NAV eingebürgert. Dieses Vorgehen ist international üblich (Kalleberg 2011; JILPT 2011; ILO 2012), wenngleich die verwendeten Begrifflichkeiten differieren.[1] Wichtiger als semantische Fragen ist die inhaltliche Klärung, worin sich atypische und NAV unterscheiden. Eine genaue Abgrenzung erweist sich sowohl aus methodischen als auch inhaltlichen Gründen als notwendig: Zum einen benötigen wir für die empirische Analyse einen Ausgangspunkt, der als Referenzgröße dient, um qualitative Unterschiede gegenüber dem NAV sowie zwischen den atypischen Formen verdeutlichen zu können. Zum anderen besteht in verschiedenen kontinentaleuropäischen Ländern, vor allem in Deutschland als konservativem Sozialstaat (Esping-Andersen 1990), nach wie vor eine enge Koppelung zwischen Erwerbstätigkeit auf Basis des NAV und der vollständigen Integration in die Systeme der sozialen Sicherung, vor allem der Rentenversicherung (Geltung des Äquivalenzprinzips).

Die vorgenommene Unterscheidung stellt eine Denkfigur bzw. eine Nominaldefinition dar (Kalleberg 2000, 2011; Vosko 2010); sie ist nicht normativ zu verstehen im Sinne der Beschreibung eines früher (angeblich) vorhandenen[2] oder zukünftig anzustrebenden Zustandes. Sie dient wesentlich analytischen Zwecken. Da auch das NAV kein statisches Konstrukt darstellt, sondern ebenfalls Veränderungen des institutionell-rechtlichen Rahmens ausgesetzt ist, verändert sich auch die für empirische Untersuchungen und Bewertungen benötigte Referenzgröße.

Die in der aktuellen arbeits- und sozialpolitischen Diskussion üblichen Definitionskriterien des NAV sind (Mückenberger 1985, 2007, 2010):

- Vollzeittätigkeit mit entsprechendem subsistenzsicherndem Einkommen,
- unbefristetes Beschäftigungsverhältnis,
- vollständige Integration in die sozialen Sicherungssysteme (vor allem Arbeitslosen-, Kranken- und Rentenversicherung),
- Identität von Arbeits- und Beschäftigungsverhältnis,
- Weisungsgebundenheit des Arbeitnehmers vom Arbeitgeber.

Atypische Beschäftigungsverhältnisse sind negativ vom NAV abgegrenzt. Sie stellen eine Sammelkategorie dar, die inhaltlich heterogene, in der weiteren Ana-

---

1 Teilweise ist die Rede von regular und non-regular employment, atypische Beschäftigungsverhältnisse werden auch als contingent work bezeichnet (Houseman/Osawa 2003, Vosko et al. 2009a, 2009b; Kalleberg 2011).

2 In historischer Perspektive war es das „male breadwinner model of employment“.

lyse sorgfältig zu unterscheidende Formen umfasst (Kalleberg 2009; Standing 2011; Stone 2012). Eine Gemeinsamkeit besteht darin, dass sie ein höheres Maß an Flexibilitätspotenzialen bieten als NAV (vgl. Kap. 5). Die einzelnen Formen unterscheiden sich vom NAV in mindestens einem der genannten Kriterien:[3]

Bei *sozialversicherungspflichtiger Teilzeittätigkeit* sind die regelmäßige Wochenarbeitszeit und entsprechend das Entgelt reduziert im Vergleich zur (tariflichen oder individuell vereinbarten) Regelarbeitszeit. Definiert ist Teilzeitarbeit im Teilzeit- und Befristungsgesetz (TzBfG) mit einer Arbeitszeit, die unterhalb der Regelarbeitszeit von Vollzeitbeschäftigten liegt.[4] Nachfolgend gelten Arbeitszeiten von weniger als 35 Wochenstunden als Teilzeit. Andere Abgrenzungen, wie die des Statistischen Bundesamtes, gehen von weniger als 21 Stunden aus (Statistisches Bundesamt 2012a).[5]

Geringfügige Beschäftigung stellt eine spezifische, durch Vorgabe monatlicher Einkommensgrenzen definierte Variante von Teilzeittätigkeit dar. Die Hartz-Gesetze weiteten sie zu Mini-Jobs aus, indem sie die Einkommensgrenze von monatlich 325 auf 400 Euro erhöhten; außerdem schafften sie die bis dato bestehende Beschränkung der Wochenarbeitszeit auf maximal 15 Stunden ab.[6] Seit 2013 liegt die Einkommensgrenze bei 450 Euro. Die pauschalierten Beiträge zur Sozialversicherung einschließlich Steuern in Höhe von insgesamt zunächst 25 und seit 2006 30 Prozent leistet allein der Arbeitgeber. Insofern handelt es sich um eine zeitlich unbefristete Form des Kombilohns (Sachverständigenrat 2006a).

Weiterhin führten die Hartz-Gesetze neben der Ausweitung der Minijobs im unteren Bereich der Teilzeitbeschäftigung die *Midijobs* in einer Gleitzone zwischen 401 und 800 Euro Monatseinkommen ein, um finanzielle Anreize zur Aufnahme einer Beschäftigung zu schaffen. Ähnlich wie bei den Minijobs erhöhte

3 Wir unterscheiden zunächst nur zwischen den einzelnen Formen, relevante Differenzierungen bzw. Subgruppen innerhalb der Formen führen wir später ein.

4 Die tarifliche Wochenarbeitszeit variiert zwischen 34 (Deutsche Telekom AG) und 40 Stunden (z.B. Bauhauptgewerbe, Teile des öffentlichen Dienstes) (Bispinck/WSI-Tarifarchiv 2012).

5 Dieser Grenzwert ist problematisch, da er nur einen Teil der Beschäftigten mit Midijobs den atypischen, einen nicht nur marginalen anderen Teil den NAV zuschlägt. Wie zu zeigen ist (vgl. Kap. 3), bewegen sich die Einkommen von einem Teil der Beschäftigten, obwohl sie auf einer Arbeitszeit von 21 Stunden und länger basieren, unterhalb der Obergrenze von 800 bzw. 850 Euro für Midijobber.

6 Für Minijobs in privaten Haushalten gilt die spezielle Regelung mit einer geringeren Abgabenquote von 12 Prozent. Sie soll die Schwarzarbeit legalisieren. Wir gehen im Folgenden auf die gemeldeten ca. 250.000 Minijobber (Stand: Mitte 2013) in „haushaltsnahen Dienstleistungen" nicht näher ein. Der Anteil der Schwarzarbeiter dürfte erheblich sein. Vgl. zusammenfassend zum Problem Pfeiffer/Metzger (2009) sowie Gottschall/Schwarzkopf (2010).

sich ab 2013 die Einkommensgrenze um 50 auf 850 Euro. Midijobs sind – im Gegensatz zu Minijobs – sozialversicherungspflichtig. Die Arbeitnehmer zahlen in dieser Progressionszone vergleichsweise niedrige, mit der Einkommenshöhe linear steigende Beiträge zur Sozialversicherung, ihre Arbeitgeber entrichten die vollen Beiträge (zu Einzelheiten Koch/Bäcker 2003; Rudolph 2003). Die Einführung einer Gleitzone soll die Sprungstelle zwischen geringfügiger und sozialversicherungspflichtiger Beschäftigung abflachen. Diese spezifische Regelung eines ebenfalls zeitlich unbefristeten Kombilohns ist nicht nur neu, sondern im internationalen Vergleich ungewöhnlich.

Befristete Arbeitsverhältnisse enden automatisch zu einem angegebenen Zeitpunkt. Zu unterscheiden sind zwei Formen: Befristungen ohne Sachgrund sind auf maximal zwei Jahre begrenzt, können aber per Tarifvertrag ausgedehnt werden. Eine wiederholte Befristung mit der derselben Person ist ausgeschlossen. Befristungen mit Sachgrund sind dagegen wiederholt möglich (§ 14 TzBfG). Die zulässige Höchstdauer einer Befristung „ohne sachlichen Grund" wurde seit Mitte der 1980er Jahre (Beschäftigungsförderungsgesetz 1985) mehrfach (von ursprünglich drei Monaten) bis auf derzeit zwei Jahre ausgeweitet (§ 14 TzBfG). Die gesetzlichen Regelungen des Kündigungsschutzes gelten nur während der Vertragsdauer, nicht hingegen bei der Beendigung; Kettenbefristungen ohne neue Gründe sind nicht erlaubt.

Bei *Leiharbeit*[7] besteht die rechtliche Besonderheit im Vergleich zu allen anderen Formen in der dreiseitigen Beziehung zwischen Arbeitnehmer, Verleih- und Entleihunternehmen. Arbeits- (zwischen Leiharbeitnehmer und Verleihunternehmen) und Beschäftigungsverhältnis (zwischen Leiharbeitnehmer und Entleihunternehmen) fallen auseinander. Im Rahmen der Hartz-Gesetze erfolgte eine weitgehende Deregulierung: Die Höchstdauer der Überlassung eines Arbeitnehmers an ein Entleihunternehmen, das Synchronisationsverbot[8] sowie das Wiedereinstellungsverbot wurden abgeschafft. Im Gegenzug zur Aufhebung rechtlicher Beschränkungen wurde das Prinzip „equal pay for equal work" eingeführt, von dem Tarifverträge abweichen können.[9]

---

7 Die Bezeichnungen Leih- und Zeitarbeit werden häufig synonym gebraucht. In Analogie zur offiziellen Terminologie des Arbeitnehmerüberlassungsgesetzes verwenden wir ausschließlich den Begriff Leiharbeit. Auch die Zuordnung zu den atypischen Beschäftigungsformen wird gelegentlich kritisiert, vor allem von den Verbänden der Branche sowie vom Dachverband der Arbeitgeberverbände (BDA 2013). Wir schließen uns der eindeutigen Mehrheitsmeinung an (vgl. auch SVR 2008: 301).

8 Es besagte, dass der Arbeitsvertrag zwischen Verleihunternehmen und Leiharbeitnehmer nicht an die Dauer der Überlassung an ein Entleihunternehmen gekoppelt werden durfte.

9 Die im Rahmen der Hartz-Gesetze eingeführten Personalserviceagenturen (PSA), das ursprüngliche „Herzstück des Abbaus der Arbeitslosigkeit", wurden weitestgehend wieder abgeschafft, da sie die Erwartungen ihrer Propagandisten nicht erfüllten.

Im Unterschied zu allen bisher genannten Formen ist die Integration der *Selbstständigen* in eine Analyse atypischer Beschäftigungsverhältnisse in der vorliegenden Literatur uneinheitlich. Einige Autoren (Klammer/Leiber 2007) beziehen sie ein, andere (Statistisches Bundesamt 2008; Sachverständigenrat 2008) nicht. Im strengen Sinne gehören sie als Selbstständige nicht zu den abhängig Beschäftigten. Wir beziehen sie – konkret eine Variante, die Solo-Selbstständigen – wegen der im Einzelnen zu behandelnden sozialen Risiken (Bögenhold/Fachinger 2010) ein.[10] Wir befinden uns damit im Einklang mit der internationalen Forschung (Houseman/Osawa 2003; Vosko et al. 2009a, 2009b; McKay et al. 2012).

Zunächst ist, wie bereits die Diskussion in den 1990er Jahren zeigte, eine trennscharfe, inhaltliche Abgrenzung zwischen abhängiger und selbstständiger Erwerbstätigkeit (sogenannte arbeitnehmerähnliche Selbstständigkeit oder Scheinselbstständigkeit) schwierig; die Grenzen sind fließend (Dietrich 1999). Der Gesetzgeber versuchte in Reaktion auf diese Schwierigkeiten in den späten 1990er Jahren, im „Gesetz zu den Korrekturen in der Sozialversicherung und zur Sicherung der Arbeitnehmerrechte“ formale Abgrenzungskriterien zu formulieren (u.a. Weisungsgebundenheit, Tätigkeit für nur einen Auftraggeber, keine Beschäftigung weiterer Arbeitnehmer, typische Arbeitsleistung von Arbeitnehmern). Diese Kriterien des sogenannten Korrekturgesetzes wurden jedoch bei späteren Änderungen, u.a. den Hartz-Gesetzen, nicht beibehalten, obwohl das Abgrenzungsproblem nach wie vor besteht (Schulze Buschoff 2006, 2010; Berndt 2009).

In einigen Ländern (Schulze Buschoff/Schmidt 2005, 2007) sollen weitere Formen der Selbstständigkeit die traditionell freiberufliche, wie bei Anwälten, Architekten oder Ärzten, ergänzen, zusätzliche Beschäftigungsmöglichkeiten schaffen, Arbeitslosigkeit abbauen bzw. verhindern und das Wirtschaftswachstum fördern. In diesem spezifischen Kontext von abhängiger und selbstständiger Erwerbstätigkeit wird eine weitere Unterscheidung relevant, nämlich die in Selbstständige mit und ohne weitere bezahlte Mitarbeiter. Die nachfolgende Analyse konzentriert sich, wie bereits erwähnt, auf die zuletzt genannte Gruppe der Solo-Selbstständigen.[11]

---

10 Andere Formen (wie Ein-Euro-Jobs (Arbeitsgelegenheiten mit Mehraufwandsentschädigung), Werkverträge, Praktika) finden keine Berücksichtigung.

11 Vgl. zu dieser in der Öffentlichkeit kaum präsenten Diskussion um Formen, Abgrenzungen und spezifische Probleme weiterführend die Sammlung von Literaturhinweisen: http://infosys.iab.de/infoplattform/dokSelect.asp?AP=4.

2.2 Atypische und prekäre Beschäftigungsverhältnisse

Atypische Beschäftigungsverhältnisse gewinnen in der öffentlichen Debatte vor allem vermehrt an Aufmerksamkeit, weil sie hohe Prekaritätsrisiken bergen. Diese Problematik ist nicht grundsätzlich neu. Mit der anhaltenden Expansion dieser Beschäftigungsformen erfassen die Prekaritätsrisiken aber wachsende Teile der Erwerbstätigen. Zugleich machen empirische Analysen nicht nur auf die kurzfristigen (Brehmer/Seifert 2008; Kalina/Weinkopf 2008; McKay et al. 2012), sondern auch auf die langfristigen negativen Wirkungen aufmerksam, die von längeren Phasen in atypischen Beschäftigungsverhältnissen ausgehen können (Hinrichs 2008; Schulze Buschoff 2011). Es mehren sich die Forderungen, diesen die Prekarität zu nehmen (vgl. im Einzelnen Kap. 7). Was aber bedeutet Prekarität in diesem Zusammenhang?

Die Diskussion über prekäre Beschäftigung basiert auf recht unterschiedlichen Definitionen. Der Begriff ist schillernd, häufig nur vage definiert und selten operationalisiert. Konsens besteht lediglich in der Auffassung, dass Prekarität für inferiore Beschäftigungs- und Arbeitsbedingungen steht. Als Referenzgröße dient das NAV mit seinen als konstitutiv angesehenen qualitativen Merkmalen. Insofern handelt es sich um relationale Bewertungen, da auch NAV nicht automatisch vor Prekaritätsrisiken schützen, vor allem nicht vor dem Risiko, Einkommen im Niedriglohnsektor zu beziehen und den daraus resultierenden sozialen Langzeitrisiken.

Es fehlen allgemein anerkannte Grenzwerte, die erlauben, sämtliche Beschäftigungsverhältnisse unabhängig von ihrer Form einzustufen, miteinander zu vergleichen und Prekaritätsgrade für einzelne Kriterien anzugeben. Je nach Definition variieren die zugrunde gelegten Kriterien und deren Bewertungen. Nicht nur die theoretisch-konzeptionelle, sondern mehr noch die empirische Forschung über Prekarität steckt in den Anfängen, obwohl der Begriff seit Jahrzehnten in der Literatur (Labini 1964, zusammenfassend Barbier 2011 und Vosko et al. 2009a) und auch in empirischen Partialanalysen Verwendung findet.

Die Arbeiten über Prekarität versuchen, die Entwicklungen des Arbeitsmarktes in einen breiteren soziologischen und sozialpolitischen Kontext einzuordnen und eine Brücke zur Forschung über soziale Ungleichheit, über Exklusion und Teilhabe zu schlagen (Krause/Köhler 2012). Dabei gehen die Versuche, Prekarität zu definieren und zu operationalisieren, unterschiedliche Wege. Teilweise beziehen sie sich lediglich auf eine Dimension, überwiegend auf das Einkommen (Kalina/Weinkopf 2012) oder allgemeiner auf das Kriterium Unsicherheit. Teilweise legen sie auch einen breiten Kriterienkatalog zugrunde, der neben objektiven auch subjektive Aspekte umfasst (beispielsweise Standing 1999), die aber nicht operationalisiert werden.

Zuweilen werden die Begriffe atypische und prekäre Beschäftigung synonym gebraucht (für andere Dörre 2006; Standing 2011). Atypisch heißt nicht notwendigerweise auch prekär (Rodgers 1989). Eine solche Gleichsetzung greift zu kurz und nivelliert unterschiedliche Problemlagen. Eine freiwillig gewählte, unbefristete Teilzeitbeschäftigung ist kurz- und mittelfristig nicht notwendigerweise prekär, wenn sie im oberen Arbeitszeit- und Einkommensbereich angesiedelt ist, ein ausreichendes Einkommen oberhalb der Armutsgrenze auch in der Nacherwerbsphase ermöglicht oder ein anderes Einkommen, beispielsweise aus einem NAV, die materielle Basis des Haushalts bzw. der Familie sichert; sie kann temporär die Vereinbarkeit von Familie und Beruf erleichtern. Ein langfristiges Problem besteht allerdings hinsichtlich der eigenständigen sozialen Sicherung im Alter, wenn Teilzeitarbeit auf geringer Stundenbasis und gleichzeitig niedrigem Lohnniveau über einen längeren Zeitraum geleistet wird. Auch eine befristete Beschäftigung, die der verlängerten Erprobung mit der Perspektive der Entfristung dient, muss nicht prekär sein. Von Prekarität dürfte außerdem kaum die Rede sein, wenn Befristungen mit hohen Gehältern als eine Art Risikoprämie vergütet werden. Demgegenüber kategorisieren andere Autoren (Lorber 2010) befristete Beschäftigungen generell als prekär, weil sie als unsicher gelten, schlechteren oder keinen Zugang zu bestimmten betrieblichen Leistungen (speziell Altersvorsorge, betriebliche Weiterbildung) haben und das Risiko bergen, Ansprüche auf Elternzeiten usw. zu verlieren oder gar nicht erst zu erwerben.

Unsicherheit gilt in zahlreichen Beiträgen als das zentrale, teilweise sogar als das einzige Kriterium für Prekarität. Auch der von Bourdieu (2000) in die Diskussion gebrachte Ansatz versteht Prekarität als soziale Unsicherheit in einem umfassenden, allerdings nicht näher operationalisierten Sinne. Ähnlich stellt auch Castel (2011) den Sicherheitsaspekt in den Mittelpunkt[12], lässt den Prekaritätsbegriff aber ebenfalls eher vage. Unsicherheit bildet auch bei Kalleberg (2011) eine zentrale Kategorie bei der Bewertung. Er bezeichnet Beschäftigungen als prekär, wenn sie „uncertain, unpredictable, and risky from the point of view of the worker" (Kalleberg 2009: 2) sind. In den Ausführungen steht Unsicherheit jedoch teilweise neben Prekarität und es bleibt unklar, ob beide Begriffe synonym oder disjunkt gebraucht werden. Nähere Erläuterungen und Abgrenzungen fehlen.

Unsicherheit bildet ebenso den Ausgangspunkt in den Überlegungen der ILO zu Prekarität (2012: 6), wobei dieser Begriff in einem weiten Sinne auf die Dauer der Arbeitszeit, das Einkommen, mögliche Mehrfachbeschäftigungen sowie fehlende soziale Absicherung oder beschränkte Ausübungsmöglichkeiten von

---

12 Castel spricht von der Prekaritätssituation „im Sinne einer eigenen Existenzform der Lohnabhängigkeit. Einer dauerhaften Unsicherheit, die nichts Exzeptionelles oder Vorübergehendes mehr hat. Diese Situation, in der die Unsicherheit selbst zu einer Organisationsform der Arbeit wird, könnten wir als „Prekariat" bezeichnen" (Castel 2011: 136).

Arbeits- und Gewerkschaftsrechten bezogen wird. Angesichts mangelnder Daten schlägt die ILO einen pragmatischen Weg ein und beschränkt ihre Analyse auf die beiden als prekär eingestuften Formen der unfreiwilligen Teilzeitarbeit und der befristeten Beschäftigung. Mit dieser definitorischen Gleichsetzung wird eine differenzierte Analyse hinfällig.

Einen Schritt weiter in Richtung Operationalisierung geht Standing (2011), der an Grundgedanken der Sicherheit bzw. Unsicherheit anknüpft, ohne explizit auf Bourdieu oder Castel Bezug zu nehmen. Er differenziert mehrere Dimensionen der Unsicherheit und schlägt vor, diese als Kriterien für Prekarität zu verwenden. Als prekär gelten in einer negativen Bestimmung demnach Beschäftigungsverhältnisse, die folgende sieben als zentral angesehene Kriterien nicht erfüllen:

- *Arbeitsmarktsicherheit* (labour market security),
- *Beschäftigungssicherheit* (employment security),
- *Jobsicherheit* (job security),
- *Arbeitssicherheit* (work security),
- *Sicherheit des Kompetenzerhalts und -entwicklung* (skill reproduction security)
- *Einkommenssicherheit* (income security),
- *Vertretungssicherheit* (representation security).

Für empirische Analysen bleibt das generelle Problem, dass es an allgemein anerkannten Grenzwerten fehlt, bei deren Über- oder Unterschreiten dieser Kriterien von Prekarität oder gar von Prekaritätsgraden gesprochen werden kann.

Andere Vorschläge greifen ebenfalls auf den Sicherheitsgedanken zurück, erweitern ihn um subjektiv empfundene Kriterien. Allerdings haben auch diese Ansätze, wie die zitierte Arbeit nicht Eingang in quantitative empirische Analysen gefunden. Kraemer (2008) und ähnlich Dörre et al. (2010) unterscheiden analytisch die Handlungsebenen des Beschäftigungsverhältnisses und der Arbeits- und Berufstätigkeit. Die erste Ebene umfasst die Form des Arbeitskontraktes, das Einkommen sowie arbeits- und tarifrechtliche Rahmenbedingungen. Bei der zweiten Ebene geht es um „sinnhaft-subjektbezogene und sozialkommunikative Dimensionen der konkreten Arbeitstätigkeit“ (Kraemer 2008: 80) wie Arbeitszufriedenheit, Gestaltungsmöglichkeiten der zeitlichen und sachlichen Arbeitsinhalte. Andere Akzente setzen Dörre et al. (2010), die in Anlehnung an Bourdieu (1998) und Castel (2000) den Prekaritätsbegriff vorrangig auf subjektive Bewertungen der Arbeitsbedingungen beziehen (ebenfalls Salengros et al. 1989; Standing 1999). Diese Dimension, die den Kern ihres Prekaritätsbegriffs bildet, erweitern sie um die beiden strukturellen Kriterien Lohnhöhe und Beschäftigungsstabilität (Dörre/Holst 2010), ohne sie zu operationalisieren[13] und damit für empirische Analysen zugänglich zu machen. Vage bleibt auch die Prekaritätsdimension, die sich auf die subjektiv empfundene Sicherheit des Arbeitsverhältnisses bezieht. Welche Variablen zugrunde gelegt, wie sie operationalisiert und zu einem Index zusammengefügt werden, verschließt sich ebenso wie deren empirische Überprüfung. Unberücksichtigt bleiben ferner soziale Kontextfaktoren (wie Familieneinkommen, Beschäftigungsfähigkeit).

Einen anderen, stärker auf intersubjektiv nachvollziehbaren Kriterien basierenden Ansatz hat Rodgers (1989) schon früh in die Diskussion gebracht. Er unterscheidet vier Dimensionen der Prekarität:

(1) Beschäftigungsstabilität,
(2) Kontrolle über die Arbeitsbedingungen,
(3) soziale Absicherung und Schutzrechte gegenüber Diskriminierung und unfairer Behandlung und
(4) Einkommen.

In Anlehnung an diesen Ansatz formulieren und operationalisieren wir (Keller/Seifert 2007; Keller et al. 2011) folgende Kriterien zur Beschreibung und Bewertung von Prekarität:

- Ein die materielle Existenz sicherndes *Einkommen*, welches, wie in der international vergleichenden Forschung (u.a. OECD 2006) üblich, mindestens zwei Drittel des Medianeinkommens beträgt. Von Bedeutung ist weiterhin die Berücksichtigung des Haushaltskontextes bzw. die explizite Unterscheidung zwischen Individual- und Haushaltseinkommen. Wir optieren vor allem aus gleichstellungspolitischen Gründen für die zuerst genannte Variante (Mückenberger 2010), wobei im Vergleich zur Haushaltsperspektive die Einkommensrisiken anders zu bewerten sind. Geringe Individualeinkommen müssen angesichts weiterer Einkommen im Haushaltskontext nicht mit einem geringen Wohlstandsniveau verbunden sein. Allerdings sind Individuen mit geringen Einkommen stets auf die familiale Absicherung angewiesen, es sei denn, es bestehen Möglichkeiten z.B. in höhere Einkommensklassen zu wechseln, z.B. durch Aufstockung der Arbeitszeit.
- *Beschäftigungsstabilität* wird als kontinuierliche Erwerbstätigkeit definiert, d.h. als Gelegenheit, möglichst ununterbrochen ein Beschäftigungsverhältnis ausüben zu können, nicht hingegen als Sicherheit des gegebenen Arbeits-

13 Als prekär wird ein Erwerbsverhältnis definiert, „wenn es nicht dauerhaft oberhalb eines von der Gesellschaft definierten kulturellen Minimums Existenz sichernd ist und deshalb bei den Möglichkeiten zur Entfaltung in der Arbeitstätigkeit, den sozialen Netzwerken, den politischen Partizipationschancen und der Fähigkeit zur Lebensplanung dauerhaft diskriminiert“ (Dörre/Holst 2010: 33).

platzes; die aktuelle, umfassendere „employment security" bezieht sich auch auf den externen, die traditionelle, engere „job security" hingegen ausschließlich auf den betriebsinternen Arbeitsmarkt. Beschäftigungsstabilität ist schließlich auch die Voraussetzung für die Einbeziehung in die sozialen Sicherungssysteme und das Niveau der Leistungen.

- Der Begriff *Beschäftigungsfähigkeit* („employability") blieb bislang eher schillernd und nur vage operationalisiert, obwohl er seit den 1990er Jahren u.a. in den verschiedenen Varianten der Europäischen Beschäftigungsstrategie (http://ec.europa.eu/social/main.jsp?catId=101&langId=de) eine bedeutende Rolle spielt. Gemeint ist die Fähigkeit, ein Beschäftigungsverhältnis einzugehen, aufrechtzuerhalten oder bei Strukturwandel durch ein anderes zu ersetzen und sich, vor allem durch Weiterbildung sowie durch Erwerb zusätzlicher Qualifikationen, an veränderte Anforderungen auf dem internen und externen Arbeitsmarkt anpassen zu können (Promberger et al. 2008). Dieses Potenzial hängt von individuellen Merkmalen und institutionellen Bedingungen (Regelungen, Nachfragemustern am Arbeitsmarkt, Fördermaßnahmen) sowie deren Wechselspiel ab. Hierzu gehört auch ein ausreichendes Angebot an verfügbaren Arbeitsplätzen.
- Als weiteres Kriterium dient die *Integration in die Systeme der sozialen Sicherung,* wobei vor allem die Rentenversicherung von Bedeutung ist. Wir unterscheiden im Sinne der Lebenslaufperspektive explizit zwischen Erwerbs- und Nacherwerbsphase, die wir – im Gegensatz zur Mehrzahl der vorliegenden Untersuchungen – gleichgewichtig berücksichtigen (ähnlich Fuller 2009). Entscheidend ist nicht nur die grundsätzliche Inklusion, sondern der Anspruch auf Leistungen in subsistenzsichernder Höhe, so dass keine öffentlichen Transferleistungen erforderlich werden. Ähnlich wie beim Einkommen ist auch in der Gleichstellungsperspektive eine weitergehende Differenzierung notwendig, hier zwischen abgeleiteter und eigenständiger Sicherung durch Erwerbsarbeit, wobei wir den Blick auf letztere richten.

Wir verwenden diese vier Kriterien zunächst zur Präzisierung der verschiedenen Prekaritätsrisiken, später zur Entwicklung und Systematisierung unserer Vorschläge zur Neu-Regulierung atypischer Beschäftigungsformen (vgl. Kap. 7). Diese Risiken bestehen nicht nur während der Erwerbstätigkeit, sondern wirken aus Gründen der Verfassung des deutschen Sozialstaats darüber hinaus (vgl. zu Einzelheiten Kap. 4.1.4). Daher umfassen die vorgeschlagenen Kriterien sowohl die Erwerbs- als auch die Nacherwerbsphase, d.h, sie beziehen Einkommen, Beschäftigungsstabilität und -fähigkeit auf die gesamte Erwerbsphase und berücksichtigen auch die langfristigen Risiken der Alterssicherung. Insofern gehen sie über die übliche kurzfristige Betrachtung von (vor allem Einkommens-)Risiken hinaus.

Aus pragmatischen Gründen beschränkt sich die nachfolgende Analyse auf die individuellen Komponenten. Beschäftigungsfähigkeit wird operationalisiert vor allem durch Chancen des Zugangs zu betrieblich-beruflicher Weiterbildung, die von Betrieben organisiert und finanziert wird. Jenseits der notwendigen Erstausbildung wächst deren Bedeutung vor allem in Zeiten raschen Wandels von Qualifikationsanforderungen und abnehmender „Halbwertzeiten" des erworbenen Wissens. „Employability" ist die Voraussetzung für eine möglichst friktionslose Bewältigung des Strukturwandels sowie die „social security" im Sinne des Einbezugs in die sozialen Sicherungssysteme.

Neben dem Zugang zu und der Teilnahme an beruflicher Weiterbildung hängt der Grad der Beschäftigungsfähigkeit von der gesundheitlichen Verfassung ab. Um den Anforderungen des Arbeitsmarktes bis zum Erreichen des gesetzlichen Renteneintrittsalters gewachsen zu sein, reicht die ständige Anpassung der beruflichen Qualifikationen allein nicht aus. Die Beschäftigten müssen gleichermaßen die physischen und psychischen Tätigkeitsanforderungen erfüllen können. In dem Maße, wie die Voraussetzungen für beide Komponenten erfüllt sind, lassen sich Aussagen über den Grad der Prekaritätsrisiken von Beschäftigungsverhältnissen machen (vgl. Kap. 4).

Diese (Nominal-)Definition begreift Prekarität, ähnlich wie die meisten der genannten definitorischen Ansätze, als mehrdimensionales Konstrukt, basiert aber auf intersubjektiv nachvollziehbaren Kriterien. Sie gestattet nicht nur – wie andere Vorschläge – die Unterscheidung zwischen atypischen und prekären Beschäftigungsverhältnissen, sondern erlaubt zusätzlich Aussagen über unterschiedliche Grade der Prekaritätsrisiken, die stets im Vergleich zu der Referenzgruppe der Beschäftigten mit NAV getroffen werden; die Prekaritätsrisiken können zudem je nach den genannten Kriterien variieren. Die vorgeschlagene Definition ermöglicht also eine weiterreichende, differenzierte Analyse der Sachverhalte.[14]

Für die genannten Kriterien haben sich in den empirischen Analysen noch keine allgemein anerkannten Grenzwerte der Prekarität herausgebildet, wenn man von dem Kriterium Einkommen absieht. Die wenigen Arbeiten vergleichen in komparativ analytischer Perspektive die Arbeitsbedingungen von atypisch Beschäftigten mit vergleichbaren NAV (Brehmer/Seifert 2008; Dütsch 2011) oder sie berechnen zusammengesetzte Indexwerte, die erlauben, abgestufte Intervalle zur Darstellung von Prekaritätszonen zu bilden (Seifert/Tangian 2009). Beide Verfahren kommen nicht an normativen Setzungen vorbei, wenn es gilt, Grenzwerte oder Zonen der Prekarität zu quantifizieren. Im Prinzip nicht anders ist

14 Sie nimmt eine Kritik ernst, die das grundlegende Problem auf den Punkt bringt: „Despite the constant intellectual investment put into the topic, it is striking that indicators for comparative measurement of the phenomenon have remained rather unsophisticated." (Barbier 2011: 1)

auch die Niedriglohngrenze definiert, die in der internationalen Forschung anerkannt ist.

Zweifellos liefern die bisherigen Arbeiten, die Prekarität atypischer Beschäftigungsformen empirisch zu erfassen versuchen, hilfreiche Hinweise für die arbeitsmarkt- und sozialpolitische Diskussion. Gleichwohl kommt die dynamische Perspektive zu kurz. Als Momentaufnahmen behandeln sie die zu einem bestimmten Zeitpunkt vorfindbaren Beschäftigungssituationen. Insofern können die Analysen, unabhängig von den verwendeten Konzepten, nur bedingt Aussagen über den Verbleib in prekärer Beschäftigung treffen.

Erforderlich wäre, die Chancen, einen durch Prekaritätsrisiken geprägten Status überwinden zu können (Statusmobilität), in die Betrachtung ebenso einzubeziehen wie Häufigkeit und Dauer der Prekaritätsphasen im Erwerbsverlauf. Eine nur kurzfristige Beschäftigung zu prekären Bedingungen, die dem Einstieg bzw. Übergang aus Nichterwerbstätigkeit in ein NAV dient, ist sicherlich anders zu bewerten als wiederholte Phasen oder gar ein längerer Verbleib in atypischer Beschäftigung. Als offene Forschungsfrage bleibt zu untersuchen, welche Personengruppen von besonderen Prekaritätsrisiken im Erwerbsverlauf betroffen sind und welche Faktoren Aufstiegsmobilität behindern. Als weitere zentrale Variable wäre die gesamte Verbleibdauer in prekärer Beschäftigung während einer Erwerbsbiografie in zukünftigen Analysen einzubeziehen.

3 Entwicklung, Umfang und Struktur atypischer Beschäftigung

3.1 Datenbasis

Um Ausmaß, Entwicklung und Struktur atypischer Beschäftigungsformen zu erfassen, bieten sich aus Gründen der Validität und Reliabilität vorrangig Daten des Statistischen Bundesamtes, der Bundesagentur für Arbeit (BA) sowie des Sozioökonomischen Panel (SOEP) an. Die erste Datenquelle basiert auf einer Ein-Prozent-Stichprobe im Rahmen des Mikrozensus, die zuletzt genannte auf einer seit 1984 jährlich durchgeführten Haushaltsbefragung der Wohnbevölkerung. Beide liefern differenzierte Angaben über die einzelnen Formen und erlauben, Doppelzählungen auszuschließen und Angaben über das Gesamtausmaß zu machen. Nachfolgend sind nur die auf dem SOEP basierenden Daten um Doppelzählungen bereinigt, nicht jedoch die des Mikrozensus. Hieraus erklärt sich ein Teil der Differenzen zwischen beiden Datenquellen.

Nähere Angaben über geringfügige Beschäftigung und Leiharbeit liefert außerdem die BA. Deren Daten stammen aus der Beschäftigtenstatistik bzw. aus sich ergänzenden Angaben der Statistik der Arbeitnehmerüberlassung und der Registerstatistik.[1] Ferner liegen für einzelne Jahre auch Daten aus gesonderten Erhebungen vor, z.B. einer Analyse im Auftrag der Bertelsmann Stiftung (Juha'sz 2011), auf die ergänzend zurückgegriffen wird. Schließlich werden auch Befunde aus Analysen verwendet, die auf dem IAB-Betriebspanel basieren.

Diese Quellen präsentieren teilweise erheblich voneinander abweichende Daten. Das gilt besonders für geringfügige Beschäftigung, für Mini- und Midijobs (Körner et al. 2011) sowie für Leiharbeit (Schlese 2012). Die durchaus beachtlichen Differenzen werden vor allem auf Unterschiede in den Messkonzepten und Erhebungsmethoden zurückgeführt. Während der Mikrozensus die Zahl der ausschließlich geringfügig entlohnten Beschäftigten für 2010 auf 3 Millionen beziffert, weist die Beschäftigungsstatistik der BA 4,9 Millionen. aus. Besonders groß fallen die Differenzen bei jüngeren und älteren Beschäftigten aus (Körner et al. 2011: 1066).

Diese Abweichungen haben vielfältige Ursachen. Sie haben damit zu tun, dass der Mikrozensus auf den Selbsteinschätzungen der Befragten basiert, die Beschäftigungsstatistik auf den Meldungen der Arbeitgeber an die Träger der

1 Die weitere Darstellung stützt sich bei Angaben über die Entwicklung auf Daten der BA und des Statistischen Bundesamtes, personen- und wirtschaftszweigbezogene Strukturdaten basieren dagegen auf SOEP-Erhebungen.

Sozialversicherung. Die zweite Quelle kann Personen enthalten, die in der Befragung angeben, keine bezahlte Tätigkeit auszuüben. Personen im Ruhestand tendieren dazu, Nebentätigkeiten in Befragungen nicht anzugeben. Unterschiedlich ist auch die Basis der einbezogenen Populationen: Der Mikrozensus erfasst die Erwerbstätigen, die Beschäftigungsstatistik die sozialversicherungspflichtigen Beschäftigten einschließlich der Minijobber, die erstgenannte Quelle Personen im Alter ab 15 Jahre, bei der zweiten existiert keine Altersgrenze. Ein bedeutender Anteil der Abweichungen wird ferner darauf zurückgeführt, dass zwar beide Datenquellen übereinstimmend eine bezahlte Tätigkeit ausweisen, die in der Umfrage aber nicht als Nebentätigkeit ausgewiesen wird. Oder Personen (vor allem Studierende während des Semesters) unterbrechen Nebentätigkeiten, ohne dass deren Beschäftigung förmlich abgemeldet wird.

Ebenfalls weit auseinander liegen die Zahlen für Midijobs. Die BA beziffert sie für 2009 (Ende Dezember) auf 1,28 Millionen (BA 2010a). Demgegenüber liegen die (im Rahmen dieses Buches) auf Basis von SOEP-Daten berechneten Werte zwischen 1,496 Millionen, wenn man alle genannten Einkommen zwischen 400 und 800 Euro berücksichtigt, und 0,477 Millionen, wenn man die Selbstauskunft der Befragten nach Ihrem Beschäftigungsstatus zugrunde legt.

Auch die Werte für Leiharbeitnehmer weichen zwischen den beiden Datenquellen, der Arbeitnehmerüberlassungsstatistik (ANÜSTAT) und dem SOEP, voneinander ab; sie liegen bei der zweiten Quelle höher als bei der ersten (Schlese 2012). Die Differenzen werden darauf zurückgeführt, dass die ANÜSTAT nur meldepflichtige Fälle gewerblicher Leiharbeit erfasst, nicht aber beispielsweise Werkvertragsarbeitnehmer, die sich im Rahmen der SOEP-Erhebungen als Leiharbeitnehmer bezeichnen könnten.

Die weitere Darstellung stützt sich bei Angaben über die Entwicklung auf Daten der BA und des Statistischen Bundesamtes, personen- und wirtschaftszweigbezogene Strukturdaten basieren dagegen auf SOEP-Erhebungen. Als Beginn unseres Beobachtungszeitraumes wählen wir 1991, weil für diesen Zeitpunkt erstmalig Daten für das vereinigte Deutschland vorliegen. Als Bezugsjahr für die Strukturdaten eignet sich 2003 wegen des Inkrafttretens der Hartz-Gesetze. So lässt sich der Status vor und nach den Deregulierungen im Zuge dieser Gesetze vergleichen. Die Daten zu den einzelnen Formen weisen erhebliche Unterschiede hinsichtlich ihrer Fristigkeit auf. Während etwa für Leiharbeit lange Zeitreihen vorliegen (Schröder 1997), ist dies für Mini- und Midijobs nicht der Fall. Exakte Vergleiche sind schwierig, weil die rechtlichen Rahmenbedingungen der einzelnen Formen im Zeitverlauf mehrfach geändert wurden. Um Langfristfolgen genauer bestimmen zu können, wären eigentlich Individualdaten aus Längsschnittuntersuchungen notwendig (etwa über den Verlauf von Erwerbsbiographien). Entsprechende Auswertungen liegen nicht vor.

3.2 Entwicklung

Seit den frühen 1990er Jahren nehmen sämtliche Formen atypischer Beschäftigung zu. Ausgangsniveaus und Entwicklungsdynamik zeigen allerdings deutliche Unterschiede (vgl. Tab. 1). Eine derartige Expansion wie in der Bundesrepublik ist nicht in allen EU-Mitgliedsländern festzustellen (Eichhorst et al. 2010; Schmeißer et al. 2012). Die Formen atypischer Beschäftigung weisen nationalspezifische Prägungen mit unterschiedlichen Niveaus und teilweise gegenläufigen Entwicklungsmustern auf, was mit Traditionen, rechtlich-institutionellen Regelungen, unterschiedlicher Entwicklung der Frauenerwerbstätigkeit, Wirtschaftsstrukturen usw. zu tun hat, worauf hier nicht näher eingegangen werden kann. Eine umfassende komparative Analyse, die über bloße Deskriptionen hinausgeht, steht noch aus.

Teilzeitarbeit

„Reguläre" *Teilzeitarbeit* (einschließlich Midijobs) war 2012, ähnlich wie in anderen EU-Mitgliedsländern, mit mehr als 26 Prozent die am weitesten verbreitete Form. Ihre langfristige, über die Konjunkturzyklen hinweg andauernde Ausweitung ist im internationalen Vergleich sogar überdurchschnittlich. Diese Zunahme hängt eng mit der seit Jahrzehnten zunehmenden Erwerbstätigkeit von Frauen zusammen, die nach wie vor mehr als 80 Prozent aller Teilzeitbeschäftigten ausmachen; der Anteil der Männer steigt allmählich, so dass der „gender gap" leicht abnimmt, aber oberhalb des EU-Durchschnitts liegt (Brenke 2011). Teilzeitarbeit wird überwiegend „freiwillig" geleistet, besonders um berufliche und familiäre Aufgaben vereinbaren zu können. Etwa 15 Prozent nehmen diese Beschäftigungsform jedoch mangels fehlender Vollzeitarbeitsplätze unfreiwillig wahr[2] und würden längere (Teilzeit-)Arbeitszeiten – und damit höhere Entgelte – vorziehen, wenn entsprechende Optionen bestünden (Statistisches Bundesamt 2012b). Insofern besteht ein gewisser Mismatch zwischen den Präferenzen beider Seiten. Die Zunahme der (Gesamt-)Beschäftigung in den 2000er Jahren ist im Wesentlichen auf die Zunahme der Teilzeit zurückzuführen; zwischen 2003 und 2011 ist sie um knapp 33 Prozent gestiegen, die Anzahl der Vollzeitbeschäftigten um lediglich gut 3 Prozent.

2 Weiterhin spielt die unzureichende Ausstattung mit Kindertagesstätten und Kindergärten eine wichtige Rolle. So geben (2011) 42,2 Prozent der Teilzeitbeschäftigten an, sich für diese Arbeitszeitform wegen familiärer Verpflichtungen entschieden zu haben (Statistisches Bundesamt 2012b). Insofern handelt es sich letztlich auch um eine durch die mangelnde Infrastrukturausstattung bedingte Freiwilligkeit.

Tab. 1: Entwicklung der Formen atypischer Beschäftigung 1991–2010

Jahr	Beschäftigte insgesamt	Teilzeitarbeit[a]		Geringfügig Beschäftigte[b]		Ausschließlich geringfügig Beschäftige		Midijobber	
	in 1.000	in 1.000	Anteil an Beschäftigten in %	in 1.000	Anteil an Beschäftigten in %	in 1.000	Anteil an Beschäftigten in %	in 1.000	Anteil an Beschäftigter in %
1991	33.887	4.736	14,0						
1992	33.320	4.763	14,3						
1993	32.722	4.901	15,0						
1994	32.300	5.122	15,9						
1995	32.230	5.261	16,3						
1996	32.188	5.340	16,6						
1997	31.917	5.659	17,7						
1998	31.878	5.884	18,5						
1999	32.497	6.323	19,5			3.658	11,3		
2000	32.638	6.478	19,8			4.052	12,4		
2001	32.743	6.798	20,8			4.132	12,6		
2002	32.469	6.934	21,4			4.169	12,8		
2003	32.043	7.168	22,4	5.533	17,3	4.375	13,7	607	1,9
2004	31.405	7.168	22,8	6.466	20,6	4.803	15,3	734	2,3
2005	32.066	7.851	24,5	6.492	20,2	4.747	14,8	946	3,0
2006	32.830	8.594	26,2	6.751	20,6	4.854	14,8	1.088	3,3
2007	33.606	8.841	26,3	6.918	20,6	4.882	14,5	1.195	3,6
2008	34.241	9.008	26,3	6.792	19,8	4.882	14,3	1.241	3,6
2009	34.203	9.076	26,5	6.993	20,4	4.932	14,4	1.280	3,7
2010	34.459	9.196	26,7	7.018	20,4	4.916	14,3	1.320	3,8

Minijobs

Insgesamt lag die Zahl der Minijobs 2012 bei über sieben Millionen. Über 20 Prozent aller abhängig Beschäftigten arbeiten in *geringfügigen Beschäftigungsverhältnissen.*[3] Es handelt sich um die zweithäufigste Form atypischer Beschäftigung.[4] In vergleichender Perspektive gilt: „... the German ‘mini-job’ does not have an obvious analog in other countries.“ (Stone 2012: 2). Die Reform im Zuge

3 Ein nicht zu beziffernder Teil dieser Beschäftigten ist in den Daten zur Teilzeitarbeit enthalten. Wegen dieser Überschneidungen lassen sich beide Beschäftigungsformen nicht addieren, um einen Gesamtumfang bestimmen zu können (vgl. zu Einzelheiten Kap. 3.3).

4 Diese Daten enthalten auch geringfügig Beschäftigte in einer Nebentätigkeit.

Tab. 1: (Fortsetzung)

Leiharbeit[b]		Befristet Beschäftigte (ohne Auszubildende)		Selbstständige ohne Mitarbeiter[c]		Gesamt[d]	
in 1.000	Anteil an Beschäftigten in %	in 1.000	Anteil an Beschäftigten insgesamt (ohne Auszubildende) in %	in 1.000	Anteil an allen Erwerbstätigen in %[e]	atypische Beschäftigung in %	Jahr
134	0,4	2.431	7,5	1.383	4,1		1991
136	0,4	2.495	7,8	1.378	4,1		1992
121	0,4	2.221	7,1	1.412	4,3	19,3	1993
139	0,4	2.322	7,5	1.446	4,5	19,7	1994
176	0,5	2.388	7,8	1.515	4,7	23,7	1995
178	0,6	2.356	7,7	1.641	5,1	25,5	1996
213	0,7	2.453	8,1	1.752	5,5	25,5	1997
253	0,8	2.536	8,4	1.789	5,6	25,5	1998
286	0,9	2.842	9,2	1.786	5,5	27,7	1999
339	1,0	2.744	8,8	1.842	5,6	29,0	2000
357	1,1	2.740	8,8	1.821	5,6	30,8	2001
336	1,0	2.543	8,2	1.858	5,7	31,7	2002
327	1,0	2.603	8,5	1.960	6,1	33,4	2003
400	1,3	2.478	8,3	2.076	6,6	34,3	2004
453	1,4	3.075	10,1	2.291	7,1	34,5	2005
598	1,8	3.389	10,8	2.317	7,1	36,3	2006
731	2,2	3.291	10,3	2.323	6,9	37,0	2007
794	2,3	3.106	9,6	2.306	6,7	36,0	2008
610	1,8	3.026	9,3	2.356	6,9	36,6	2009
806	2,3	3,157	9,6	2.383	6,9	37,6	2010

a – jeweils April; b – jeweils Ende Juni; c – Ergebnisse des Mikrozensus; d – ohne Selbstständige; e – Anteil an allen Erwerbstätigen = Beschäftigte insgesamt + Selbstständige

Quellen: Statistisches Bundesamt, F 1, Reihe 4.1.1., verschiedene Jahrgänge und https://www-ec.destatis.de/csp/shop/sfg/bpm.html.cms.cBroker.cls?cmspath=struktur,sfgsuchergebnis.csp; Bundesagentur für Arbeit, http://www.pub.arbeitsamt.de/hst/services/statistik/detail/b.html.

der Hartz-Gesetze hat die Zahl zunächst innerhalb von zwei Jahren deutlich von 5,5 Millionen auf knapp 6,5 Millionen anschwellen lassen. Verantwortlich für diesen sprunghaften Anstieg dürfte wesentlich die Heraufsetzung der Verdienstgrenze von 325 auf 400 Euro gewesen sein. Seit 2006 hat sich das Wachstum deutlich verlangsamt. Die abgeflachte Expansion dürfte nicht nur auf allmählich eingetretene Sättigungsgrenzen, sondern auch auf die Mitte 2006 (von 25 auf 30 Prozent) erhöhten Pauschalabgaben zurückzuführen sein. Weiterhin würde ca. ein Drittel aller Minijobber längere Arbeitszeiten präferieren, wenn es entsprechende Angebote gäbe (Brenke 2011).

Bei den Minijobs ist wegen ihrer unterschiedlichen sozialen Konsequenzen für die Beschäftigten bei der Bewertung sämtlicher Prekaritätsdimensionen zu unterscheiden zwischen ausschließlich ausgeübten und Nebentätigkeiten, die zusätzlich zu einer sozialversicherungspflichtigen Teilzeit- oder Vollzeitbeschäftigung ausgeübt werden. Die zuerst genannte Variante umfasst mit ca. zwei Dritteln die deutliche Mehrheit; sie wirft in sozialpolitischer Hinsicht wegen ihrer unzureichenden sozialen Absicherung gravierendere soziale Folgeprobleme auf als die zuletzt genannte.

Außerdem sind unter sozialpolitischen Gesichtspunkten Studierende und Rentner, die zusammen knapp ein Drittel (32 Prozent) aller ausschließlich Beschäftigten ausmachen (vgl. Schaubild 1), gesondert zu betrachten.[5] Beide Personengruppen verfügen über sozialrechtliche Anspruchsgrundlagen, die sich aus ihrem zukünftigen bzw. ehemaligen Arbeitnehmerstatus ableiten. Zusammen mit den in Nebentätigkeiten Beschäftigten bilden sie fast zwei Drittel aller Minijobber und gehören nicht zum „harten Kern" der von langfristigen sozialen Problemen bedrohten Personen. Alle Analysen, die Minijobber als eine mehr oder minder homogene Beschäftigtengruppe betrachten, greifen insofern zu kurz.

Für die Expansion verantwortlich sind wesentlich die Minijobs als Nebentätigkeiten. Auf sie entfiel im Juni 2011 zwar nur ein Drittel, acht Jahre zuvor waren es erst 20,9 Prozent. Vom gesamten Zuwachs im Zeitraum 2003 bis 2011 gehen 72 Prozent auf das Konto der als Nebentätigkeit ausgeübten Minijobs. Seit Mitte 2006 sind sie allein für deren Expansion verantwortlich, dagegen stagniert die Zahl der ausschließlichen Minijobber. Es könnte sein, dass weniger Arbeitsuchende bereit sind, Beschäftigungsverhältnisse auf der Basis von maximal 400 bzw. seit 2013 maximal 450 Euro pro Monat einzugehen, weil sie angesichts der in der zweiten Hälfte der 2000er Jahre verbesserten Arbeitsmarktlage eher in der Lage sind, Tätigkeiten mit längeren Arbeitszeiten und höheren Einkommen aufzunehmen. Auch unter den ausschließlich in Minijobs Tätigen suchten in 2010 52 Prozent eine umfangreichere Arbeit (Körner et al. 2013: 56). Sollten sie ihre Arbeitszeitwünsche realisieren können, könnte es für die Betriebe schwieriger werden, geringfügige Beschäftigungsverhältnisse abzuschließen.

Anders stellt sich die Situation bei den Nebentätigkeiten dar. Impulse könnten von der insgesamt äußerst verhaltenen Einkommensentwicklung der abhän-

5 Eine auf Basis der Registerstatistikumfrage gemeinsam von BA und Statistischen Bundesamt durchgeführte Erhebung beziffert den Anteil der Schüler/Studierenden mit 20 und den der Rentner mit 22 Prozent, insgesamt also mit 44 Prozent sogar noch höher (Körner et al. 2013).

Schaubild 1: Minijobs nach Haupt- und Nebentätigkeit 2003–2011

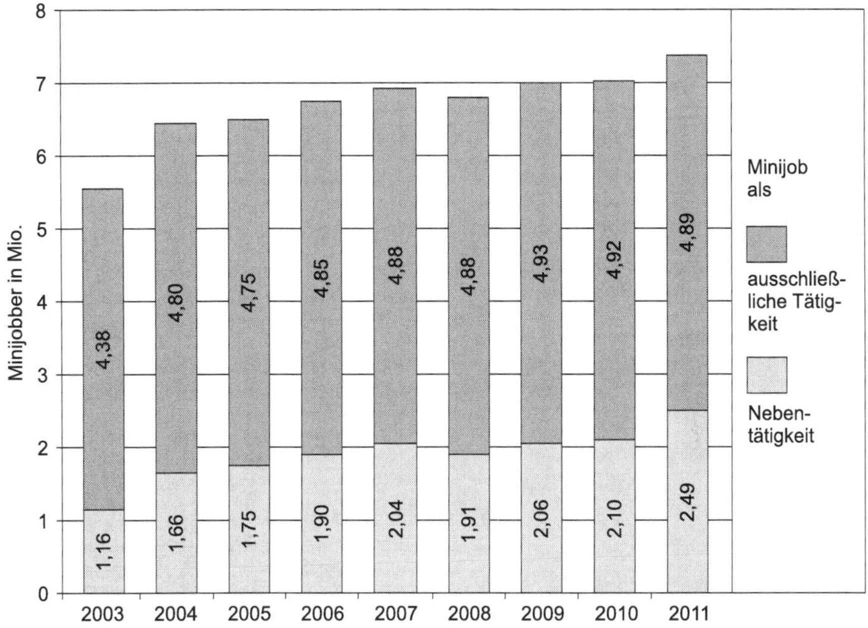

Quelle: BA 2012c

gig Beschäftigten im Betrachtungszeitraum ausgegangen sein. Denkbar ist, dass mehr Beschäftigte einen zweiten Job aufnehmen, um ihre Einkommen zu stabilisieren oder zu steigern. Für diese Annahme spricht das im Vergleich zu Beschäftigten mit NAV ohne Nebenjob deutlich geringere durchschnittliche Bruttoeinkommen.[6] Durch ihre Nebentätigkeit können diese Beschäftigten ihre Monatseinkommen um durchschnittlich 262 Euro aufstocken. Hierfür arbeiten sie neben ihrer Haupttätigkeit mit durchschnittlich 41 Stunden weitere knapp 5,3 Stunden pro Woche und kommen auf insgesamt sehr lange Arbeitszeiten. Voraussetzung für diese von der Angebotsseite des Arbeitsmarktes ausgehenden Impulse ist ein von den Unternehmen entsprechend reklamierter und durchsetzbarer Bedarf an solchen Tätigkeiten.

6 2010 lag das monatliche Bruttoeinkommen der Beschäftigten in NAV ohne Nebentätigkeit bei 3.071 Euro, das derjenigen mit Nebentätigkeit bei 2.723 Euro und erreicht selbst mit der Nebentätigkeit nicht ganz den Wert der Vergleichsgruppe.

Midijobs

Im strengen Sinne gehören die mit den Hartz-Reformen eingeführten Midijobs nicht zu den geringfügigen Beschäftigungsverhältnissen. Sie sind sozialversicherungspflichtig, allerdings mit reduzierten und progressiv steigenden Beitragssätzen. Die Einführung einer Gleitzone zwischen 401 und 800 Euro sollte, wie bereits in Kapitel 2 erwähnt, den Abgabensprung zwischen geringfügiger und sozialversicherungspflichtiger Beschäftigung abfangen (Rudolph 2003). Insofern nehmen Midijobs eine Art Zwitterstatus ein und bewegen sich zwischen geringfügiger und Teilzeitbeschäftigung (vgl. zu den rechtlichen Regelungen Kap. 5).

Bei Durchsicht der wissenschaftlichen und politischen Literatur fällt auf, dass Midijobs im Gegensatz zu allen anderen Formen atypischer Beschäftigung so gut wie keine Beachtung finden (zu den empirisch orientierten Ausnahmen gehören Hartmann/Meinken 2004, 2007). Die wenigen Beiträge stammen zudem aus den mittleren 2000er Jahren, d.h. aus der Zeit kurz nach Einführung der Hartz-Gesetze (RWI/ISG 2006).

Diese Tatsache ist erstaunlich, da die mit dieser Beschäftigungsform verbundenen sozialen Probleme im Sinne der in Kapitel 2 eingeführten Kriterien von Prekarität kaum als geringer einzustufen sind als die der Minijobs. Im Vergleich zu Minijobs ist die Zahl der *Midijobs* zwar deutlich geringer, im Vergleich zu Leiharbeit allerdings wesentlich größer. Die Entwicklung verläuft zudem sehr dynamisch. Nach ihrer Einführung 2003 verdoppelte sich die Zahl bis 2008 auf über 1,2 Millionen; seitdem wächst sie langsamer.

Ende 2011 gab es 1,365 Millionen Midijobber (3,8 Prozent aller Beschäftigten). Die Mehrheit (58 Prozent) hatte während der gesamten Beschäftigungszeit (sogenannte echte Gleitzonenfälle), eine große Minderheit (42 Prozent) zeitweise diesen Status (sogenannte Mischfälle). Die durchgängige Inanspruchnahme ist also häufiger als die teilweise (Hartmann/Meinken 2007). Der Anteil der Studierenden und der Rentner ist mit zusammen 47 Prozent deutlich niedriger als bei den Minijobbern (Tab.4).

Die Zusammensetzung dieser Gruppe ist recht heterogen und lässt sich folgendermaßen erklären (RWI/ISG 2006, Fertig/Kluve 2006): Attraktiv sind Midijobs als „Hinzuverdienst“, d.h., wenn das Haushaltseinkommen im Wesentlichen durch ein NAV erzielt wird.[7] Diese Voraussetzung gilt vor allem für Frauen in Paarhaushalten mit einem vollzeiterwerbstätigen Partner. Den mit knapp 74 Pro-

---

7 Genaue Kalkulationen lassen sich über Internetportale leicht anstellen („Berechnen Sie hier was von Ihrem Midijob übrig bleibt.“): http://www.impulse.de/recht-steuern/: Midijob-Rechner-2012--Beitragsanteil-bei-Midijobs-%28Gleitzone-zwischen-401-und-800-Euro%29/1000398.html oder: http://www.gleitzonenrechner.de/

zent sehr hohen Frauenanteil[8] erklären außerdem die aufgrund der kürzeren Arbeitszeit besseren zeitlichen Bedingungen, Familie und Beruf miteinander vereinbaren zu können. Verfestigt wird durch die Einführung von Midijobs das „male breadwinner model“ bzw. die geschlechtsspezifische Verteilung auf dem Arbeitsmarkt. Weiterhin können Midijobs – ähnlich wie Minijobs – auch für Schüler und Studierende sowie Rentner als „Hinzuverdienst“ attraktiv sein. Definitiv unzureichend zur Existenzsicherung sind Midijobs hingegen für Alleinerziehende.

Das Überschreiten des Schwellenwertes von 400 bzw. 450 Euro führt nach wie vor zu einem erheblichen Verlust an Nettoeinkommen, da die Beiträge zur Sozialversicherung allmählich steigen und die Einkommen steuerpflichtig werden (Bäcker/Neuffer 2012). Ein Wechsel von Mini- zu Midijobs durch Ausweitung des Arbeitsangebots bzw. Verlängerung der Arbeitszeit ist daher meistens unattraktiv (sogenannte Geringfügigkeitsfalle) – und findet entsprechend selten statt (RWI/ISG 2006); die ursprünglich bei der Einführung durch die Hartz-Gesetze erhoffte „Brücke“ in den ersten Arbeitsmarkt funktioniert kaum. Der Wechsel von einer sozialversicherungsfreien in eine sozialversicherungspflichtige Beschäftigung spielt offensichtlich faktisch nur eine geringe Rolle.

Schaubild 2: Wöchentliche Arbeitszeit Midijobs 2010

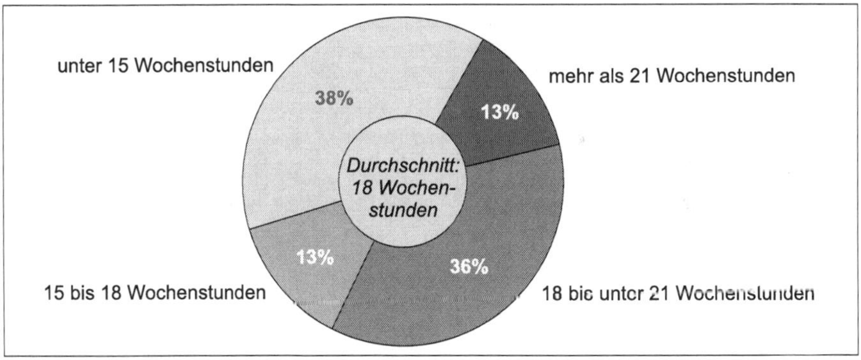

Quelle: SOEP, eigene Berechnungen

8 „Insgesamt zeigt die Auswertung der Befragung, dass sich ost- und westdeutsche Frauen in Bezug auf die Midijobs in stärkerem Maße unterscheiden als ost- und westdeutsche Männer. So ist das Ziel der Beschäftigung in der Gleitzone bei ostdeutschen Frauen viel häufiger das Erlangen einer Vollzeitbeschäftigung als dies bei westdeutschen Frauen der Fall ist. Ebenso haben ostdeutsche Frauen in Midijobs seltener Kinder, aber häufiger keinen oder arbeitslose Lebenspartner, so dass der Midijob einen wesentlichen Teil des Haushaltseinkommens darstellt.“ (RWI/ISG 2006: 7)

Die Wochenarbeitszeit der Midijobber liegt bei durchschnittlich 18 Stunden, die Werte streuen in einer beachtlichen Bandbreite (Schaubild 2). Etwas über die Hälfte arbeitet bis zu 18 Stunden, 13 Prozent über 21 Stunden[9] und 13 Prozent länger als 21 Stunden. Die BA weist für Ende 2010 sogar 36 Prozent als vollzeitbeschäftigt aus, ohne jedoch die Grenze zwischen Voll- und Teilzeit zu definieren (BA 2012b).

Befristete Beschäftigung

Befristete Beschäftigung[10] hat nach mehreren Deregulierungsschritten seit dem Beschäftigungsförderungsgesetz 1985 (Büchtemann 1989) auf knapp 10 Prozent im Jahr 2010 zugenommen[11]; sie hat damit einen deutlich geringeren Umfang als Teilzeitarbeit und Minijobs. Die ursprünglich geäußerten Befürchtungen einer massiven Expansion infolge der schrittweise erfolgten Deregulierungen sind – zumindest bisher – nicht eingetreten, wenngleich seit den frühen 1990er Jahren ein kontinuierlicher Anstieg zu konstatieren ist, der in der zweiten Hälfte der 2000er Jahre in Stagnation übergegangen ist. Seitdem bewegt sich der Anteil in leichter Abhängigkeit von der Konjunkturentwicklung um die 10-Prozentmarke (vgl. Tab. 1).

Ein anderes Bild zeigt eine differenzierte Betrachtung: Deutlich stärker gestiegen als der Anteil der befristeten an allen abhängig Beschäftigten ist der Anteil der befristeten Neueinstellungen, die seit Mitte der 2000er Jahre nahezu die Hälfte (ca. 45 Prozent) aller neu geschlossenen Arbeitsverträge ausmachen (vgl. Schaubild 3). Vor allem der Berufseinstieg erfolgt häufiger als früher über eine befristete Stelle bzw. ein anderes atypisches Beschäftigungsverhältnis (Teilzeit, geringfügige Beschäftigung) (Achatz et al. 2012). Dabei zeigt sich eine gewisse Abhängigkeit von der konjunkturellen Entwicklung. Bei verbesserter Arbeitsmarktlage sinkt der Anteil der befristeten Neueinstellungen und umgekehrt. Die Quote der Übernahmen von zunächst befristeter in unbefristete Beschäftigung ist von 30 Prozent (2009) auf 39 Prozent (2012) gestiegen, die der Verlängerungen liegt bei einem Drittel (Hohendanner 2013).

---

9 Nach der Definition des Statistischen Bundesamtes (Wingerter 2012) zählen Beschäftigte mit einer Arbeitszeit von 21 und mehr Wochenstunden nicht zur Kategorie der atypisch Beschäftigten. Ein erheblicher Teil der Midijobber bleibt also ausgeklammert, obwohl für diese gesonderte sozialrechtliche Regelungen gelten, die sie qualitativ von Beschäftigten mit NAV unterscheiden.

10 Detaillierte Informationen zu dieser Variante bietet die IAB-Infoplattform Befristete Beschäftigung: http://infosys.iab.de/infoplattform/dokSelect.asp?pkyDokSelect=88&show=Lit&sortLit=2

11 Auszubildende bleiben ausgeklammert, da ihre Beschäftigungsverhältnisse stets befristet sind. Diese notwendige interne Differenzierung wird nicht in allen Analysen vorgenommen (z.B. Eichhorst et al. 2010; Stone 2012), wodurch die unterschiedlichen Angaben über die Anteilswerte zu erklären sind.

Schaubild 3: Anteil befristeter Einstellungen an allen Einstellungen im ersten Halbjahr 2001 bis 2012, in Prozent

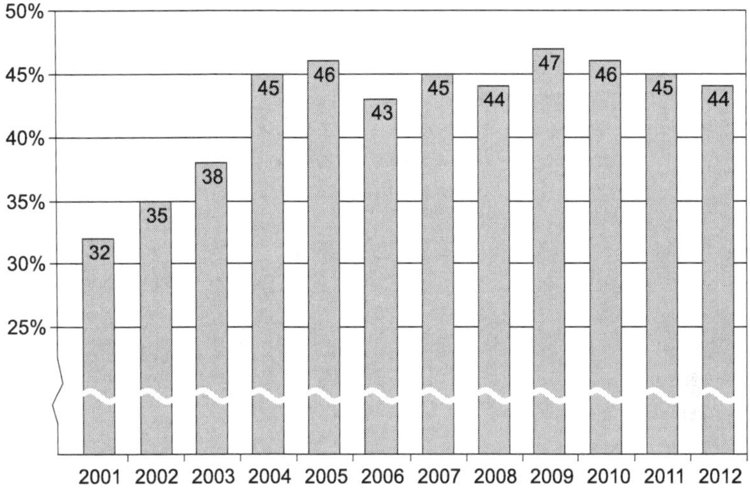

Quelle: Hohendanner 2013

Leiharbeit

Leiharbeit umfasst im Vergleich zu den anderen Formen atypischer Beschäftigung nur ein kleines Segment des Arbeitsmarktes (gut zweieinhalb Prozent der Gesamtbeschäftigung). Im Vergleich zu einigen anderen EU-Mitgliedsländern, wie Großbritannien oder Niederlande, ist ihr Anteil relativ gering; die Quote liegt knapp über dem EU-Durchschnitt (Voss et al. 2012). Sie hat aber seit ihrer weitgehenden Deregulierung durch die Hartz-Gesetze zunächst bis zum Konjunktureinbruch 2008/09 sehr kräftig zugenommen.[12]

Leiharbeit ist, wie nicht zuletzt die Entwicklung seit 2008 untermauert, in stärerem Maße als alle anderen Formen – mit Ausnahme der befristeten Beschäftigung (Hohendanner 2010) – konjunkturabhängig (SVR 2010: 264ff.; BA 2010).[13] Einem raschen Abbau im Abschwung, der zum Rückgang atypischer

12 Wir betrachten im Folgenden die Zahl der Leiharbeitnehmer, nicht die Zahl der Überlassungen. Letztere ist in der Regel höher als erstere, da mehrere Überlassungen pro Jahr erfolgen können.

13 Der erheblichen Zunahme folgte 2008/2009 eine deutliche Abnahme um fast ein Drittel; bereits 2010 kehrte sich die Entwicklung um und erreichte Mitte 2011 einen neuen Höchststand von über 900.000 (BA 2012a). Diese starke Konjunkturabhängigkeit wird deutlich, wenn man nicht, wie üblich, Jahresdurchschnitts- sondern Quartalsdaten zugrunde legt.

Beschäftigung insgesamt beiträgt, folgt ein schneller Aufbau im Aufschwung, der den Gesamtumfang atypischer Beschäftigung wieder steigen lässt. Verglichen mit der allgemeinen Beschäftigungsentwicklung im Konjunkturzyklus schwankt Leiharbeit mit einer größeren Amplitude (Spermann 2011). Betriebe nutzen Leiharbeit und befristete Beschäftigung, um flexibel auf konjunkturelle Veränderungen reagieren zu können (Statistisches Bundesamt 2010b).

Bei Leiharbeit ist zwischen Verbreitungsgrad und Nutzungsintensität zu unterscheiden. Der Verbreitungsgrad, d.h. der Anteil der Betriebe, die überhaupt Leiharbeit nutzen, ist, mit ca. 3,5 Prozent relativ gering. Großbetriebe (mit mehr als 500 Beschäftigten) setzen Leiharbeitnehmer wesentlich häufiger ein als Kleinbetriebe (mehr als 50 Prozent bzw. 2,4 Prozent).

Die Nutzungsintensität gibt den Anteil der Leiharbeitnehmer an der Gesamtbelegschaft an. Sogenannte Intensivnutzer (mit mehr als 20 Prozent Leiharbeitern) sind vor allem größere Betriebe (mit mehr als 150 Beschäftigten). Die Zunahme der Leiharbeit und der dadurch bedingte Ausbau der Randbelegschaft erfolgen also primär in größeren Betrieben (Promberger 2012a, b: 107–121).

Das seit einiger Zeit große Interesse der Öffentlichkeit an dieser Form erklären zwei Entwicklungen: Die hohen Zuwachsraten verdoppelten nicht nur den Gesamtumfang in den 2000er Jahren. In diesem Zeitraum erfolgte zugleich eine Funktionserweiterung. Der Gesetzgeber sah ursprünglich die Aufgabe der Leiharbeit darin, kurzfristig auftretende Personalausfälle aufgrund von Krankheit

Schaubild 4: Entwicklung der Leiharbeit 1997–2012, in Tausend

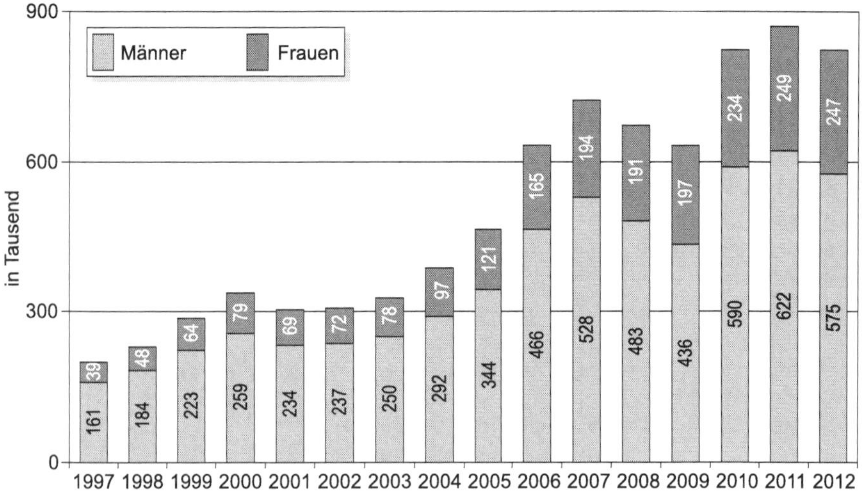

Quelle: BA 2013

oder Urlaub zu ersetzen oder unerwartete Auftragsspitzen im Sinne einer Pufferfunktion abzudecken. Demgegenüber übernimmt Leiharbeit inzwischen zusätzlich eine langfristige strategische Funktion, bildet ein eigenständiges Segment betrieblicher Arbeitsmärkte und führt zur Substitution anderer Beschäftigungsformen, vor allem von NAV (Seifert/Brehmer 2008; Holst 2009). Schätzungen beziffern den Substitutionseffekt auf etwa 50 Prozent (Jahn/Weber 2013). Anders formuliert: Ein Anstieg der Zahl der Leiharbeitnehmer um beispielsweise 100.000 erhöht die Gesamtbeschäftigung um etwa 50.000 und verdrängt in der gleichen Größenordnung Arbeitsplätze außerhalb des Leiharbeitssektors. Angesichts der durchschnittlich kurzen Beschäftigungsdauer (vgl. zu Einzelheiten Kap. 4.1.2) ist jedoch davon auszugehen, dass die ursprünglichen Funktionen nach wie vor dominieren, was in der Literatur nicht immer deutlich wird. Insofern erscheint es treffend, von Multifunktionalität zu sprechen (Promberger 2012b).

Solo-Selbstständige

Die Zahl der Selbstständigen nahm nach Rückgängen in früheren Jahrzehnten zwischen 1991 und 2010 von etwas über 3 Millionen auf über 4,2 Millionen (um ca. 40 Prozent) zu. Ihr Anteil an allen Erwerbstätigen[14] stieg von 8,2 auf elf Prozent („Renaissance der Selbstständigkeit"). Die Mehrheit (60 Prozent) der Selbstständigen hat keine Mitarbeiter und ist als solo-selbstständig zu bezeichnen (vgl. Tab. 2). Gegenüber 2003 ist der Anteil dieser Gruppe von 52 auf 60 Prozent gestiegen. Bei den Selbstständigen mit Beschäftigten stagniert dagegen die Entwicklung (Fritsch et al. 2012). Aber auch bei den Solo-Selbstständigen ist der Zuwachs seit Anfand der 1990er Jahre 2012 nahezu zum Stillstand gekommen.

Die Strukturen veränderten sich vor allem in den Jahren 2002 bis 2005, als neue arbeitsmarktpolitische Förderprogramme, wie der Existenzgründerzuschuss (Ich-AG), eingeführt wurden (Kelleter 2009; Mai/Marder-Puch 2013), die Arbeitslosen den Start in selbstständige Erwerbstätigkeit erleichtern sollten. Sicherlich haben die verstärkten staatlichen Förderprogramme die Expansion der Solo-Selbstständigkeit beflügelt. Hierfür spricht, dass bis Ende 2011 ein erheblicher Teil aus der Arbeitslosigkeit kam und mit arbeitsmarktpolitischen Fördermitteln unterstützt wurde (Gerner/Wießner 2012).[15]

---

14 Als Bezugsgröße dienen hier nicht – wie bei den anderen Formen – die abhängig Beschäftigten sondern die Erwerbstätigen.

15 2011 förderte die BA 136.000 Selbstständige, vorrangig mit dem Gründungszuschuss, 2005 waren es sogar über 322.000 (BA 2012c). Die Ende 2011 aus Spargründen erfolgte Umwandlung des Gründungszuschusses von einer Pflicht- in eine Ermessensleistung führt zum entgegen gesetzten Effekt.

Tab. 2: Selbstständige mit und ohne Beschäftigte, 2003 und 2010 (Angaben in Prozent, wenn nicht anders angegeben)

Merkmale Jahr	2003		2010	
Mitarbeiter:	mit	ohne	mit	ohne
gesamt	48	52	40	60
Geschlecht				
Männer	78	67	73	59
Frauen	22	33	27	41
Familienstand (ausgewählte Merkmale)				
Ein-Personen-Haushalt	17	25	21	25
Ehepaar ohne Kind	26	30	26	30
Alleinerziehende	3	4	8	6
Paar mit Kind unter 16 Jahre	31	23	21	22
sonstige	23	18	25	18
Einkommen				
indiv. Bruttoeinkommen	4.842 €	2.646 €	5.402 €	2.482 €
Haushaltsnettoeinkommen	3.823 €	2.799 €	4.067 €	2.953 €
Einkommen (Brutto, Quartile)				
erstes Quartil	2.100 €	1.000 €	2.000 €	925 €
zweites Quartil	3.601 €	2.000 €	4.000 €	2.000 €
drittes Quartil	6.000 €	3.300 €	6.000 €	3.000 €
Einkommen (Netto, Quartile)				
erstes Quartil	1.380 €	600 €	1.249 €	480 €
zweites Quartil	2.186 €	1.200 €	2.001 €	1.200 €
drittes Quartil	3.500 €	2.000 €	3.600 €	2.000 €
tatsächliche Arbeitszeit (Stunden/Woche)			50,2	36,5
Qualifikation				
keine Berufsausbildung	6	10	7	8
Berufsausbildung	55	56	51	50
Fach-/ Hochschulabschluss	39	35	42	41
nicht-deutsche Herkunft	5	6	3	5
Alter				
unter 25 Jahre	1	1	1	1
25 bis 44 Jahre	47	43	44	34
45 bis 54 Jahre	28	32	28	38
55 Jahre und älter	24	25	27	27

→

Tab. 2: (Fortsetzung)

Merkmale Jahr	2003		2010	
Mitarbeiter:	mit	ohne	mit	ohne
Wirtschaftszweig (ausgewählte Bereiche)				
Verarbeitendes Gewerbe	11	13	11	7
Baugewerbe	15	10	11	10
Handel	19	13	17	12
Gastgewerbe	6	(3)	(6)	(3)
Verkehr- und Nachrichtenübermittlung	(2)	(5)	(1)	(3)
Kredit- und Versicherungsgewerbe	(3)	5	3	(4)
Grundstücks- und Wohnungswesen	21	23	24	23
Erziehung und Unterricht	(3)	6	4	(8)
Gesundheitswesen	11	5	11	11
Erbringung sonst. öff./pers. Dienstl.	(4)	8	5	(11)
sonstige	7	8	6	8

Fallzahlen kleiner als 25 in Klammern
Quelle: SOEP, eigene Berechnung, alle Daten gewichtet.

Im internationalen Vergleich verläuft die Entwicklung bei unterschiedlichen Ausgangs- und Endniveaus uneinheitlich. In einigen Ländern (Österreich, Frankreich, Belgien) steigt die Zahl der Solo-Selbstständigen, in anderen sinkt sie (Brenke 2013). Die Quote der Bundesrepublik bewegt sich im unteren Mittelfeld (Schulze Buschoff/Schmidt 2007, 2009; Mai/Marder-Puch 2013).

3.3 Gesamtumfang

Der Gesamtumfang atypischer Beschäftigung lässt sich nicht einfach durch Addition der einzelnen Formen bestimmen, da Überlappungen auftreten können (z.B. Teilzeit und Befristung, oder Teilzeit, Befristung und Leiharbeit oder Befristung und Leiharbeit). Der Trend ist eindeutig: Der Anteil der atypischen an allen abhängig Beschäftigten (ohne Solo-Selbstständige) stieg seit den frühen 1990er Jahren von ca. 20 auf knapp 38 Prozent 2010 (vgl. Schaubild 5).[16] Von

16 Der in einzelnen Studien angegebene Gesamtumfang differiert erheblich, was auf unterschiedliche Abgrenzungskriterien zurückzuführen ist. So beziffert das Statistische Bundesamt den Anteil atypischer Beschäftigung für 2010 auf 25,4 Prozent (Statistisches Bundesamt 2012a). Dieser geringere Wert kommt vor allem dadurch zustande, dass nur Teilzeitbeschäftigte mit einer wöchentlichen Arbeitszeit von weniger als 21 Stunden einbezogen werden, während die vorliegende Untersuchung Teilzeitarbeit als Beschäftigung mit einer wöchentlichen Arbeitszeit von weniger als 35 Stunden definiert.

einem nur marginalen Segment, das in Analysen des Arbeitsmarktes vernachlässigt werden darf, kann daher längst nicht mehr die Rede sein. Anders formuliert: Das NAV stellt langfristig den abnehmenden Regelfall, atypische Formen den zunehmenden Ausnahmefall dar.

Schaubild 5: Gesamtumfang atypischer Beschäftigung 1991–2010

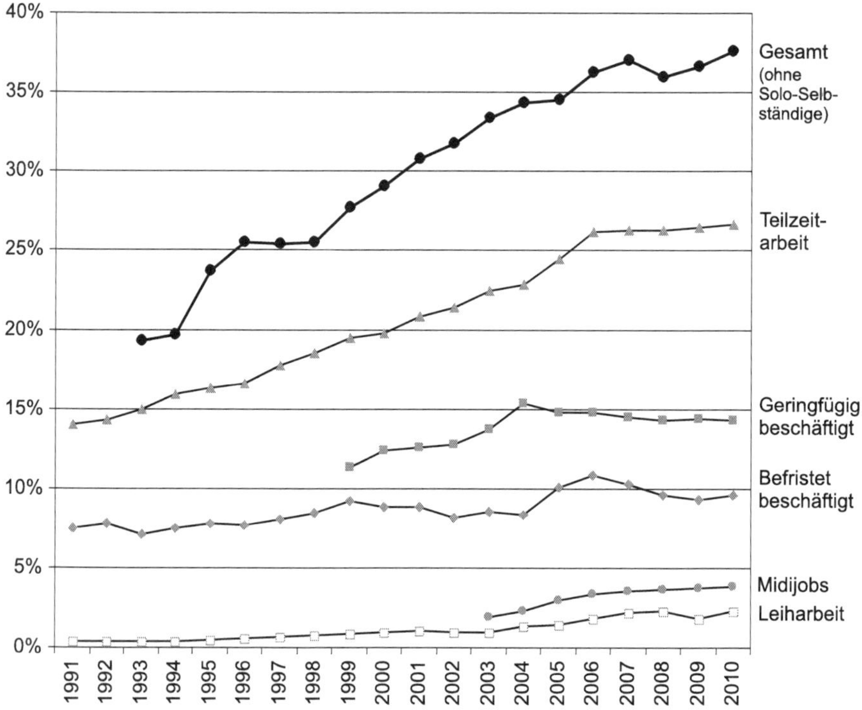

Der Beschäftigungszuwachs im konjunkturellen Aufschwung zwischen 2005 und 2008 ging zu einem erheblichen Teil auf das Wachstum der atypischen Formen, vor allem der Minijobs und der Leiharbeit, zurück (Statistisches Bundesamt 2008). Sehr ähnlich verläuft die Beschäftigungsentwicklung in der konjunkturellen Erholungsphase seit Ende 2009: Die Mehrzahl der Neueinstellungen erfolgt befristet oder in Leiharbeit. Neben der rein quantitativen Entwicklung der Beschäftigtenzahl ist also stets auch deren Zusammensetzung einschließlich ihrer Segmentierung in Teilarbeitsmärkte (vgl. Kap. 6) zu beachten.

Die Begrifflichkeit „Pluralisierung/Differenzierung der Beschäftigungsverhältnisse" beschreibt die Entwicklung zutreffender als „Krise" (Mückenberger

2007, 2010) oder sogar „Erosion" des NAV (Kommission für Zukunftsfragen 1996, Standing 2011). Der langfristige Wandel der Beschäftigungsstrukturen und -formen wird sich – selbst bei im Grundsatz unveränderten sozialen und arbeitsmarktpolitischen Rahmenbedingungen – wegen der zu erwartenden weiteren Tertiarisierung der Wirtschaftsstruktur sowie der weiter zunehmenden Frauenerwerbsquote fortsetzen. Diese Entwicklung bedeutet aber nicht, dass das NAV obsolet wird.

Im Übrigen stellt in dieser Hinsicht die Entwicklung in der Bundesrepublik keinen Ausnahmefall dar: Unabhängig vom Typus des Wohlfahrtsstaates (sozialdemokratischer, konservativer oder liberaler Prägung) ist in der Mehrheit der EU-Mitgliedstaaten eine Zunahme atypischer Beschäftigungsformen zu konstatieren (Schmid/Protsch 2009; Sengenberger 2010).[17] Allerdings sind auch gegenläufige Entwicklungen in einigen Ländern, etwa in Griechenland und in Spanien, zu beobachten (Schmeißer et al. 2012).

3.4 Strukturmerkmale

Die sozialstrukturelle Zusammensetzung atypisch Beschäftigter (u.a. nach Alter, Geschlecht, Qualifikation, Branche) unterscheidet sich zum einen von der in NAV (Bellmann et al. 2009). Zum anderen bestehen bei den meisten Merkmalen erhebliche Unterschiede zwischen den Formen, die über spezifische Profile verfügen.

Geschlecht

Die steigende Partizipation von Frauen am Arbeitsmarkt (auf ca. 72 Prozent) hängt eng mit der Zunahme atypischer Beschäftigungsformen zusammen. Atypisch Beschäftigte sind überwiegend weiblich. In sämtlichen Varianten – mit Ausnahme der Leiharbeit (BA 2010a) – sind *Frauen* mehr (Teilzeit) oder weniger deutlich (Befristung) überrepräsentiert (international vergleichend Houseman/Osawa 2003; Vosko et al. 2009b; Schmeißer et al. 2012). Die Mehrzahl der Frauen (55 Prozent im Jahr 2010) arbeitet in atypischen Beschäftigungsverhältnissen, so dass für sie von einem neuen, allerdings zweitklassigen NAV gesprochen werden kann. Die bestehende geschlechtsspezifische Segmentation des Arbeitsmarktes wird verstärkt. Zwischen 2003 und 2010 ist der Anteil der Frauen mit NAV an allen weiblichen Beschäftigten sogar leicht um drei Prozentpunkte gesunken. Diese Entwicklung geht wesentlich auf den gestiegenen Anteil geringfügig Beschäftigter und die dort hohe Frauenquote zurück (vgl. Tab. 3a, 3b).

17 Internationale Vergleiche sind schwierig und daher nach wie vor selten, da die Abgrenzung der einzelnen Formen unterschiedlich erfolgt (zu Einzelheiten Stone 2012).

Arbeiteten 2003, also vor den Hartz-Gesetzen, noch 11 Prozent der Frauen auf Basis eines Minijobs, waren es 2010 bereits 15 Prozent. Bei den Midijobs entfallen ca. drei Viertel auf Frauen; diese Überrepräsentation bestand von Anfang an und ist noch ausgeprägter als bei anderen atypischen Formen.

Männer sind dagegen überwiegend (84 Prozent) in NAV beschäftigt; die Quote ist seit 2003 leicht um drei Prozentpunkte gesunken. Die ausgeprägten geschlechtsspezifischen Unterschiede haben hauptsächlich damit zu tun, dass Frauen weitaus häufiger Teilzeit- (einschließlich Midijobs) und Minijobs leisten als Männer. Leiharbeit ist, wie oben erwähnt, die einzige Form atypischer Beschäftigung mit männlicher Dominanz. Diese Ausnahme ist darauf zurückzuführen, dass ihre Schwerpunkte bislang noch in männerdominierten Fertigungsberufen bzw. Wirtschaftsbereichen liegen (Puch 2008; Statistisches Bundesamt 2012c). Allerdings zeichnet sich ein allmählicher Wandel ab. Der Frauenanteil wächst, da Leiharbeit mehr und mehr auch in Dienstleistungsberufen Fuß fasst (Baumgarten/Kvasnicka 2012), wo der Anteil der weiblichen Beschäftigten wesentlich höher ist als im Verarbeitenden Gewerbe.

Schaubild 6: Beschäftigungsform nach Geschlecht 2010 (in Prozent)

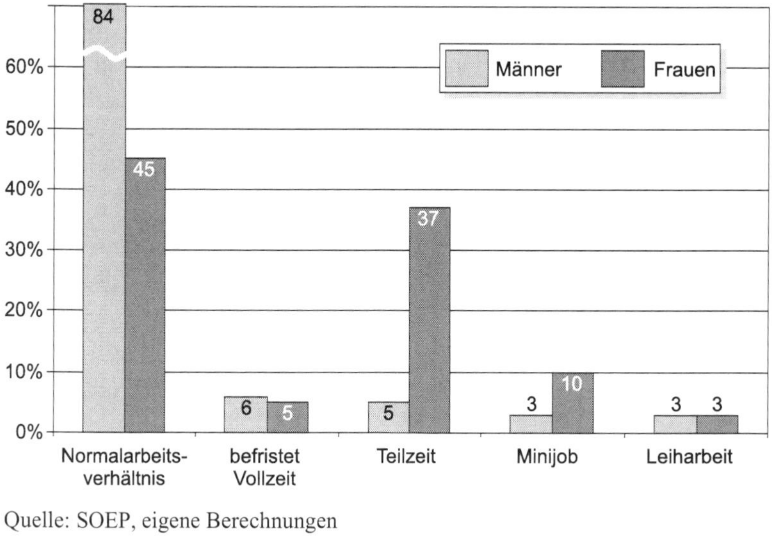

Quelle: SOEP, eigene Berechnungen

Familienstand

Differenziert man nach dem Familienstand, werden atypische Beschäftigungsformen am seltensten von Beschäftigten ausgeübt, die in Ein-Personen-Haushalten leben, häufiger dagegen von Alleinerziehenden, die etwa zur Hälfte in diesen

Formen beschäftigt sind (vgl. Tab. 3b). 41 Prozent können offensichtlich wegen Versorgungspflichten nur zeitlich begrenzt arbeiten und haben deshalb Teilzeit-, Midi- oder Minijobs, 2003 waren es erst 33 Prozent (vgl. Tab. 3a). Alleinerziehende sind am häufigsten (11 Prozent) unter den Teilzeitbeschäftigten anzutreffen, unter der Teilgruppe der Midijobber sogar mit 12 Prozent (vgl. Tab. 4). Deutlich niedriger mit nur 5 Prozent liegt ihr Anteil dagegen bei den Beschäftigten mit NAV. Offensichtlich ist es für diese Personengruppe angesichts unzureichender Einrichtungen zur Ganztagsbetreuung für Kinder erheblich schwieriger, eine Vollzeittätigkeit aufzunehmen.

Ausbildungsniveau

Die Struktur der Ausbildungsabschlüsse ist bei den einzelnen Formen atypischer Beschäftigung unterschiedlich verteilt. Bei allen Formen liegen zwar die Anteilswerte derjenigen ohne abgeschlossene Berufsausbildung über denen von Beschäftigten mit NAV. Die höchsten Anteile ohne beruflichen Abschluss weisen die geringfügig Beschäftigten und die Leiharbeitnehmer mit jeweils 20 Prozent auf (vgl. Tab. 3b). Lässt man bei den Minijobbern Rentner und Azubis unberücksichtigt, erhöht sich der Wert sogar auf 22 Prozent. Gleichwohl verfügt die Mehrheit der atypisch Beschäftigten über einen beruflichen Abschluss und zumindest in formaler Hinsicht über qualifikatorische Voraussetzungen, mit denen die häufig gezahlten Niedriglöhne scharf kontrastieren. Allerdings arbeitet mehr als die Hälfte dieser Beschäftigten unter Ausbildungsniveau, während es bei den Beschäftigten mit NAV etwa ein Drittel ist (Dütsch et al. 2011). Noch ausgeprägter ist die Diskrepanz zwischen erlerntem Beruf und aktueller Tätigkeit bei den Leiharbeitnehmern.

Von den Midijobbern besitzen 12 Prozent keine Berufsausbildung, während ca. 70 Prozent über eine abgeschlossene Berufsausbildung verfügen (vgl. Tab. 3b, 4). Offen ist dabei, inwieweit früher erworbene Qualifikationen durch Strukturwandel obsolet geworden sind oder durch längere Unterbrechungen der Erwerbstätigkeit infolge von Kindererziehung oder Arbeitslosigkeit verloren gegangen sind.

Anders sieht das Bild bei den höchsten Berufsabschlüssen (Fachhochschul-/Hochschulabschluss) aus (vgl. Tab. 3b). Hier übertreffen die Anteile der befristet Vollzeit-, Teilzeit- und geringfügig Beschäftigten die der Beschäftigten mit NAV. Hierin spiegelt sich eine vor allem im wissenschaftlichen Bereich verbreitete Einstellungspraxis, Akademiker (besonders im öffentlichen Dienst) als Berufsanfänger zunächst befristet einzustellen (Giesecke/Groß 2007). Eine Rolle kann ferner auch Beschäftigung unter Ausbildungsniveau spielen, z.B. im Anschluss an Erziehungszeiten. Insgesamt aber liegt die Qualifikationsstruktur der Midijobber auf einem nur unwesentlich niedrigeren Niveau als die der Beschäftigten mit NAV, höher aber als die der Minijobber (vgl. Schaubild 7).

Tab. 3a: Merkmale atypischer Beschäftigung 2003 (Angaben in % bzw. €.)

Beschäftigungsformen / Merkmale	unbefristet Vollzeit-beschäftigte (NAV)	befristet Vollzeit-beschäftigte	Teilzeit-beschäftigte	geringfügig Beschäftigte	Leiharbeit-volumen
gesamt	67	4	19	7	3
Geschlecht (Zeilenprozent)					
Männer	87	5	3	2	3
Frauen	47	4	35	11	4
Geschlecht (Spaltenprozent)					
Männer	68	59	11	23	48
Frauen	32	41	90	77	52
Familienstand (ausgewählte Merkmale)					
Ein-Personen-Haushalt	21	22	10	14	24
Ehepaar ohne Kind	26	28	24	24	27
Alleinerziehende	6	(6)	9	6	(7)
Paar mit Kind unter 16 Jahre	25	22	32	26	21
sonstige	22	23	25	30	21
Einkommen					
indiv. Bruttoeinkommen	2.785 €	2.350 €	1.270 €	469 €	1.549 €
Haushaltsnettoeinkommen	2.640 €	2.485 €	2.628 €	2.249 €	2.192 €
Qualifikation					
keine Berufsausbildung	10	16	14	26	20
Berufsausbildung	69	53	71	64	67
Fach-/ Hochschulabschluss	21	31	16	10	13
Betriebsgröße					
unter 20	20	14	36	56	24
20 bis unter 200	31	39	30	24	34
200 bis unter 2000	26	26	17	14	19
2000 und mehr	24	21	17	6	23
nicht-deutsche Herkunft	9	10	7	10	14
Alter					
unter 25 Jahre	5	18	3	17	21
25 bis 44 Jahre	54	58	54	44	48
45 bis 54 Jahre	27	17	27	20	18
55 Jahre und älter	14	6	16	19	12
Wirtschaftszweig (ausgewählte Bereiche)					
Verarbeitendes Gewerbe	33	22	10	10	22
Baugewerbe	7	(3)	2	(3)	(7)
Handel	11	9	21	23	(5)
Gastgewerbe	2	(4)	3	9	(4)
Verkehr- und Nachrichtenübermittlg.	6	(3)	3	(3)	(11)
Kredit- und Versicherungsgewerbe	5	(1)	3	(2)	(3)
Grundstücks- und Wohnungswesen	7	6	8	14	13
Erziehung und Unterricht	5	10	11	5	(5)
Gesundheitswesen	8	23	21	15	13
Erbringung sonst. öff./pers. Dienstl.	3	(5)	5	8	(5)
sonstige	14	14	12	7	11

Quelle: Tab. 3a und 3b: SOEP, eigene Berechnung, alle Daten gewichtet. Fallzahlen kleiner als 25 in Klammern

Tab. 3b: Merkmale atypischer Beschäftigung 2010 (Angaben in % bzw. €.)

Beschäftigungsformen / Merkmale	unbefristet Vollzeit-beschäftigte (NAV)	befristet Vollzeit-beschäftigte	Teilzeit-beschäftigte	geringfügig Beschäftigte[b]	Leiharbeit-volumen
gesamt[a]	65	5	20	6	3
Geschlecht (Zeilenprozent)					
Männer	84	6	5	3	3
Frauen	45	5	37	10	3
Geschlecht (Spaltenprozent)					
Männer	65	53	11	20	57
Frauen	35	47	89	80	43
Familienstand (ausgewählte Merkmale)					
Ein-Personen-Haushalt	23	27	10	14	26
Ehepaar ohne Kind	32	24	25	22	21
Alleinerziehende	5	9	11	8	8
Paar mit Kind unter 16 Jahre	19	18	29	22	24
sonstige	21	22	25	28	22
Einkommen					
indiv. Bruttoeinkommen	3.071 €	2.183 €	1.393 €	279 €	1.530 €
Haushaltsnettoeinkommen	3.000 €	2.630 €	2.878 €	2.384 €	2.372 €
Tatsächliche Arbeitszeit (Std./Woche)	43,1	43,1	25,2	10,8	36,4
Qualifikation					
keine Berufsausbildung	9	14	13	20	20
Berufsausbildung	67	56	69	71	64
Fach-/Hochschulabschluss	24	30	18	10	15
Betriebsgröße					
unter 20	20	18	31	58	18
20 bis unter 200	30	28	29	26	37
200 bis unter 2000	24	29	20	9	24
2000 und mehr	27	25	20	7	21
nicht-deutsche Herkunft	7	11	10	14	8
Alter					
unter 25 Jahre	4	17	3	15	24
25 bis 44 Jahre	48	63	45	39	39
45 bis 54 Jahre	31	16	33	22	23
55 Jahre und älter	17	4	19	24	15
Wirtschaftszweig (ausgewählte Bereiche)					
Verarbeitendes Gewerbe	31	19	10	10	38
Baugewerbe	6	(2)	2	(1)	(4)
Handel	11	7	19	26	(6)
Gastgewerbe	2	(6)	3	10	5
Verkehr- und Nachrichtenübermittlg.	6	(4)	4	(3)	6
Kredit- und Versicherungsgewerbe	5	(1)	3	(1)	-
Grundstücks- und Wohnungswesen	8	10	9	12	14
Erziehung und Unterricht	5	14	13	12	(4)
Gesundheitswesen	10	21	23	10	(8)
Erbringung sonst. öff./pers. Dienstl.	3	3	4	7	7
sonstige	13	12	10	4	8

a – keine Personen älter als 65 Jahre; b – basiert auf eigenen Angaben

Tab. 4: Midijobs[a] und Strukturmerkmale, 2003 und 2010 (Angaben in Prozent, wenn nicht anders angegeben)

	2003		2010	
	inkl. Rentner und Azubis	ohne Rentner[b] und Azubis[c]	inkl. Rentner und Azubis	ohne Rentner[b] und Azubis[c]
davon in Ausbildung	41	–	42	–
davon in Rente	5	–	5	–
Geschlecht				
Männer	33	17	35	20
Frauen	67	83	65	80
Familienstand (ausgewählte Merkmale)				
Ein-Personen-Haushalt	13	(7)	11	9
Ehepaar ohne Kind	19	24	19	21
Alleinerziehende	10	9	12	11
Paar mit Kind unter 16 Jahre	16	26	16	27
sonstige	42	34	42	32
Einkommen				
indiv. Bruttoeinkommen	614 €	636 €	622 €	640 €
Haushaltsnettoeinkommen	2.232 €	2.277 €	2.518 €	2.548 €
Qualifikation				
keine Berufsausbildung	18	20	12	12
Berufsausbildung	72	71	73	75
Fach-/ Hochschulabschluss	10	9	15	13
Betriebsgröße				
bis unter 20	48	55	46	51
20 bis unter 200	27	30	30	27
200 bis unter 2000	14	7	11	12
2000 und mehr	12	8	14	11
nicht-deutsche Herkunft	7	7	10	10
Alter				
unter 25 Jahre	35	6	36	6
25 bis 44 Jahre	36	50	33	43
45 bis 54 Jahre	14	24	19	32
55 Jahre und älter	15	20	12	20
Wirtschaftszweig (ausgewählte Bereiche)				
Verarbeitendes Gewerbe	21	17	18	15
Baugewerbe	6	(4)	4	(5)
Handel	17	21	16	17
Gastgewerbe	3	(3)	7	(6)
Verkehr- und Nachrichtenübermittlung	4	(6)	(4)	(2)
Kredit- und Versicherungsgewerbe	5	(2)	(2)	(2)
Grundstücks- und Wohnungswesen	11	13	11	13
Erziehung und Unterricht	4	(5)	6	7
Gesundheitswesen	14	14	18	19
Erbringung sonst. öff./pers. Dienstl.	6	8	7	7
sonstige	10	9	14	7

Legende zu Tabelle 4:

a – Identifikation der Midijobber über das Einkommen (401 bis 800 Euro); b – Bezug einer Rente/Pension im Vorjahr, oder Beschäftigung beendet wg. Erreichen der Altersgrenze/Rente/ Pension, oder Erwerbsstatus in einem Monat (2008) = Rente, Pension, Vorruhestand; c – allgemeinbildende Schule, Hochschule (inkl. Promotion), berufliche Ausbildung, Weiterbildung/ Umschulung; Fallzahlen kleiner als 25 in Klammern

Quelle: SOEP, eigene Berechnung, alle Daten gewichtet.

Tab. 5: Befristet/unbefristet Beschäftigte und Strukturmerkmale, 2003 und 2010 (Angaben in Prozent, wenn nicht anders angegeben)

	2003		2010	
	befristet Beschäftigte	unbefristet Beschäftigte	befristet Beschäftigte[a)]	unbefristet Beschäftigte
Geschlecht				
Männer	48	55	41	52
Frauen	52	45	59	48
Familienstand (ausgewählte Merkmale)				
Ein-Personen-Haushalt	23	18	26	20
Ehepaar ohne Kind	25	26	22	31
Alleinerziehende	7	6	11	6
Paar mit Kind unter 16 Jahre	20	27	17	22
sonstige	25	23	24	21
Einkommen				
indiv. Bruttoeinkommen	1.843 €	2.433 €	1.553 €	2.594 €
Haushaltsnettoeinkommen	2.350 €	2.623 €	2.428 €	2.959 €
tatsächliche Arbeitszeit (Stunden/Woche)			33,4	38,1
Qualifikation				
keine Berufsausbildung	19	11	16	10
Berufsausbildung	53	70	59	68
Fach-/ Hochschulabschluss	28	20	25	22
Betriebsgröße				
bis unter 20	17	22	22	23
20 bis unter 200	36	31	28	30
200 bis unter 2000	24	25	25	23
2000 und mehr	22	23	26	24
nicht-deutsche Herkunft	10	9	11	8
Alter				
unter 25 Jahre	20	5	19	4
25 bis 44 Jahre	58	54	56	47
45 bis 54 Jahre	15	27	17	32
55 Jahre und älter	6	15	8	18

→

Tab.5: (Fortsetzung)

	2003		2010	
	befristet Beschäftigte	unbefristet Beschäftigte	befristet Beschäftigte[a)]	unbefristet Beschäftigte
Wirtschaftszweig (ausgewählte Bereiche)				
Verarbeitendes Gewerbe	18	28	14	27
Baugewerbe	(3)	6	2	5
Handel	9	13	10	13
Gastgewerbe	(5)	2	4	3
Verkehr- und Nachrichtenübermittlung	(4)	6	5	5
Kredit- und Versicherungsgewerbe	(2)	5	(1)	4
Grundstücks- und Wohnungswesen	7	7	9	9
Erziehung und Unterricht	13	6	20	6
Gesundheitswesen	22	11	17	13
Erbringung sonst. öff./pers. Dienstl.	5	4	5	4
sonstige	12	12	13	12

a – keine Auszubildende; Fallzahlen kleiner als 25 in Klammern
Quelle: SOEP, eigene Berechnung, alle Daten gewichtet.

Alter

Atypische Beschäftigungsformen finden sich in allen Altersgruppen. Allerdings sind jüngere Arbeitnehmer (15 bis 24 Jahre) deutlich überrepräsentiert (Tabellen 3a, 3b). Das gilt für alle Formen mit Ausnahme der Teilzeitarbeit und der Solo-

Schaubild 7: Qualifikationsstruktur NAV, Mini- und Midijobs 2010 (Anteile in Prozent)

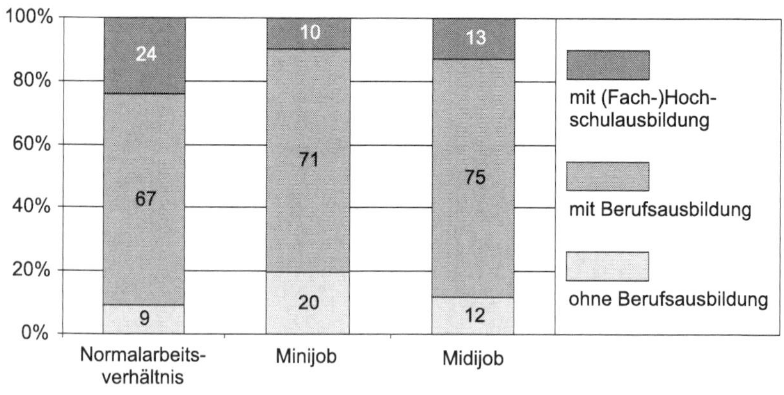

Quelle: SOEP, eigene Berechnungen

Selbstständigkeit. 39 Prozent der Midijobber sind jünger als 25 Jahre. Ähnlich wie bei Minijobbern (15 Prozent) entfällt ein nicht nur marginaler Anteil (10 Prozent) auf Studierende. Klammert man diese Gruppe aus, sinkt der Anteil der Jüngeren unter den Midijobbern auf nur noch vier Prozent. Den höchsten Anteil älterer Arbeitnehmer (55 Jahre und älter) findet man mit 24 Prozent unter den geringfügig Beschäftigten. Ausschlaggebend ist der hohe Rentneranteil. Negativ mit dem Alter korreliert die Verteilung der Befristungen. Für junge Arbeitnehmer wird diese Beschäftigungsform, die mit Teilzeit kombiniert werden kann, häufiger zum typischen Start in das Erwerbsleben. Die Chance, eine dauerhafte Beschäftigung zu finden, nimmt mit dem Qualifikationsniveau zu. Sie ist aber auch stark von der allgemeinen Arbeitsmarktlage abhängig. In Phasen nachlassender Arbeitskräftenachfrage fällt es schwerer als in Boomphasen, in ein unbefristetes Arbeitsverhältnis zu wechseln (Hohendanner 2010).

Ausländer

Ausländer sind häufiger atypisch beschäftigt als Deutsche. Das gilt für Ausländer aus Nicht-EU-Mitgliedsländern in besonderem Maße (Statistisches Bundesamt 2008, 2009). Ein überdurchschnittlich hoher Anteil der Ausländer arbeitet Teilzeit oder auf geringfügiger Basis oder in Leiharbeit (vgl. Tab. 3a, 3b).

Betriebsgröße

Mit steigender *Betriebsgröße* sinkt der Anteil atypischer Beschäftigungsverhältnisse (Schaubild 8). Dieses Verteilungsmuster gilt jedoch nicht für alle Formen gleichermaßen. Während der Einsatz von Leiharbeit vorrangig in Mittel- und Großbetrieben erfolgt, setzen kleine und mittlere Betriebe eher Minijobber ein. Auffallend ist, das Kleinstbetriebe mit befristeten Beschäftigungsverhältnissen zurückhaltender umgehen als größere Betriebe. Ein Grund könnte darin liegen, dass hier der gesetzliche Kündigungsschutz nicht gilt und deshalb Entlassungen einfacher sind.

Wirtschaftsstruktur

Atypische Beschäftigungsverhältnisse sind ungleich auf die Wirtschaftssektoren verteilt. Sie sind vorrangig in bestimmten Dienstleistungssektoren verbreitet, in einigen dominieren sie sogar. Im Gastgewerbe arbeitet nur noch eine Minderheit auf Basis von NAV, im Gesundheitswesen die Hälfte, im Bereich Erziehung und Unterricht liegen die Anteile nur geringfügig niedriger (vgl. Schaubild 9). Die differenziertere Analyse zeigt für Teilbereiche wie die Kinder- und Jugendarbeit noch höhere Anteile von zwei Dritteln aller Beschäftigten (Bröring/Buschmann 2012). In einigen Sektoren sind NAV deutlich in der Minderheit, atypische Beschäftigungsformen die neue Normalität.

Schaubild 8: Beschäftigungsform und Betriebsgröße 2010, Anteile in Prozent

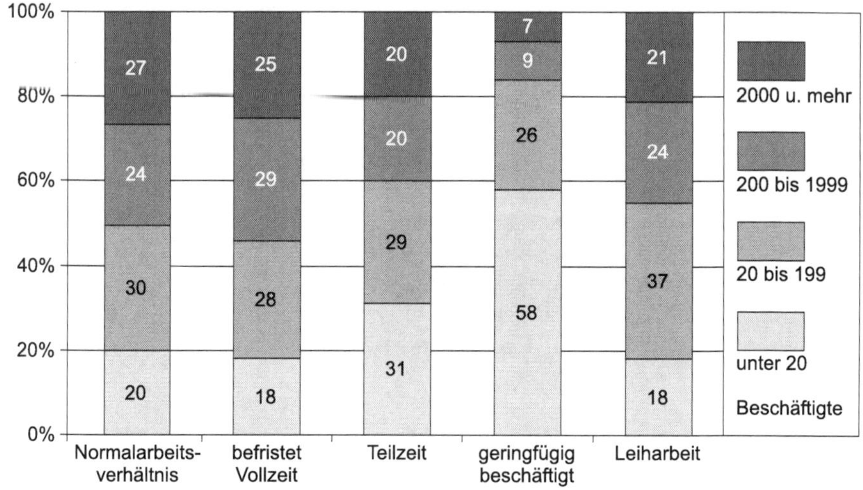

Quelle: SOEP, eigene Berechnungen

Demgegenüber fällt die relativ geringe Verbreitung atypischer Beschäftigungsverhältnisse im Verarbeitenden Gewerbe, im Baugewerbe sowie in der Energie- und Wasserversorgung auf. In diesen Sektoren arbeitet die weit überwiegende Mehrheit der Beschäftigten in NAV, im Verarbeitenden Gewerbe sind es immer noch mehr als vier Fünftel. Im Vergleich zu 2003 haben sich die Anteilswerte kaum verändert (vgl. Tab. 3a, 3b). Gestiegen ist im Verarbeitenden Gewerbe lediglich der Anteil der Leiharbeitnehmer. Von einer Erosion des NAV kann in diesem Bereich nicht die Rede sein.

Dieses branchenspezifische Muster korrespondiert mit der geschlechtsspezifischen Verteilung: In Sektoren mit hohen Frauenanteilen sind atypische Beschäftigungsformen weit verbreitet. Nahezu ungebrochen dominiert dagegen das NAV in Bereichen mit hohen Anteilen männlicher Beschäftigter. Außerdem arbeitet die Mehrheit (68 Prozent) der atypisch Beschäftigten in tariffreien Betrieben (Statistisches Bundesamt 2012a). In diesem Wert spiegeln sich Brancheneinflüsse; so ist im Gastgewerbe mit hohen Anteilen atypischer Beschäftigung zugleich die Tarifbindung unterdurchschnittlich (Ellguth/Kohaut 2011).

Betrachtet man die einzelnen Formen, zeigen sich folgende branchenspezifische Schwerpunkte:

- *Teilzeitarbeit* (incl. Midijobs) kommt besonders häufig im Gesundheitswesen, im Bereich Erziehung und Unterricht und im Handel vor.

- *Mini- und Midijobber* werden überproportional stark im Gastgewerbe eingesetzt.
- Vergleichsweise hohe Anteilswerte der *Leiharbeit* weisen das Grundstücks- und Wohnungswesen sowie das Verarbeitende Gewerbe auf. In den beiden zuletzt genannten Bereichen spielen geringfügige Beschäftigungsverhältnisse dagegen nur eine Randrolle.
- *Befristete Beschäftigungsverhältnisse* werden relativ häufig im Gastgewerbe, im Bereich Erziehung und Unterricht sowie im Gesundheitswesen abgeschlossen, seltener dagegen im Kredit- und Versicherungswesen. Verbreitet sind diese Beschäftigungsformen auch im öffentlichen Dienst (Dütsch et al. 2011).

Bei den Mini- und Midijobs besteht eine klare Dominanz der privaten Dienstleistungssektoren bzw. eine Unterrepräsentanz des produzierenden Gewerbes – und damit eine wesentlich andere Verteilung als bei NAV (Bundesagentur für Arbeit 2012b). Bestimmte Branchen werden also bei diesen Formen subventioniert (vgl. Kap. 7).

Befristete Arbeitsverhältnisse sind eher in konjunkturunabhängigen Wirtschaftsbereichen und weniger in Bereichen mit stark zyklischer Beschäftigungsentwicklung zu finden (Hohendanner 2010). An diesem sektoralen Muster hat sich seit 2003, dem Zeitpunkt vor Inkrafttreten der Hartz-Reformen, nur wenig geändert. Da die rechtlichen Regelungen generell gelten, entscheiden offensichtlich branchenspezifische, von Konjunktureinflüssen unabhängige Faktoren des Arbeitskräfteeinsatzes über die sektorale Verbreitung atypischer Beschäftigungsformen, worauf in Kapitel 5 näher einzugehen sein wird.

Leiharbeit ist vor allem im Verarbeitenden Gewerbe verbreitet, allerdings haben die Dienstleistungssektoren an Bedeutung gewonnen. Die Mehrheit dieser Beschäftigten (71 Prozent) ist männlich und arbeitet hauptsächlich in der Metall- und Elektroindustrie, aber auch in anderen Bereichen (wie Transport, Logistik und Sicherheit) (Bundesagentur für Arbeit 2012b).

Präferenzen der Beschäftigten

Atypische Beschäftigungsformen entsprechen nur bedingt den Präferenzen der Beschäftigten. Offensichtlich geht angesichts mangelnder Alternativen ein nicht unerheblicher Teil der Beschäftigten diese als suboptimal angesehenen Arbeitsverhältnisse ein. Knapp die Hälfte (46,2 Prozent) der befristet Beschäftigten gab 2011 an, kein unbefristetes Beschäftigungsverhältnis gefunden zu haben (vgl. Schaubild 10); 2003 waren es mit nur 38 Prozent deutlich weniger. 27 Prozent nannten einen Probevertrag als Befristungsgrund und 22 Prozent befanden sich in Ausbildung. Klammert man die zuletzt genannte Gruppe aus, da Ausbildungsverträge generell befristet sind, erhöht sich der Anteil derjenigen, die keine

Schaubild 9: Beschäftigungsform und Wirtschaftszweig 2010, Anteile in Prozent

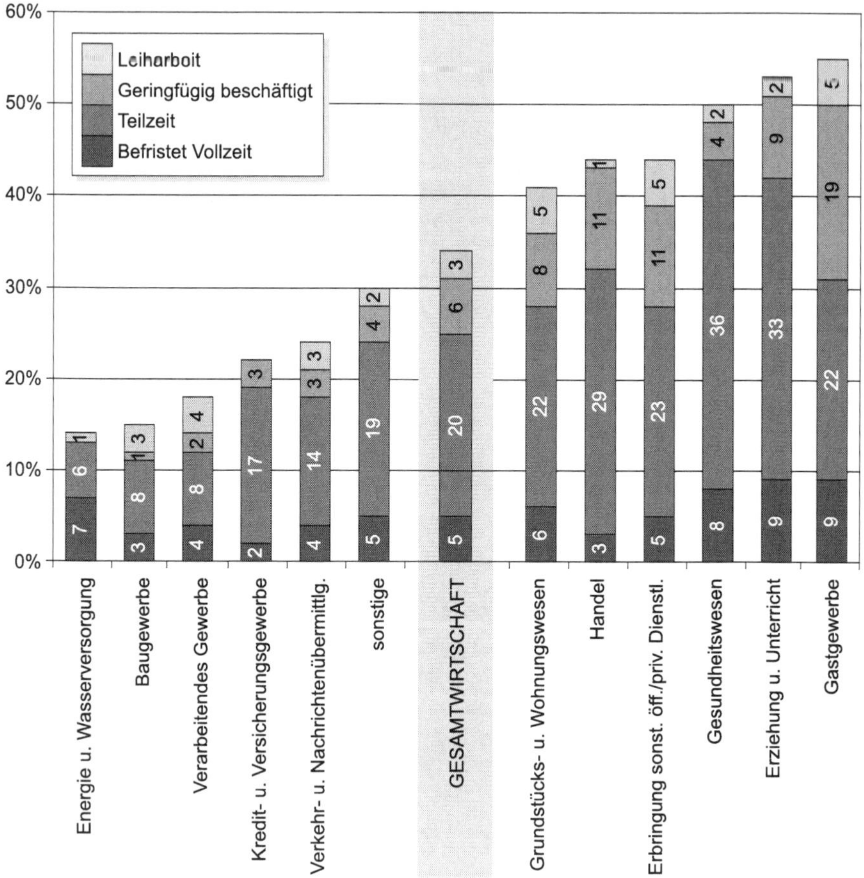

Quelle: SOEP, eigene Berechnungen

Dauerstelle gefunden haben (Statistisches Bundesamt 2012b: 42). Da sich nur 5 Prozent bewusst für ein befristetes Beschäftigungsverhältnis entschieden, kann man diese Form als nicht präferenzgerecht bezeichnen. Seit den Hartz-Gesetzen muss sich ein wachsender Teil der Beschäftigten mit suboptimalen Arbeitsbedingungen abfinden.

Schaubild 10: Befristet Beschäftigte und Gründe der Befristungen 2011, Anteile in Prozent

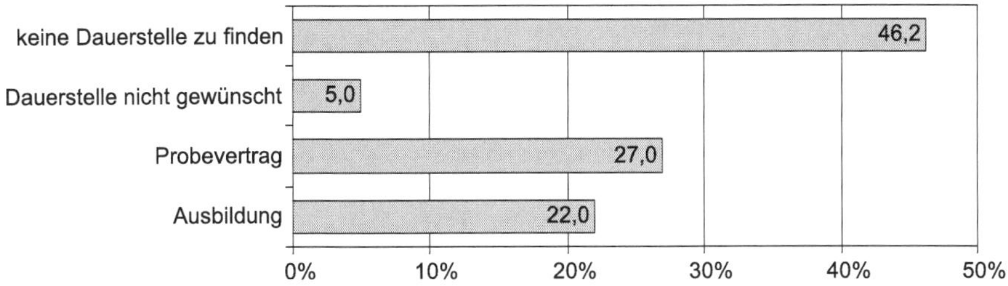

Quelle: Statistisches Bundesamt 2012b

Nicht ganz so deutlich fällt das Urteil der Teilzeitbeschäftigten aus. Etwa jede/r Sechste gab 2011 an, keinen Vollzeitarbeitsplatz gefunden zu haben. Ein Jahr zuvor waren es 21 Prozent. Diese Angaben verzerren aber das Bild, denn ein großer Teil arbeitet aus familiären und anderen Gründen Teilzeit und würde vermutlich bei einem besseren Angebot an öffentlichen Betreuungseinrichtungen eine andere Arbeitszeitentscheidung treffen. So übten 54 Prozent der Frauen wegen familiärer Verpflichtungen eine Teilzeitbeschäftigung aus (Statistisches Bundesamt 2012c: 33).

Auch unter den geringfügig Beschäftigten ist der Wunsch nach längeren Arbeitszeiten verbreitet (52 Prozent), allerdings mit deutlichen Unterschieden zwischen den Gruppen (Körner et al. 2013). Während die überwiegende Mehrheit der Rentner und der Studierenden mit dem jeweils gegebenen Arbeitszeitumfang zufrieden ist, würden Arbeitslose (73 Prozent) gerne länger arbeiten, finden aber keine entsprechenden Arbeitsplätze. Von den geringfügig beschäftigten Hausfrauen und Hausmännern, die nicht den Wunsch nach längeren Arbeitszeiten äußern, gibt die Mehrheit an, hierzu aufgrund familiärer Verpflichtungen oder Pflege- bzw. Kinderbetreuungsverpflichtungen nicht in der Lage zu sein (Körner et al. 2013: 56).

Für Leiharbeit sind keine entsprechenden Befunde bekannt. Plausibel erscheint die Annahme, dass die überwiegende Mehrheit der Leiharbeitnehmer ein NAV präferieren dürfte, solange sich vergleichbare Tätigkeiten in den beiden Beschäftigungsformen signifikant bei Lohn und Arbeitsbedigungen zugunsten der letzteren unterscheiden.

Solo-Selbstständige

Solo-Selbstständige sind überwiegend männlich (vgl. Tab. 2); Frauen sind nach wie vor unterrepräsentiert, wenngleich ihr Anteil zwischen den Vergleichsjahren 2003 und 2010 zugenommen hat. Er ist nun deutlich höher als bei Selbstständigen mit Mitarbeitern.[18] Auffallend ist, dass die Familienstruktur ein nahezu identisches Verteilungsmuser zeigt wie bei den Beschäftigten mit NAV, sich also deutlich anders zusammensetzt als bei anderen Formen atypischer Beschäftigung wie beispielsweise bei Teilzeitbeschäftigten einschließlich Mini- und Midijobber. Diese Form der Erwerbstätigkeit scheint wegen ihrer zeitlichen „Flexibilität" eher als andere eine Vereinbarkeit von Familie und Beruf zu ermöglichen, vor allem wenn sie als Teilzeittätigkeit ausgeübt wird, was vorrangig bei Solo-Selbstständigen der Fall ist (Mai/Marder-Puch 2013).

Solo-Selbstständige verfügen über vergleichsweise hohe Ausbildungsniveaus, über 40 Prozent haben Fachhoch- oder Hochschulabschlüsse, 50 Prozent eine Berufsausbildung und nur acht Prozent keinen beruflichen Abschluss. Diese Qualifikationsstruktur entspricht der der Selbstständigen mit Mitarbeitern. Gegenüber allen anderen Formen atypischer Beschäftigung verweist sie auf ein durchschnittlich höheres Qualifikationsniveau.

Nur geringfügige Unterschiede zeigen sich in den Altersstrukturen der Selbstständigen mit und ohne Mitarbeiter. In beiden Gruppen sind im Unterschied zu allen übrigen Formen atypischer Beschäftigung Jüngere (unter 25 Jahren) kaum vertreten, die mittlere Alterskategorie (25- bis 44-Jährige) dominiert. Ältere (über 55 Jahre) sind mit 27 Prozent stärker vertreten als unter Beschäftigten mit NAV (17 Prozent). Der Wechsel von abhängiger Beschäftigung in selbstständige Erwerbstätigkeit setzt offensichtlich ein bestimmtes Maß an beruflicher Erfahrung voraus.

Auffallend groß sind die Einkommensdifferenzen zwischen Selbstständigen mit und ohne Mitarbeiter. Die erste Gruppe verdiente (im Jahr 2010) mehr als doppelt so viel (knapp 5.400 Euro pro Monat) wie die zweite (2.482 Euro). Nicht ganz so deutlich fallen die Abstände bei den Haushaltsnettoeinkommen aus. Bei den individuellen monatlichen Bruttoverdiensten haben sich die Einkommensabstände gegenüber 2003 noch vergrößert. Während sie bei den Solo-Selbstständigen um 6,2 Prozent gesunken sind, haben sie bei den übrigen Selbstständigen um 11,6 Prozent zugelegt. Eine gleichgerichtete positive Entwicklung zeigen dagegen die Netto-Haushaltseinkommen.

Gegenüber den durchschnittlichen Brutto-Einkommen anderer atypisch Beschäftigter schneiden Solo-Selbstständige gut ab, verdienen aber weniger als Beschäftigte mit NAV. Allerdings ist bei diesem Vergleich zu berücksichtigen, dass Selbstständige aus ihren Einkommen Vorsorge für Kranken- und Rentenversicherung in Eigenregie treffen müssen, während die Einkommen der abhängig Beschäftigten nicht die bereits geleisteten Sozialversicherungsbeiträge enthalten

18 Bei Solo-Selbstständigen bestehen erhebliche geschlechtsspezifische Einkommensunterschiede, die nicht durch Humankapitalausstattung, Kinderzahl oder Branchen erklärt werden können (Gather et al. 2010).

(vgl. Kap. 7). Relativierend ist zu beachten, dass Solo-Selbstständige (durchschnittlich 36,5 Stunden pro Woche) wesentlich kürzer arbeiten als Selbstständige mit Beschäftigten (50,2 Stunden). Außerdem können sie, wenn der Start in die Selbstständigkeit aus Arbeitslosigkeit erfolgt, zumindest befristet öffentliche Fördermittel im Rahmen des Gründungszuschusses erhalten.

Die Tätigkeitsfelder von Selbstständigen mit und ohne Beschäftigte unterscheiden sich nur wenig. Beide Erwerbsgruppen sind vor allem im Grundstücks- und Wohnungswesen, im Baugewerbe, bei den sonstigen öffentlichen und privaten Dienstleistungen sowie im Handel tätig. Einen deutlichen Rückgang verzeichnet das Verarbeitende Gewerbe, wo sich zwischen 2003 und 2010 der Anteil der Solo-Selbstständigen nahezu halbiert hat, während er bei den Selbstständigen mit weiteren Mitarbeitern stabil geblieben ist (vgl. Tab. 2).

3.5 Zwischenresümee

Die atypischen Beschäftigungsformen unterscheiden sich in dem hier betrachteten Zeitraum seit Beginn der 1990er Jahre nicht nur deutlich in ihrer quantitativen Bedeutung, sondern auch in ihrer Dynamik. Mit Abstand an der Spitze rangiert Teilzeitarbeit; rechnet man ihre Subformen Mini- und Midijobs hinzu, die sich vor allem durch die kürzere Arbeitszeit vom NAV unterscheiden, entfallen auf sie etwa drei Viertel aller atypisch Beschäftigten. Auffallend ist der zunächst allmählich steigende, seit 2005 jedoch mehr oder minder stagnierende Anteil befristeter Beschäftigungsverhältnisse; allerdings erfolgt nahezu die Hälfte aller neu abgeschlossenen Arbeitsverhältnisse auf dieser zunächst unsicheren Basis. Stark zugenommen hat, allerdings von niedrigem Niveau ausgehend, Leiharbeit. Diese Beschäftigungsform zeigt die stärkste Konjunkturabhängigkeit. Einen deutlichen Zuwachs verzeichnet, vor allem in der Mitte der 2000er Jahre, auch die Solo-Selbstständigkeit, die inzwischen mehr als die Hälfte aller Selbstständigen ausmacht und die Struktur der Selbstständigkeit allmählich verändert hat.

Die atypischen Beschäftigungsformen verteilen sich ungleichmäßig auf Wirtschaftszweige und Personengruppen. Der Schwerpunkt liegt in wichtigen und zudem expandierenden Dienstleistungsbranchen. Im Gaststätten- und Hotelgewerbe, im Bereich Erziehung und Unterricht und im Gesundheitswesen arbeitet gut jeder bzw. jede zweite Beschäftigte nicht mehr in einem NAV. Atypische Beschäftigung ist hier die neue Normalität. Dagegen ist das Verarbeitende Gewerbe nach wie vor durch Dominanz des NAV geprägt. Es gilt für 82 Prozent der Beschäftigten (ohne Solo-Selbstständige); hieran hat sich auch durch die Hartz-Reformen nur wenig geändert (seinerzeit 85 Prozent), wenn man von dem stark gestiegenen Anteil der Leiharbeitnehmer absieht.

Eng mit diesen Branchen korrespondiert die geschlechtsspezifische Verteilung. Atypische Beschäftigung ist überwiegend weiblich. Die Mehrheit (55 Prozent) der Frauen, aber nur 16 Prozent der Männer arbeiten nicht auf Basis von NAV. Überproportional häufig betroffen sind Alleinerziehende. Mangelnde öffentliche Versorgungseinrichtungen erlauben ihnen, häufig nur einen Teilzeit- oder gar Mini- oder Midijob anzunehmen. Die Expansion atypischer Beschäftigungsformen vertieft also die geschlechtsspezifische Teilung des Arbeitsmarktes. Zwar steigt die Beschäftigungsquote der Frauen (auf knapp über 70 Prozent), den Preis bezahlen sie aber mit schlechteren Beschäftigungsbedingungen, deren Folgen sich in die Nacherwerbsphase fortsetzen und die Lebensbedingungen beeinträchtigen.

4 Soziale Risiken atypischer Beschäftigung und Wirkungen auf den Arbeitsmarkt

4.1 Prekaritätsrisiken

Als Kriterien zur Einschätzung der sozialen Risiken verwenden wir die bereits eingeführten Indikatoren der Prekarität (vgl. Kap. 2.2): Subsistenzsicherndes Einkommen, Beschäftigungsstabilität, Beschäftigungsfähigkeit (vor allem Teilnahme an betrieblicher Weiterbildung), Ausmaß der Integration in die sozialen Sicherungssysteme (vor allem in die gesetzliche Rentenversicherung).

Mittlerweile belegen zahlreiche empirische Arbeiten[1], dass atypisch Beschäftigte deutlich höheren sozialen Risiken ausgesetzt sind als vergleichbare Arbeitnehmer mit NAV. Letztere sind ebenfalls nicht frei von Prekaritätsrisiken (u.a. bei Einkommen im stark expandierenden Niedriglohnsektor), die allerdings deutlich seltener auftreten. Für einen kleinen, aber nicht unerheblichen und zudem wachsenden Teil der Beschäftigten verliert das NAV sein existenzsicherndes Potential (Andreß/Seeck 2007). Der Grad der Prekarität ist nicht nur abgestuft zwischen den Formen atypischer Beschäftigung, sondern auch nach dem zur Beurteilung jeweils herangezogenen Kriterium. Prekarität kann außerdem durch mehrere Kriterien in unterschiedlicher Kombination indiziert werden und sich in den sozialen Auswirkungen kumulativ verstärken.

4.1.1 Einkommen

Der Niedriglohnsektor ist in den 2000er Jahren stark expandiert und umfasst inzwischen über 20 Prozent der abhängig Beschäftigten, ein im internationalen Vergleich überdurchschnittlicher Anteil (Gautié/Schmitt 2010). Zu dieser Entwicklung hat wesentlich die deutliche Zunahme der atypischen Beschäftigung beigetragen. Das früher vor allem aus den USA bekannte Problem der „working poor" ist in der Bundesrepublik angekommen (EWCO 2010). Die Einkommensrisiken bzw. die damit verbundene Armutsgefährdung sinken, wenn statt des Individual- das Familien- bzw. Haushaltseinkommen herangezogen wird (Lohmann/Andreß 2011).[2] Zu bedenken bleibt, dass ca. ein Drittel der atypisch Be-

---

1 Vgl. besonders das Themenheft der Zeitschrift für Arbeitsmarktforschung „Atypische Beschäftigung und Niedrigeinkommen" und die dort angegebene Literatur (ZAF 2008), das Schwerpunktheft der European Sociological Review zu „atypical employment" (2009) und das Schwerpunktheft der WSI-Mitteilungen „Minijobs" (2012).

2 Im Vergleich der EU-Mitgliedsländer hat die Armutsquote der Erwerbstätigen in Deutschland ein mittleres Niveau (von knapp 7 Prozent im Jahr 2008); allerdings gehört Deutsch-

schäftigten in Haushalten ohne weitere Erwerbstätige lebt; das höchste Armutsrisiko tragen Alleinverdiener (Statistisches Bundesamt 2009).

Beim Einkommen[3] besteht für alle Formen atypischer Beschäftigung ein gegenüber vergleichbaren NAV erhöhtes Prekaritätsrisiko (Giesecke/Gross 2007; Anger/Schmid 2008; Kvasnicka 2008; Brehmer/Seifert 2008; Wingerter 2009; Giesecke 2009; Schäfer 2010). Die Wahrscheinlichkeit, nur einen Niedriglohn zu erzielen, differiert zwischen den Formen und ist am größten bei Minijobbern, gefolgt von Leiharbeitnehmern und befristet Beschäftigten (Brehmer/Seifert 2008; Schäfer 2010). Nahezu die Hälfte (49,8 Prozent) aller atypisch Beschäftigten bezieht einen Niedriglohn, während es bei den Beschäftigten mit NAV nur knapp 11 Prozent sind (vgl. Schaubild 11).

Am stärksten ausgeprägt ist das Prekaritätsrisiko bei geringfügiger Beschäftigung (Freier/Steiner 2008; Voss/Weinkopf 2012) und bei Leiharbeit (Sczesny et al. 2008): In diesen Beschäftigungsverhältnissen muss sich deutlich mehr als die Hälfte mit Löhnen unter der Niedriglohnschwelle begnügen, bei den geringfügig Beschäftigten erzielt nur etwa jeder siebente einen über der Niedriglohnschwelle liegenden Lohn. Bei Leiharbeitnehmern ist das Risiko, trotz Vollzeittätigkeit nur einen Prekaritätslohn zu erhalten, mehr als viermal (für Frauen) bzw. mehr als sechsmal (für Männer) höher als bei vergleichbaren Beschäftigten mit NAV (vgl. Übersicht 1; außerdem Dütsch 2011).[4] Etwas weniger benachteiligt sind befristet (Giesecke/Gross 2007) sowie Teilzeitbeschäftigte (Wolf 2001). Die Höhe der Lohndifferenzen gegenüber vergleichbaren Vollzeitbeschäftigten differiert nach Beruf. Mit dem Grad beruflicher Erfahrung steigt der Grad der Lohndiskriminierung.

Lohnabschläge (zwischen 5 und 12 Prozent) müssen auch befristet Beschäftigte hinnehmen (Boockmann/Hagen 2006). Deren Einstiegslöhne liegen zwar noch vergleichsweise nahe an denen der unbefristet Beschäftigten, die letztgenannten erreichen jedoch schneller Lohnerhöhungen, so dass sich die Einkommensschere weiter öffnet. Ferner differieren die Nachteile mit der Lohnverteilung (Pfeifer 2012); am größten sind sie am unteren Ende der Lohnverteilung.

Ein besonders hohes Prekaritätsrisiko tragen geringfügig Beschäftigte, es übertrifft den Wert für vergleichbare Beschäftigte in NAV um mehr als das Zehnfache (Brehmer/Seifert 2008). Bei dieser Gruppe dürfte sich zudem der Grad der Einkommensprekarität von Jahr zu Jahr erhöhen, weil nicht alle Be-

---

land zu den wenigen Ländern, in denen diese Quote in den vergangenen Jahren deutlich zunahm (Lohmann/Andreß 2011).

3 Die Basis des Vergleichs bilden Bruttostundenverdienste, da die Arbeitszeiten unterschiedlich sind.

4 Die Lohnunterschiede in der Leiharbeit sind, wie verschiedene Untersuchungen bestätigen, stabil im Zeitverlauf. Sie werden bei Vergleichen mit einer Kontrollgruppe zwar geringer, bleiben aber prinzipiell bestehen (SVR 2011: 295).

schäftigten in die tariflichen Lohnerhöhungen auch faktisch einbezogen sind.[5] Es überrascht auch nicht, dass zwischen 2006 und 2010 der Anteil der Niedriglohnbezieher um rund drei Prozentpunkte gestiegen ist (Wingerter 2009; Statistisches Bundesamt 2012a). Bei konstanter Arbeitszeit wächst der Lohnabstand zum NAV. Zur Vermeidung von Armutsrisiken werden Aufstockungen durch Hartz IV-Leistungen notwendig.

Schaubild 11: Anteile der Niedriglohnbezieher 2010 nach der Beschäftigungsform, in Prozent

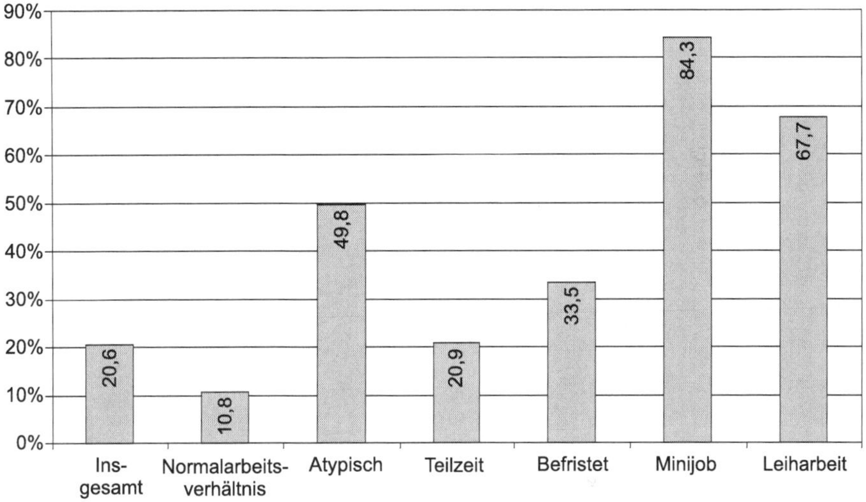

Quelle: Statistisches Bundesamt 2012a

Ähnliche Ergebnisse zeigen Auswertungen des SOEP (Kalina/Weinkopf 2012). Danach verdienen mehr als 70 Prozent der Minijobber weniger als 8,50 Euro pro Stunde und blieben unter dem von den Gewerkschaften geforderten Wert für einen generellen Mindestlohn. Mehr als ein Viertel kam nicht einmal auf einen Stundenlohn von 5 Euro. Die Einführung eines Mindestlohnes von 8,50 Euro würde das Niedriglohnproblem entschärfen, nicht aber beseitigen.

Obwohl Minijobber in arbeitsrechtlicher Perspektive allen anderen Arbeitnehmern gleichgestellt sind, bestehen faktisch deutliche Unterschiede, die über Entgeltdifferenzen hinausgehen:

5 Über die Praxis benachteiligter Arbeitsbedingungen und Entlohnung berichten für verschiedene Bereiche: für den Einzelhandel: Hinz (2012), das Bäckerhandwerk und Gastgewerbe: Rothe et al. (2012) sowie die Gebäudereinigung: Riedel (2012).

„Die Gewährung gesetzlich vorgeschriebener Leistungen ist ... äußerst gering. Keine der abgefragten Leistungen wurde von mehr als einem Viertel der Arbeitnehmer in Anspruch genommen (Pausen nach sechs Arbeitsstunden: 25 Prozent; Bezahlter Urlaub: 19 Prozent; Entgeltfortzahlung Feiertag: 14 Prozent; Entgeltfortzahlung Krankheit: 10 Prozent). Bei fast allen Leistungen geben mehr als die Hälfte der geringfügig Beschäftigten an, dass eine Inanspruchnahme entweder nicht möglich ist oder dass sie über den Leistungsanspruch nicht informiert sind" (Bachmann et al. 2012a: 107).

Schaubild 12: Durchschnittliche Bruttostundenverdienste und Beschäftigungsform, 2010, in Euro

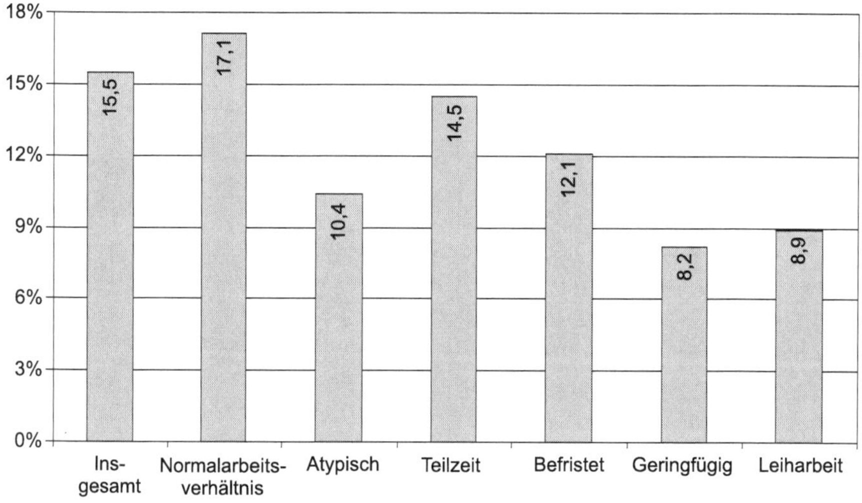

Quelle: Statistisches Bundesamt 2012a

Die bei den Minijobbern vorgenommenen Differenzierungen sollen die arbeits- und sozialpolitischen Probleme keineswegs kleinreden; sie dienen vielmehr dazu, die quantitative Dimension der von unterschiedlichen Problemen betroffenen Personengruppen genauer zu identifizieren. Während die sozialen Probleme, speziell die der Alterssicherung geringfügig Beschäftigter primär die Gruppe der ausschließlichen Minijobber (ohne Studierende und Rentner) betreffen, stellen sich Fragen der Gleichbehandlung bei Lohn und Arbeitsbedingungen für alle geringfügig Beschäftigten gleichermaßen. Das Niedriglohnproblem ist genereller Art und betrifft sowohl die ausschließlich als auch die in Nebentätigkeit beschäftigten Minijobber, Rentner ebenso wie Studierende.

Niedriglohnprobleme sind abhängig von den rechtlichen Rahmenbedingungen. Da bei Minijobbern die Einkommenshöhe begrenzt ist, stellen Dauer und Lage der Arbeitszeit zentrale Variablen für die Höhe des Stundenlohnes dar. Mit den Hartz-Gesetzen ist die zeitliche Begrenzung entfallen. Seitdem kann die Wochenarbeitszeit den bis dahin geltenden Grenzwert von maximal 15 Stunden pro Woche übertreffen, was 2010 bei jedem fünften Beschäftigten der Fall war (Schaubild 13). Jeder achte Beschäftigte arbeitete sogar länger als 18 Stunden pro Woche, entsprechend niedrig fielen (bei maximaler Einkommenshöhe von 400 Euro pro Monat bis Ende 2012) die Stundenverdienste aus.

Schaubild 13: Wöchentliche Arbeitszeit Minijobs 2010

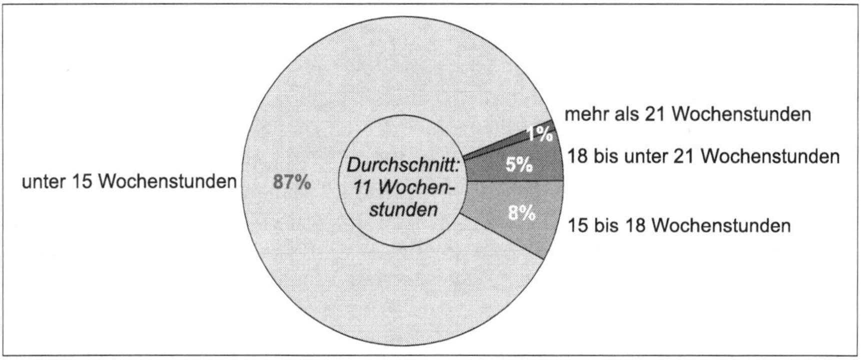

Quelle: SOEP, eigene Berechnungen

Auch bei den Midijobs ist zwar die Einkommenshöhe, nicht aber die Arbeitszeit begrenzt, sodass bei langen Arbeitszeiten von geringen Stundenlöhnen auszugehen ist, die als prekär einzustufen sind. Besonders problematisch ist die Einkommenssituation der laut BA (2012a) immerhin fast 40 Prozent Vollzeitbeschäftigten unter den Midijobbern. Eine Spezifikation der Angaben zur Arbeitszeit auf Basis von SOEP-Daten ergibt (vgl. Kap. 3), dass 13 Prozent länger als 21 Stunden pro Woche arbeiten.

Insgesamt leistet die Zunahme der Mini- und Midijobs einen wesentlichen Beitrag zur deutlichen Expansion des Niedriglohnsektors bzw. der „working poor" in den vergangenen Jahren. Die Ausweitung dieser Beschäftigungsverhältnisse war beabsichtigt, führt aber zu erheblichen, nicht-berücksichtigten Folgewirkungen in langfristiger Perspektive (vgl. Kap. 7).

Außerdem sind geringe Arbeitszeiten (neben der Größe der Bedarfsgemeinschaft und niedrigen Stundenlöhnen) ein zentraler Grund für die Zugehörigkeit zur Gruppe der Aufstocker, die aufgrund eines zu geringen Einkommens aus Erwerbstätigkeit Arbeitslosengeld II beziehen, um das Existenzminimum zu erreichen. Geringfügig Beschäftigte machen mit knapp 60 Prozent den größten Teil der Aufstocker aus (Achatz et al. 2012: 193).

Selbst wenn man statt des Individual- das Haushaltseinkommen zugrunde legt, verursachen die Einkommensunterschiede zwischen NAV und sämtlichen Formen atypischer Beschäftigung Probleme, die sich auf das Subsistenzniveau sowohl während als auch nach der Erwerbstätigkeit beziehen. Fast vier Prozent aller Beschäftigten beziehen wegen ihrer geringen Einkommen ergänzende Sozialleistungen (Möller et al. 2009).

4.1.2 Beschäftigungsstabilität

Auch das zweite Prekaritätskriterium, Beschäftigungsstabilität, indiziert starke Unterschiede zwischen atypisch Beschäftigten und NAV. Von einer generell wachsenden Instabilität kann aber nicht die Rede sein. Die durchschnittliche Beschäftigungsdauer ist seit den frühen 1990er Jahren sogar leicht (von 10,3 auf 10,8 Jahre) gestiegen. Insofern sind – entgegen häufig geäußerten Meinungen – keine allgemeinen Destabilisierungstendenzen zu verzeichnen. Die Verteilung ist allerdings ungleicher geworden: Die Beschäftigungsdauer bei den Unter-30-Jährigen ist (von 800 auf 600 Tage) gefallen; fast die Hälfte aller Neueinstellungen erfolgte befristet (vgl. Schaubild 3). Hieraus resultieren zunehmende Planungsunsicherheiten, die weit über den Arbeitsmarkt hinaus in die Sphäre privater Lebensführung (beispielsweise Familiengründung, Wohnungssuche, Probleme bei der Kreditaufnahme) reichen.

Als besonders instabil im Vergleich zu NAV ist Leiharbeit einzustufen (Antoni/Jahn 2006; Kvasnicka 2008; Bellmann/Kühl 2008; Brenke/Eichhorst 2008; Lehmer/Ziegler 2010). Die Wahrscheinlichkeit, nach einem Jahr Beschäftigung den Arbeitsplatz zu verlieren, ist mehr als dreimal so hoch wie bei einem vergleichbaren NAV (Brehmer/Seifert 2008). Etwa die Hälfte dieser Beschäftigungsverhältnisse dauert weniger als drei Monate (Bundesagentur für Arbeit 2011). Entscheidend ist, ob der Übergang in ein dauerhaftes, reguläres Beschäftigungsverhältnis gelingt, das entweder beim letzten Verleiher (Klebeeffekt) oder bei einem anderen Unternehmen (Brückeneffekt) abgeschlossen werden kann. Der gemeinsame Anteil beider Effekte, der u.a. vom Konjunkturverlauf abhängt, liegt im niedrigen zweistelligen Prozentbereich, so dass von der im Vorfeld der Hartz-Gesetze erhofften echten „Brücke“ aus Arbeitslosigkeit in den ersten Arbeitsmarkt nicht die Rede sein kann.[6] Sie ist „wohl eher ein schmaler Steg“ (Lehmer/

6 Der Leiharbeitsbericht der Bundesregierung von 2010 beziffert den Klebe- im Sinne eines Übernahmeeffekts sogar nur auf 7 Prozent (Deutscher Bundestag 2010: 28).

Ziegler 2010: 8). Hoch ist das Risiko, dass Leiharbeit eher zu einem Start in eine ‚Zeitarbeitskarriere' wird (Crimmann et al. 2009: 131).[7]

Nicht ganz so deutlich fällt der Unterschied in der Beschäftigungsstabilität zwischen NAV und befristeter Beschäftigung aus (Boockmann/Hagen 2006; Brzinsky-Fay et al. 2007; Giesecke/Gross 2007). Eine gegenüber allen anderen Formen höhere Beschäftigungsstabilität besteht hingegen bei „regulärer" Teilzeitarbeit, speziell bei Frauen (Giesecke 2009), was darauf zurückgeführt wird, dass bei gegebener geschlechtsspezifischer Rollenverteilung Teilzeitarbeit vor allem Frauen, die zuvor Vollzeit beschäftigt waren, in der Familienphase den Verbleib im Erwerbsleben sichert und insofern beschäftigungsstabilisierend wirkt (Brehmer/Seifert 2008).

Die objektiven Nachteile (u.a. in Bezug auf Einkommen und Weiterbildung) bei Gruppen atypisch Beschäftigter (vor allem Leiharbeitnehmern und befristet Beschäftigten) gehen mit subjektiven Wahrnehmungen der sozialen Integration einher: Die unzureichende Integration in den Arbeitsmarkt führt zum Empfinden schlechterer Integration in die Gesellschaft und geringerer sozialer Teilhabe im Vergleich zu NAV (Gundert/Hohendanner 2011).

4.1.3 Beschäftigungsfähigkeit

Als zentraler Indikator für das dritte Prekaritätskriterium, Beschäftigungsfähigkeit, dient die Teilnahme an betrieblich-beruflicher Weiterbildung. Gemessen an diesem Kriterium sind atypisch Beschäftigte gegenüber vergleichbaren Beschäftigten mit NAV benachteiligt (Baltes/Hense 2006; Brehmer/Seifert 2008; Reinowski/Sauermann 2008; Hartmann/Kuwan 2011; Bellmann et al. 2013). Im Zeitraum von 2006 bis 2012 hat die Benachteiligung noch zugenommen, obwohl gleichzeitig die Weiterbildungsbeteiligung insgesamt gestiegen ist (Bellmann et al. 2013). Für die Diskriminierung spielt das Kriterium Dauer der Arbeitszeit eine gravierendere Rolle als das der Befristung. Mit abnehmender Dauer der Arbeitszeit wächst das Risiko der Benachteiligung, das am stärksten bei den Minijobbern ausgeprägt ist. Aber auch befristet Beschäftigte haben schlechtere Zugangschancen (Boockmann/Hagen 2006).

Diesen nationalen Befund bestätigen komparative, auf dem European Community Household Panel basierende Analysen. Sie zeigen für befristet Beschäf-

7 Befürworter betonen häufig, dass Leiharbeitnehmer aus der (Langzeit-)Arbeitslosigkeit rekrutiert würden und im Sinne des Brückeneffekts in dauerhafte Beschäftigung gelangen. Empirische Studien zeigen allerdings, „dass dies nach zwei Jahren nur etwa 8 Prozent der vorher Dauerarbeitslosen gelingt" (Crimmann 2009: 131). Andere Arbeiten finden Hinweise, „dass es ‚Leiharbeitskarrieren' gibt, die sich verstetigen können" (Achatz et al. 2012: 179).

tigte einen systematisch schlechteren Zugang zu betrieblicher Weiterbildung, der in einigen Ländern noch wesentlich eingeschränkter ausfällt als in Deutschland (European Commission 2010). Die Möglichkeiten, die eigene Beschäftigungsfähigkeit auf dem internen wie externen Arbeitsmarkt zu sichern oder zu verbessern, sind reduziert. Zudem birgt die geringe Teilnahme an Weiterbildung die Gefahr, dass sich die berufliche Situation bzw. die Wettbewerbsposition gegenüber Beschäftigten mit NAV und besseren Qualifizierungsmöglichkeiten verschlechtert (Baltes/Hense 2009).

Diese Benachteiligung lässt sich kaum durch verstärkte Aktivitäten in Eigenregie ausgleichen, da die skizzierten Prekaritätsrisiken kumulativ auftreten können. Aufgrund der geringeren Entlohnung fehlen die finanziellen Ressourcen, Weiterbildung eigenverantwortlich zu organisieren. Außerdem erschwert die relativ hohe Beschäftigungsinstabilität den Zugang zum Lernort Betrieb. Angesichts dieser mehrfachen Benachteiligungen droht infolge wiederholter, durch Arbeitslosigkeit unterbrochener Phasen atypischer Beschäftigung eine Art „Teufelskreis", der aufgrund eingeschränkter Qualifizierungschancen nur schwer zu durchbrechen ist und langfristig erhebliche soziale Risiken birgt. Eine die vorhandene Ungleichheit verstärkende Dynamik kommt in Gang. Diese „Prekaritätsspirale" mindert mit zunehmender Dauer in benachteiligten Beschäftigungsformen die Chancen auf berufliche Statusmobilität und zementiert den Verbleib in inferiorer Beschäftigung. Man könnte auch von einem negativen, Prekaritätsrisiken verfestigenden „Klebeeffekt" sprechen.

Nicht nur die individuelle Beschäftigungsfähigkeit ist mit langfristig hohen sozialen Risiken für die Betroffenen verbunden. Die geringe Teilnahme an betrieblich-beruflicher Weiterbildung gefährdet auch Erhalt und Erneuerung des gesamtwirtschaftlichen Humankapitalstocks. Hierauf verweist die auffällige Koinzidenz zwischen der Ausweitung atypischer Beschäftigungsformen und dem gleichzeitig in der Gesamtwirtschaft stagnierenden bzw. nachlassenden Weiterbildungsengagement. Zwischen 2007 und 2010 sank die Beteiligungsquote aller abhängig Beschäftigten an betrieblicher Weiterbildung von 29 auf 26 Prozent (Autorengruppe 2012). Zwar liegen keine Analysen vor, die einen kausalen Zusammenhang empirisch erhärten. Dass beide Entwicklungen aber völlig unabhängig voneinander verlaufen, erscheint angesichts der geringen Weiterbildungsintensität von atypisch Beschäftigten und deren wachsendem Anteil an allen Beschäftigten eher unwahrscheinlich. Sollte sich dieser vermutete Zusammenhang erhärten lassen, wird die weitere Expansion atypischer Beschäftigungen die Reproduktion des gesamtwirtschaftlichen Humankapitalstocks ernsthaft bremsen, es sei denn, die Betriebe ändern ihre bisherigen Qualifikationsstrategien.

Für die zweite neben der Qualifikation zentrale Komponente der Beschäftigungsfähigkeit, die gesundheitliche Verfassung, liefern erste Analysen indirekte Anhaltspunkte. Sie basieren auf einem zusammengesetzten Index, in den arbeitsplatzbezogene Kriterien wie Grad der körperlichen Anforderungen oder Arbeitsintensität eingehen (Seifert/Tangian 2009). Bei diesen Kriterien, die auf gesundheitliches Gefährdungspotenzial (Lenhardt et al. 2010) und dadurch verursachte Risiken der Arbeits- und damit der Beschäftigungsfähigkeit hinweisen, werden Leiharbeit und befristete Beschäftigung schlechter bewertet als NAV[8] (Seifert/Tangian 2009). Bei diesen Formen sind die Chancen, die Beschäftigungsfähigkeit langfristig zu sichern, doppelt reduziert, da gleichzeitig die Qualifizierungsmöglichkeiten eingeschränkt sind. Entsprechend schlecht sind für diesen wachsenden Personenkreis die Aussichten, bis zum Erreichen der gesetzlichen Ruhestandsgrenze im Erwerbsleben verbleiben zu können.

Die folgende Übersicht fasst die diskutierten Prekaritätsrisiken der Formen atypischer Beschäftigung noch einmal zusammen (vgl. Übersicht 1).

4.1.4 Soziale Sicherung

Wir haben eingangs – im Unterschied zu anderen Analysen – explizit unterschieden zwischen Prekaritätsrisiken, die während und nach der Erwerbstätigkeit auftreten. Die (nicht-intendierten) langfristigen Folgen atypischer Beschäftigungsverhältnisse wurden in der Auseinandersetzung um die (intendierten) kurzfristigen Auswirkungen der Hartz-Gesetze (vor allem Schaffung zusätzlicher Beschäftigungsmöglichkeiten) übersehen – oder billigend in Kauf genommen. Die erheblichen negativen Langzeitkonsequenzen im Sinne der skizzierten Prekaritätsrisiken finden in der aktuellen Diskussion erst allmählich mehr Beachtung (Hinrichs 2008; Starke 2010).

Der konservative Sozialstaat der Bundesrepublik ist nach wie vor von einer starken Erwerbszentrierung geprägt (Esping-Andersen 1990). Dieser Sachverhalt bedeutet, dass Einkommenshöhe und Dauer der Erwerbstätigkeit die soziale Sicherung in der Nacherwerbsphase determinieren. Aufgrund des geltenden Äquivalenzprinzips werden die individuellen Ansprüche an die Rentenversicherung im Wesentlichen von Höhe und Dauer der Beiträge bestimmt, die während der Erwerbsphase geleistet wurden. Aktuell ist sogar ein Trend zur Verstärkung des Äquivalenzprinzips zu beobachten.

Angesichts dieser Konstruktion verschärfen Unterbrechungen in der Erwerbsbiographie und/oder Phasen mit geringen Einkommen und Beitragsleistungen die Probleme der sozialen Sicherung. Generell gilt: Je länger atypische Beschäftigungsverhältnisse im Laufe einer Erwerbsbiographie ausgeübt werden und je geringer die Einkommen in diesen Phasen sind, desto größer ist die Ge-

8 Andere Formen atypischer Beschäftigung wurden aufgrund fehlender Daten nicht berücksichtigt.

Übersicht 1: Risiken der Prekarität

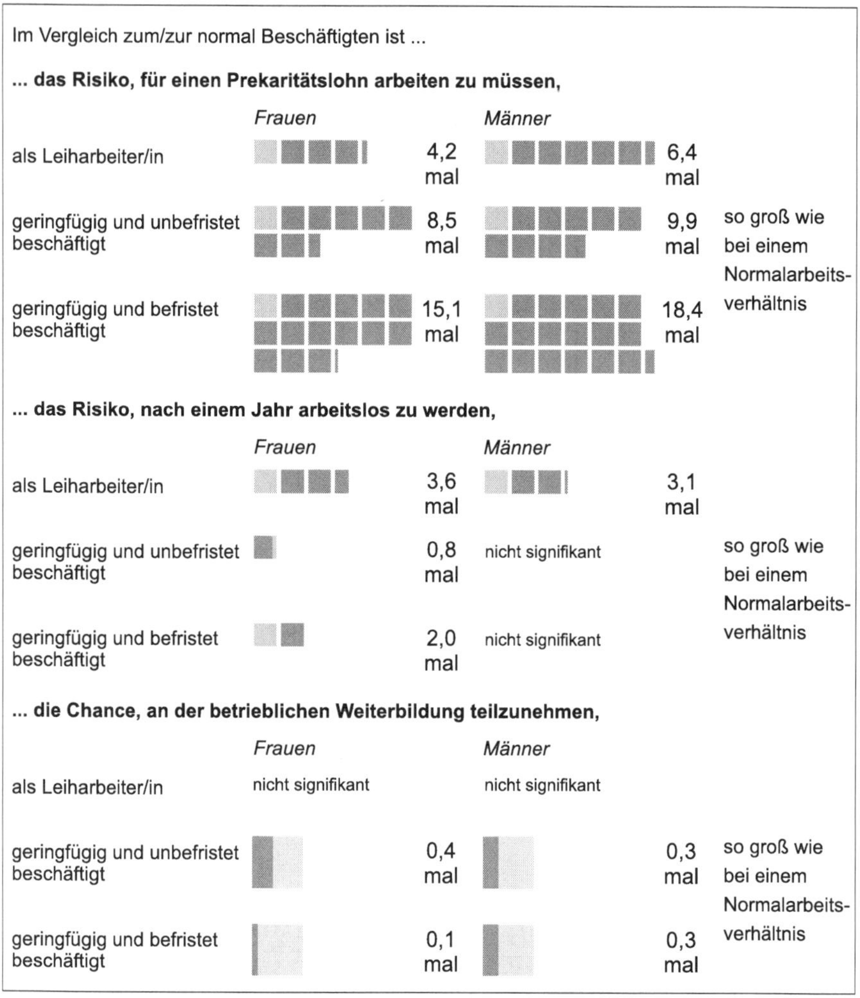

Quelle: Brehmer/Seifert 2008

fahr, dass die erworbenen Ansprüche an die Rentenversicherung kein subsistenzsicherndes Niveau erreichen (Steffen 2010). Infolge der niedrigeren Beiträge während der Erwerbsphase, etwa während einer Teilzeittätigkeit oder als Minijobber, sowie eines größeren Beschäftigungsrisikos wächst die Wahrscheinlichkeit, (zusätzliche) Leistungen der Grundsicherung in Anspruch nehmen zu müssen. Damit stellt sich zugleich die Frage der Finanzierung aus Beiträgen oder dem allgemeinen Steueraufkommen. Im Vergleich zu NAV bestehen für sämtliche Formen erhöhte Risiken, die bei Minijobs am größten sind.[9]

Verstärkt werden die Prekaritätsrisiken durch veränderte gesetzliche Rahmenbedingungen. Die sukzessive Heraufsetzung des Renteneintrittsalters von 65 auf 67 Jahre bedeutet für Beschäftigte, die aufgrund besonders belastender Tätigkeiten oder mangelhafter Beschäftigungsfähigkeit vorzeitig aus dem Erwerbsleben ausscheiden müssen, Abzüge bei der Rente. In dieselbe Richtung wirken die ebenfalls sukzessiven, allgemeinen Absenkungen im Leistungsniveau, von der alle abhängig Beschäftigten betroffen sind (vgl. Kap. 7).

Die Ausweitung atypischer Beschäftigungsverhältnisse erhöht individuell das Risiko der Altersarmut, welches lange Zeit ausschließlich als Problem längst vergangener Zeiten galt, in Zukunft aber wieder auf der arbeits- und sozialpolitischen Agenda stehen wird (Wissenschaftlicher Beirat 2012). Dieses Problem besteht verstärkt bei Mini- und Midijobbern, aber auch bei Teilzeitbeschäftigten, Leiharbeitnehmern sowie Solo-Selbstständigen. Wie wir gezeigt haben (vgl. Kap. 3.4), sind Frauen von dieser Heterogenisierung der Erwerbsverläufe (mit Ausnahme der Leiharbeit) überproportional häufig betroffen und tragen die größten Risiken, zumal sie neben der durch die Beschäftigungsform verursachten Lohnbenachteiligung außerdem noch überproportional häufig in Niedriglohnsektoren beschäftigt sind. Das Erwerbssystem benachteiligt Frauen in kumulativ sich verstärkender Weise.

Für das Problem der Alterssicherung ist weiterhin relevant, ob als Basis eigene oder abgeleitete Ansprüche gelten sollen. Die gleichstellungspolitische Perspektive stellt, wie erwähnt (vgl. Kap. 2.2), auf Ansprüche aus eigenständiger Erwerbstätigkeit ab. Folgt man diesem Prinzip, haben atypische Beschäftigungsverhältnisse unterschiedliche Auswirkungen auf die soziale Sicherheit von Frauen und Männern, indem sie für Frauen aufgrund von Unterbrechungen in der Erwerbsbiografie die prekären Elemente im Alter verstärken.

4.1.5 Prekaritätsrisiken von Solo-Selbstständigen

Nur rudimentäre empirische Befunde liegen zu Prekaritätsrisiken von Solo-Selbstständigen vor (aus soziologischer Perspektive Pongratz/Simon 2010).[10] Von zentraler Bedeutung für die Beurteilung dieser in ihrer sozioökonomischen

9 Von der Möglichkeit einer freiwilligen Versicherung machen aufgrund der Einkommenssituation nur sehr wenige Minijobber Gebrauch (Bachmann et al. 2012a).

10 Detaillierte empirische Informationen zu kurzfristigen Risiken, d.h. zur Einkommenssituation, liegen vor, genauere Informationen in Form von Longitudinalstudien über langfristige Risiken, d.h. zur sozialen Sicherung, fehlen weitgehend.

Zusammensetzung heterogenen Form der Erwerbstätigkeit ist die Frage, ob der dauerhafte Ausbau der Selbstständigkeit mit einem die Existenz sichernden Einkommen und einer ausreichenden Altersversorgung nach der Phase der Existenzgründung bzw. der (befristeten) finanziellen Unterstützung gelingt, ob anschließend der Übergang in abhängige, sozialversicherungspflichtige Beschäftigung erfolgt, oder ob Nicht-Erwerbstätigkeit eintritt.[11] Aufgrund der teilweise geringen und/oder unregelmäßigen Einkommen bestehen kurzfristige, aufgrund der unzureichenden Integration in die sozialen Sicherungssysteme (vor allem in die Arbeitslosen- und Rentenversicherung) mittel- und langfristige Risiken der Prekarität.[12]

Die durchschnittlichen Bruttoeinkommen signalisieren auf den ersten Blick nicht unbedingt Prekarität.[13] Sie liegen zwar um etwa 20 Prozent unter denen der Beschäftigten mit NAV, erreichen jedoch mit durchschnittlich gut 2.480 Euro ein vergleichsweise hohes Niveau, das die Durchschnittseinkommen von z.B. Leiharbeitern deutlich übertrifft (vgl. Tab. 2). Stellt man aber in Rechnung, dass die Bruttoeinkommen die noch nicht gezahlten, aufgrund der Selbstständigkeit vollständig selbst zu leistenden Beiträge für soziale Sicherung enthalten, wächst der Abstand zu den Einkommen der Normalbeschäftigten deutlich. Weit auseinander klaffen auch die Nettoeinkommen von Selbstständigen ohne (monatlich 1.897 Euro) und mit Beschäftigten (2.526 Euro) (Gerner/Wießner 2012).

Hinter den Durchschnittswerten verbirgt sich eine große Spreizung der Einkommen (vgl. Tab. 2). Während das oberste Viertel bei monatlich 3.000 Euro liegt, sind es im untersten Viertel lediglich 925 Euro. Die Einkommen in dieser Gruppe sind als prekär einzustufen und verweisen auf zusätzlichen (zukünftigen) Bedarf an staatlicher Grundsicherung, falls Einkommenssteigerungen nicht gelingen. Bei einem knappen Drittel der Solo-Selbstständigen liegen die pro Stunde erzielten Bruttoeinkommen im Niedriglohnbereich (Brenke 2013: 13). Aber nur ein kleiner Teil erhielt 2011 Leistungen der Grundsicherung. Absolut waren es 127.000 Selbstständige, von denen gut drei Viertel (76 Prozent) auf Solo-Selbstständige entfallen (Koller et al. 2012). Bei etwa 4 Prozent dieser Er-

---

11 Eine Studie konstatiert, „dass der überwiegende Teil der ehemaligen Teilnehmer/innern auch knapp fünf Jahre nach Start der Unternehmung in Selbständigkeit verbleibt" (Caliendo et al. 2010: 277).

12 Erstaunlicherweise klammern einige Untersuchungen zur Selbstständigkeit (Fritsch et al. 2012, Mai/Marder-Puch 2013) diese zentrale Problematik ebenso aus wie die Gefahr des Scheiterns (Kranzusch/Richter 2011).

13 Als armutsgefährdet definiert die Europäische Union Personen, deren Äquivalenzeinkommen weniger als 60 Prozent des Medians der Äquivalenzeinkommen der Bevölkerung ausmachen. Das Äquivalenzeinkommen berechnet sich, indem das Haushaltsnettoeinkommen durch die Summe der Bedarfsgewichte der im Haushalt lebenden Personen geteilt wird.

werbstätigengruppe liegt das Familieneinkommen unterhalb der Bedürftigkeitsschwelle.

Andere Berechnungen gehen nicht vom Individual- sondern vom Nettohaushaltseinkommen aus und legen 60 Prozent des Durchschnittseinkommens als Risikoschwelle für Armut fest (Bögenhold/Fachinger 2010). Etwa 30 Prozent der Solo-Selbstständigen lagen 2006 unter diesem Grenzwert. Zu ähnlichen Ergebnissen kommen Berechnungen für 2009: 14 Prozent der Solo-Selbstständigen verfügten über ein Nettohaushaltseinkommen von monatlich weniger als 1.300 Euro und bei weiteren 22 Prozent bewegte es sich zwischen 1.300 und 2.300 Euro (Bögenhold/Fachinger 2012), während die durchschnittlichen Nettoeinkommen aller Haushalte bei etwas über 2.900 Euro lagen.

Angesichts dieser teilweise geringen Einkommensniveaus überrascht es nicht, dass für Solo-Selbstständige nach Berechnungen des Statistischen Bundesamtes (Wingerter 2009) eine überdurchschnittlich hohe Armutsgefährdung besteht. Während für 2008 3,2 Prozent der Beschäftigten mit NAV als armutsgefährdet eingestuft werden, liegt die Quote bei den Solo-Selbstständigen bei 10,3 Prozent und den atypisch Beschäftigten sogar bei 14,3 Prozent.

Ungeachtet aller methodischen Unterschiede zeigen die verschiedenen Berechnungen, dass Solo-Selbstständige durchschnittlich geringere Einkommen erzielen als Beschäftigte mit NAV und erst recht als Selbstständige mit weiteren Beschäftigten. Ein Teil der Einkommen ist als prekär zu bezeichnen. Allerdings ist bei diesen Vergleichen in Rechnung zu stellen, dass die geleistete Arbeitszeit unberücksichtigt bleibt. Mit durchschnittlich 37 Stunden pro Woche ist sie deutlich kürzer als bei Selbstständigen mit Arbeitgeberfunktionen (50 Stunden) und auch kürzer als bei Vollzeitbeschäftigten (rund 43 Stunden) (Holst/Seifert 2012). Offen bleibt dabei, ob die vergleichsweise kurze durchschnittliche Arbeitszeit als Ausdruck einer selbst gewählten Zeit-Geld-Präferenz zu interpretieren oder auf eine mangelnde Auftragslage zurückzuführen ist.

Angesichts der teilweise prekären Einkommen überrascht es nicht, dass Wechsel des Arbeitsmarktstatus bzw. Status-Mobilität bei dieser Erwerbstätigengruppe häufiger als bei anderen vorkommen; es handelt sich um einen Übergangsarbeitsmarkt, auf dem die Mobilitätsraten von Frauen höher sind als die von Männern (Schulze Buschoff/Schmidt 2005). Perioden der Selbstständigkeit im Erwerbsverlauf bzw. Brüche in der Erwerbsbiographie sind häufiger, als die reinen Bestandszahlen vermuten lassen, die soziale Mobilität dieser Gruppe ist höher als die von anderen Erwerbstätigen.[14]

---

14 Das Ausmaß der Statusmobilität hängt stark ab vom Beobachtungszeitraum. Wenn die Zeitpunkte der Messung weiter auseinander liegen, nimmt die Quote zu (zu Einzelheiten Mai/Marder-Puch 2013).

In der Tradition der deutschen, ausschließlich auf abhängige Beschäftigungsverhältnisse ausgerichteten Sozialversicherung sind Solo-Selbstständige unzureichend abgesichert.[15] Eine gesetzliche Verpflichtung besteht nicht. Anders formuliert: Das grundlegende Problem besteht in der Tatsache, dass nur bestimmte Gruppen von Selbstständigen (wie Handwerker, Künstler und Publizisten, Landwirte und mitarbeitende Familienangehörige, verkammerte freie Berufe) über gruppenspezifische Regelungen (u.a. im SGB VI) oder Sonderregelungen wie die Künstlersozialkasse[16] abgesichert sind, der weitaus größere Teil (von mindestens 75 Prozent) jedoch nicht obligatorisch einbezogen wird (zu Einzelheiten der Abgrenzung Fachinger et al. 2004; Berndt 2009).

Die sozialen Sicherungssysteme, in diesem Fall vor allem die Rentenversicherung, stehen nach wie vor (vor allem durch die Dominanz des Äquivalenzprinzips) in der Tradition bzw. Pfadabhängigkeit der Bismarck'schen Sozialversicherung. Sie haben die skizzierten erheblichen Veränderungen der Strukturen der Erwerbstätigkeit, u.a. die fließenden Übergänge zwischen selbstständigen und abhängigen Formen sowie die zunehmende Differenzierung der Erwerbsformen, nur verspätet sowie unvollständig nachvollzogen; sie integrieren definitiv schutzbedürftige Gruppen wie Solo-Selbstständige gar nicht oder nur unzureichend (Schulze Buschoff/Schmidt 2006, 2009).

Während nur ein marginaler Anteil (1,1 Prozent) der Solo-Selbstständigen nicht krankenversichert ist, verfügen 14,3 Prozent selbst knapp fünf Jahre nach der Gründung weder auf Basis einer privaten Altersvorsorge noch in der Gesetzlichen Rentenversicherung über eine Altersvorsorge (Gerner/Wießner 2012: 7). Aber selbst wenn eine private Altersvorsorge besteht, ist offen, inwieweit sie ausreicht, um vor Armut im Alter zu schützen. Zweifel sind angebracht. Solo-Selbstständige legen deutlich geringere Summen für ihre Altersvorsorge an als die Vergleichsgruppe der Selbstständigen mit Mitarbeitern. Zudem erscheinen die Beträge bei einem relevanten Teil kaum armutsvermeidend.[17]

---

15 Zahlreiche Selbstständige, vor allem Solo-Selbstständige, bleiben ausgeschlossen aus den berufsständischen Versorgungseinrichtungen, die nur für bestimmte Gruppen von Selbstständigen bestehen (zu Einzelheiten Schulze Buschoff 2006).

16 In der Künstlersozialkasse (www.kuenstlersozialkasse.de), die seit Anfang der 1980er Jahre besteht, sind ca. 170.000 Selbstständige versichert. Künstler und Publizisten zahlen die üblichen Arbeitnehmerbeiträge zur Kranken-, Pflege- und Rentenversicherung. Die KSK übernimmt – wie bei Angestellten – die Hälfte der Beiträge. Die Auftraggeber sind verpflichtet, eine Sozialabgabe in Form eines jährlich neu festgelegen Prozentsatzes der Honorarsumme zu zahlen. Die Kontrolle, ob die Zahlungen tatsächlich erfolgen, obliegt seit 2007 der Rentenversicherung.

17 Bei knapp der Hälfte der Solo-Selbstständigen mit privater Altersvorsorge liegt die Gesamtversicherungssumme unter 50.000 Euro (Gerner/Wießner 2012).

Diese erheblichen Sicherungslücken existieren vor allem in der Rentenversicherung.[18] In der Krankenversicherung besteht seit 2009 eine generelle, alle Selbstständigen einschließende Versicherungspflicht; Probleme können bei Arbeitslosigkeit und privater Versicherung auftreten. In der Arbeitslosenversicherung besteht unter bestimmten Voraussetzungen[19] seit 2006 die Option auf freiwillige Weiterversicherung bei Aufnahme der Selbstständigkeit (zu Einzelheiten Schulze Buschoff 2010). Erste empirische Befunde zur tatsächlichen Nutzung zeigen, dass dieses ergänzende sozialpolitische Instrument „aber vergleichsweise selten genutzt wird" (Evers et al. 2013: 1). Ende 2012 waren insgesamt ca. 207.000 Selbstständige freiwillig weiterversichert (ebd.).

4.2 Statusmobilität

Die aufgezeigten Prekaritätsrisiken wären in ihren Wirkungen in dem Maße zu relativieren, wie atypische Beschäftigungsverhältnisse als Einstieg in den „ersten" Arbeitsmarkt und als nur kurzzeitige Durchgangsstation zu NAV anzusehen wären, wie es der Gesetzgeber bei der Verabschiedung der Hartz-Gesetze erwartete. Verlaufsanalysen zeigen jedoch, dass Aufwärtsmobilität nur in begrenztem Maße erfolgt. Übergänge aus Formen atypischer Beschäftigung in NAV finden deutlich seltener statt als Wechsel zwischen verschiedenen unbefristeten Vollzeittätigkeiten. Von einem „Sprungbrett" oder einer „Brückenfunktion" kann in empirischer Perspektive kaum die Rede sein.

Die Wirklichkeit ist weit vom Konzept des Übergangsarbeitsmarktes entfernt (Schmid 2011). Dieses Konzept geht von sozialen Risiken aus, denen Beschäftigte bei Übergängen zwischen unterschiedlichen Erwerbsformen sowie zwischen Erwerbs- und Nichterwerbsformen ausgesetzt sind. Zur Risikominderung sind gezielte arbeitsmarktpolitische Absicherungen notwendig, die offensichtlich nicht ausreichend gegeben sind. In dem hier thematisierten Kontext geht es jedoch zunächst weniger um Risiken beim Übergang zwischen Beschäftigungsformen als vielmehr um das Nichtzustandekommen solcher Übergänge. Die sozialen Risiken liegen in eingeschränkter oder fehlender Mobilität bzw. nicht vorhandenen Zugängen zu Beschäftigungsverhältnissen mit geringeren oder keinen Prekaritätsrisiken.

---

18 Aufgrund erster Befunde zur derzeitigen Version des Gründungszuschusses ist die Konzentration auf die Rentenversicherung gerechtfertigt. Fast alle ehemals Geförderten haben eine Krankenversicherung, freiwillig weiterversichert in der gesetzlichen Arbeitslosenversicherung ist ca. die Hälfte, 13 bis 16 Prozent verfügen über keinerlei Altersvorsorge (Caliendo et al. 2012).

19 Um ein „Versicherungspflichtverhältnis auf Antrag" eingehen zu können, müssen Existenzgründer innerhalb der zwei Jahre vor Beginn der Selbstständigkeit zwölf Monate pflichtversichert gewesen sein oder unmittelbar vorher Arbeitslosengeld bezogen haben.

Statusmobilität verspricht, Prekarität zu überwinden. Sie wird hier in einem weiten Sinne verstanden als Wechsel zwischen atypischen und NAV, aber auch als Einkommensmobilität, indiziert durch den Auf- oder Abstieg aus dem oder umgekehrt in den Niedriglohnbereich. Die Übergangsquoten hängen u.a. ab von der Beschäftigungsform, der konjunkturellen Situation, Qualifikation und Alter. Das weitere Augenmerk gilt allein der Frage, inwieweit atypisch Beschäftigte in NAV wechseln, ihre Einkommensposition verbessern und vor allem den Niedriglohnsektor verlassen können.

Der Frage, ob atypische Beschäftigungsformen als das erhoffte Sprungbrett in unbefristete Beschäftigung dienen oder einen mehr oder minder dauerhaften Status darstellen („stepping stone“ oder „dead ends“), sind zahlreiche Analysen nachgegangen (im Überblick: Hohendanner/Walwei 2013). Eine Verbleibsanalyse zeigt, welche Wahrscheinlichkeiten bestehen, aus atypischen in NAV zu wechseln (Gensicke et al. 2010):[20]

- Befristet Beschäftigte und Leiharbeitnehmer münden nach Verlust ihres Arbeitsplatzes, wenn man den Verbleib in Arbeitslosigkeit zunächst außer Acht lässt, überproportional häufig wieder in vergleichbar unsichere Beschäftigungsformen.
- Vormals Teilzeit- und geringfügig Beschäftigte bzw. Minijobber weisen den geringsten Anteil an Personen auf, die bei Wiedereintritt in die Erwerbstätigkeit ein NAV eingehen.[21] Dieser Befund hat damit zu tun, dass die überwiegende Mehrheit aufgrund außerbetrieblicher Verpflichtungen (vor allem Haushalt, Kinderbetreuung und Pflege) nicht an einem Wechsel in ein NAV interessiert sein dürfte (vgl. Kap. 3.4). Die nur sehr eingeschränkt funktionierende Brückenfunktion bestätigt eine Studie über Frauen in Minijobs (BMFSFJ 2012), die zeigt, dass nur ein geringer Teil den Übergang in sozialversicherungspflichtige Beschäftigungsverhältnisse findet. Mit zunehmender Dauer wirken diese Beschäftigungsverhältnisse stigmatisierend und mindern die Chancen der Statusmobilität.
- Bei 17 Prozent der ehemaligen Leiharbeitnehmer findet ein Übergang statt, noch etwas schlechter schneiden ehemals befristet Beschäftigte ab.
- Mit Abstand am häufigsten treten Personen, die aus einem NAV kommen, wieder in ein NAV ein (41 Prozent).

---

20 Gegenstand der Untersuchung war die Frage, wie die Wechsel aus unterschiedlichen Beschäftigungsformen sowohl nach Kündigungen durch den Arbeitgeber als auch nach Eigenkündigungen in einem Zeitraum von 2 bis 14 Monaten verlaufen.

21 Für Minijobs zeigen Freier und Steiner (2008), dass diese Beschäftigungsform für Männer zwar nicht die Chancen verbessert, in ein NAV zu wechseln, aber das Risiko zukünftiger Arbeitslosigkeit mindern kann.

Im Prinzip finden diese Befunde Bestätigung durch eine auf SOEP-Daten basierende Untersuchung (Brülle 2013). Sie zeigt ebenfalls unterschiedliche Mobilitätschancen für die einzelnen Formen atypischer Beschäftigung. Befristet Beschäftigte wechseln mit größerer Wahrscheinlichkeit in NAV als Teilzeitbeschäftigte oder Leiharbeitnehmer. Am geringsten sind die Übergangschancen für geringfügig Beschäftigte. Dieser eigenständige Einfluss der Beschäftigungsform auf den Erwerbsverlauf gilt auch dann, wenn man die Präferenzen der Beschäftigten berücksichtigt, so das Interesse eines Teils der Teilzeitbeschäftigten an dieser Beschäftigungsform.

Tab. 6: Übergänge: aus Nichterwerbstätigkeit in Erwerbstätigkeit, in Prozent

	Typ des neuen Arbeitsverhältnisses					
Typ des alten Arbeitsverhältnisses	Leiharbeit	befristet	400-Euro-Job	Teilzeit bis 35 Stunden	Normalarbeitsverhältnis	nicht erwerbstätig
Leiharbeit	12	16	3	2	17	50
befristet	4	27	6	4	15	45
400-Euro-Job	2	12	25	9	5	47
Teilzeit bis 35 Stunden	3	16	11	19	10	41
Normalarbeitsverhältnis	3	13	3	3	41	37
Insgesamt	4	19	7	5	23	42

Quelle: Gensicke et al. 2010.

Ähnlich wie die Chancen, in ein NAV zu wechseln, unterscheiden sich die Risiken, nach Beendigung eines Arbeitsverhältnisses arbeitslos zu sein:

- Von den Beschäftigten mit NAV schaffen 37 Prozent nicht den Wechsel in ein neues NAV,
- von den Leiharbeitnehmern gelingt 50 Prozent und
- von den befristet Beschäftigten 45 Prozent der Anschluss nicht.

Dieser Befund ist bemerkenswert, weil Leiharbeitnehmer aufgrund häufig nur kurzer Beschäftigungszeiten deutlich seltener als Beschäftigte mit einem NAV Ansprüche auf Arbeitslosengeld I geltend machen können und daher einem stärkeren materiellen Druck zur Aufnahme einer neuen Beschäftigung ausgesetzt sind (Gensicke et al. 2010).

Befristete Beschäftigungsverhältnisse dienen häufig als Einstieg in NAV. Der Wechsel gelang in den 2000er Jahren, abhängig von der Konjunkturlage, etwa der Hälfte. Mit insgesamt anziehender Arbeitskräftenachfrage wurden 2011 sogar 56 Prozent übernommen (http://doku.iab.de/aktuell/2011/befristete_beschaef tigung_uebernahme.pdf). Befristungen dienen häufig als (verlängerte) Probezeit (Eichhorst et al. 2010; Behringer et al. 2011). Die Mobilitätschancen sind differenziert zu sehen. Einerseits trägt befristete Beschäftigung zur Verbesserung der künftigen individuellen Beschäftigungswahrscheinlichkeit bei, mindert das Risiko, keine Beschäftigung mehr zu finden, andererseits schützt sie aber nicht vor künftiger Arbeitslosigkeit (Boockmann/Hagen 2006). Ein Teil der Befristeten mündet in sogenannten Befristungsketten oder erneute Arbeitslosigkeit.

Die skizzierten empirischen Befunde liefern robuste Hinweise, dass eine beachtliche (relative) Pfadabhängigkeit in Bezug auf den Typ des Arbeitsverhältnisses besteht: Vormals atypisch Beschäftigte münden wiederum vor allem in atypische Beschäftigung und Personen aus NAV wechseln zum großen Teil wieder in NAV. Anders formuliert: Die Nachteile sind gravierend, weil atypische Beschäftigung häufig kein Übergangsphänomen darstellt; die Übergänge in NAV im Sinne von Aufwärtsmobilität gelingen selten, häufiger sind Wechsel zwischen Formen atypischer Beschäftigung und Phasen der Arbeitslosigkeit.

Starke Beharrungstendenzen zeigen sich auch bei der Einkommensmobilität von Niedriglohnbeziehern. Obwohl die vorliegenden Analysen nicht nach Beschäftigungsformen differenzieren und sich auf vollzeitbeschäftigte Niedriglohnempfänger beziehen (Schank et al. 2008; Schäfer/Schmidt 2009; Mosthaf 2011; Stephani 2012), liefern die Befunde doch Anhaltspunkte auch für atypisch Beschäftigte. Schäfer/Schmidt (2009) zeigen, dass in einem Zeitraum von vier Jahren fast zwei Drittel der Personen im unteren Einkommenssegment verbleiben, den Aufstieg in besser bezahlte Tätigkeiten nicht schaffen. Diese Beharrungsquote ist in dem Untersuchungszeitraum zwischen 2003 und 2007 sogar von 54 auf 63 Prozent gestiegen. Eine abnehmende Lohnmobilität belegen auch Riphahn/Schnitzlein (2011). Eine niedrige Lohnmobilität zeigen ferner Schank et al. (2008). Über einen Zeitraum von sechs Jahren gelingt lediglich gut jedem achten der ursprünglichen Geringverdiener der Aufstieg, Männern eher als Frauen. Die Aufstiegschancen steigen außerdem mit dem Qualifikationsgrad (Mosthaf 2011). Da unter atypisch Beschäftigten Frauen überrepräsentiert sind und der Qualifikationsgrad dieser Gruppe etwas unter dem der Beschäftigten mit NAV liegt, ist die Annahme plausibel, dass Frauen in atypischen Beschäftigungsverhältnissen über noch geringere Chancen verfügen, aus dem Niedriglohnsektor aufzusteigen, als in den beschriebenen Werten indiziert.

Beschäftigten fällt es, wie die dargestellten Befunde zeigen, auf dem deregulierten Arbeitsmarkt zunehmend schwerer, den Niedriglohnsektor zu verlassen. Aufwärtsmobilität ist schwieriger geworden. Offensichtlich bedeutet mehr Flexibilität am Arbeitsmarkt nicht automatisch auch mehr soziale Mobilität, die empirischen Befunde sprechen eher für das Gegenteil. Man kann von einem Flexibilitäts-Mobilitätsparadoxon sprechen. Unklar bleibt, welche Faktoren mobilitätseinschränkend wirken; es fehlt an empirisch und theoretisch fundierten Erklärungen.

4.3 Langfristige Konsequenzen

Die festgestellten Prekaritätsrisiken beeinflussen weit über die Erwerbsphase hinaus die Lebenslage ehemaliger langjährig atypisch Beschäftigter negativ. Vor allem in dem Maße, wie Prekaritätsrisiken kumulativ auftreten, droht Altersarmut. Je länger Beschäftigte in dem Zirkel gering entlohnter Tätigkeiten, unterbrochen durch wiederholte Phasen der Arbeitslosigkeit, verbleiben, desto höher wird das Risiko der Altersarmut. Wie sollen Arbeitnehmer mit geringen Einkommen und instabiler Beschäftigung ausreichende Rentenanwartschaften erzielen? Ziemlich aussichtslos dürfte es sein, die nur geringen Anwartschaften der gesetzlichen Rentenversicherung durch zusätzliche Versorgungsansprüche aufzustocken, sei cs im Rahmen von Betriebsrenten oder durch Eigenvorsorge. Längst nicht alle Unternehmen bieten Möglichkeiten zur betrieblichen Altersversorgung (Blank/Wiecek 2012). Hinzu kommt, dass durchschnittlich kurze Beschäftigungszeiten den Zugang erschweren, da unverfallbare Anwartschaften in aller Regel eine Beschäftigungsdauer von fünf Jahren voraussetzen. Nur wenige Leiharbeitnehmer erreichen derartig lange Beschäftigungsphasen bei einem Arbeitgeber. Aber auch bei den übrigen Formen atypischer Beschäftigung dürfte, mit Ausnahme unbefristeter Teilzeitarbeit, der Zugang zu unverfallbaren Ansprüchen an die betriebliche Altersvorsorge schwieriger sein als bei Beschäftigten mit NAV.

Es bleibt nur noch die Eigenvorsorge durch entsprechendes Sparverhalten. Auch diese Alternative erscheint unrealistisch. Erstens lassen geringe Einkommen kaum Raum für eine nennenswerte Sparquote. Zweitens sind atypisch Beschäftigte, wie bereits ausgeführt, stärker als Beschäftigte mit NAV gefordert, auch bei der beruflichen Weiterbildung eigenverantwortlich Qualifizierungsmaßnahmen zu organisieren und zu finanzieren, um ihre berufliche Situation zu verbessern. Selbst wenn es ihnen gelingen sollte, einen Teil des Einkommens zu sparen, erscheint es unwahrscheinlich, dass sie gleichzeitig Eigenvorsorge sowohl für berufliche Weiterbildung als auch für die Rentenansprüche aufstockende Leistungen betreiben können. Schließlich besteht wegen der vergleichsweise geringen Beschäftigungsstabilität ein hohes Risiko, dass bei Eintreten längerer Arbeitslosigkeit eventuell vorhandene Sparguthaben bis auf das „Schonvermögen" aufgebraucht werden müssen, bevor Anspruch auf Arbeitslosengeld II besteht. Vor allem Leiharbeitnehmer haben, vermutlich wegen der häufig für Leistungsansprüche zu kurzen Beschäftigungszeiten, seltener als andere Beschäftigtengruppen Ansprüche auf Arbeitslosengeld (Gensicke et al. 2010). Sie sind nach Arbeitsplatzverlust häufiger auf Arbeitslosengeld II angewiesen und erhalten deshalb seltener ihre Rentenanwartschaften aufstockende Beitragszahlungen, abgesehen von dem hohen Risiko, größere Sparguthaben wegen der Anspruchsvoraussetzungen auf Arbeitslosengeld II auflösen zu müssen.

Reformansätze, die auf eine Stärkung der betrieblichen Altersvorsorge setzen, sind wesentlich auf stabile NAV zugeschnitten. Sie sind für atypisch Beschäftigte eher untauglich und gehen an deren problematischer Beschäftigungs- und Einkommenssituation vorbei. Auch der im Rahmen der betrieblichen Altersvorsorge bestehende Rechtsanspruch auf Entgeltumwandlung von Gehalts- in Rentenbestandteile kann aus diesem Grund kaum realisiert werden (zu Einzelheiten http://www.stms.bayern.de/fibel/sf_b125.htm). Eine Stärkung dieser Säule der Alterssicherung geht also weitgehend an atypisch Beschäftigten vorbei. Im Übrigen haben Frauen nicht nur ein niedrigeres Rentenniveau in der GRV, sondern sind auch bei den Betriebsrenten benachteiligt und schließen seltener private Zusatzversorgungen ab als Männer (Riedmüller/Schmalreck 2011). Diese Situation wird sich wegen der hohen Anteile von Frauen unter atypisch Beschäftigten weiter verfestigen. Altersarmut bedroht in erster Linie Frauen.

Die aufgezeigten Probleme des Arbeitsmarktes betreffen langfristig auch die Rentenversicherung. Arbeitsmarktpolitik trägt zur Lösung – oder zur Schaffung – von Problemen der Alterssicherungssysteme bei. Ergänzende Sozialleistungen im Sinne von Transferzahlungen (Grundsicherung im Alter), die aus dem allgemeinen Steueraufkommen finanziert werden müssen, werden in Zukunft für eine deutlich steigende Zahl von Arbeitnehmern notwendig (Riedmüller/Schmalreck 2011). Die Beitragsbasis der Rentenversicherung erodiert. Zudem ändert sich die Struktur öffentlicher Ausgaben. Mit wachsenden Transferzahlungen steigt der Anteil konsumtiver Ausgaben, bei gegebenen Budgets schrumpfen entsprechend die Mittel für investive Verwendungen. Diese Umschichtungen dämpfen die wirtschaftliche Wachstumsdynamik.

4.4 Wirkungen auf den Arbeitsmarkt

Die enge Koinzidenz zwischen der Reform der Arbeitsmarktverfassung im Zuge der Hartz-Gesetze und der seitdem zu beobachtenden Beschäftigungsexpansion wirft die Frage auf, ob es einen kausalen Zusammenhang gibt. Die Frage nach den Beschäftigungswirkungen gehört zum traditionellen Kanon der Evaluation beschäftigungs- und arbeitsmarktpolitischer Maßnahmen. Ihr Einfluss auf das Beschäftigungsniveau ist – aus methodischen Gründen wie „post hoc ergo propter hoc" – nach dem aktuellen Stand der Literatur weniger eindeutig, als ihre Befürworter auf Basis vor allem neoklassischer Voraussetzungen annehmen, in Modellrechnungen zugrunde legen und häufig als positive Wirkung deregulierter Arbeitsmärkte ausgeben.

Bereits die Evaluierung der Hartz-Gesetze (Deutscher Bundestag 2006) ließ die ursprünglich erwarteten zusätzlichen Beschäftigungseffekte (Kommission 2002) als illusionär erscheinen. Dieses aus Sicht der Reformbefürworter enttäuschende Ergebnis stützt sich auf eine Reihe von mikro-, aber auch makroanalytischen Untersuchungen.

Dagegen sieht der Sachverständigenrat in den Hartz-Reformen (SVR 2011: Ziffern 461ff.) einen wesentlichen Bestimmungsfaktor für die robuste Arbeitsmarktentwicklung selbst während des scharfen Kriseneinbruchs 2008/09 und für die anschließende Beschäftigungsexpansion. Es mangelt allerdings an überzeugenden empirischen Belegen für diese Aussage. Das gilt besonders für die Deregulierungsmaßnahmen atypischer Beschäftigungsformen (Hohendanner/Walwei 2013), die ein wichtiges Teilpaket der Reformen darstellen. Eine makroökonomische Analyse kommt zwar zu dem Ergebnis, dass die Hartz-Reformen zu der seit 2006 verbesserten Arbeitsmarktlage beigetragen hätten (Klinger et al. 2013). Vor allem hätten sie die Matching-Effizienz verbessert und damit die Besetzung offener Stellen beschleunigt. Unklar bleibt aber, in welchem Ausmaß sie die Arbeitsnachfrage gesteigert haben und welchen Beitrag die Deregulierung atypischer Beschäftigungsformen zur Beschäftigungsexpansion geleistet hat.

Nachfolgende Analysen, die sich auf einzelne Formen atypischer Beschäftigung oder auch nur Branchen beziehen, kommen zu folgenden Ergebnissen:

- Die Ausweitung von Teilzeit und deren Varianten Mini- und Midijobs kann den Arbeitsmarkt in dreierlei Weise beeinflussen (Wanger 2006): Sie können zusätzliche Beschäftigung schaffen, bestehende Vollzeitarbeitsplätze aufspalten (Umverteilungseffekt) oder ersetzen (Substitutionseffekt). Nur die beiden ersten Wirkungen erhöhen die Zahl der Beschäftigten, nur die erste auch das Arbeitsvolumen. Wie schon die Evaluierungsstudien zu den Hartz-Gesetzen finden auch Hohendanner/Stegmaier (2012) Substitutionseffekte von sozialversicherungspflichtiger Beschäftigung. Besonders ausgeprägt sind sie in kleineren Betrieben, im Gastgewerbe und im Einzelhandel. In einigen Branchen, wie dem Einzelhandel, kam es zur Verdrängung von Vollzeit- und regulärer Teilzeitbeschäftigung durch den Ausbau von Minijobs, vor allem bei der Besetzung von Arbeitszeiten, die etwa aus familiären Gründen als ungünstig gelten.
- Die ursprünglich mit den Hartz-Gesetzen verbundene Hoffnung, dass Minijobs „Brücken" in den ersten Arbeitsmarkt sein können, ist nur in sehr begrenzten Umfang in Erfüllung gegangen (BMFSFJ 2012).
- Bislang fehlen empirisch fundierte Analysen, welche Beschäftigungseffekte der stark ausgeweiteten Gruppe der Minijobber in Nebentätigkeit zuzuschreiben sind. Letztlich handelt es sich um eine Verlängerung der Arbeitszeiten, die einen negativen Umverteilungseffekt bewirken dürften.
- Substitutionseffekte werden ebenfalls für Leiharbeit indiziert. Jahn und Weber (2013) schätzen, dass etwa die Hälfte des Anstiegs auf Kosten von Beschäftigungsverhältnissen in anderen Sektoren geht (vgl. Kap. 3.3). Leih-

arbeit hat die Funktion eines Beschäftigungspuffers. „Doch die Annahme einer eigenständigen beschäftigungsschaffenden oder beschäftigungsfördernden Funktion der Leiharbeit ist auf Basis der bisher vorliegenden Daten nicht zu halten" (Promberger 2012a: 242).

- Wie bereits die Evaluierung des Beschäftigungsförderungsgesetzes von 1985 ergab, können unbefristete durch befristete Stellen ersetzt werden, so dass kaum positive Nettoeffekte infolge der erweiterten Befristungsmöglichkeiten eintreten (Büchtemann 1989). Neuere Studien betonen die Funktionsabhängigkeit im Kontext betrieblicher Personalpolitik und gelangen zu einer ambivalenten Bewertung:

  > „Einerseits werden Befristungen zum Aufbau von Beschäftigung genutzt und erleichtern dem Arbeitgeber Einstellungen. Andererseits sind Übernahmen seltener in Betrieben, die Befristungen als Flexibilitätspuffer nutzen. Insbesondere der hohe Anteil an befristeten Neueinstellungen bei gleichzeitig geringen Übernahmequoten im öffentlichen Dienst und in den sozialen Dienstleistungsbranchen veranschaulichen, dass gerade in diesen Branchen die Gefahr einer Verstärkung sozialer Ungleichheiten besteht." (Hohendanner 2011: 166)

- Auch bei den Solo-Selbstständigen bedeutet die Zunahme nicht einen entsprechenden zusätzlichen Beschäftigungsaufbau:

  > „Vielmehr könnten zum Teil auch Verdrängungseffekte wirksam geworden sein – indem etwa früher abhängig Beschäftigte durch selbständige ersetzt wurden. Das kann direkt auf den – meist nur lokalen – Märkten für Waren und Dienstleistungen der Fall gewesen sein oder durch die betriebliche Auslagerung von Funktionen und deren Übertragung an Selbständige wie etwa freie Mitarbeiter." (Brenke 2013: 15)

Insgesamt ist die Frage nach der Verdrängung bzw. Substitution von NAV durch atypische Beschäftigungsverhältnisse – entgegen den in der öffentlichen Diskussion verbreiteten Annahmen – kaum generell zu beantworten. Ausgeklammert bei den überwiegend partialanalytischen Untersuchungen bleiben Effekte auf Produktivität, Arbeitskosten sowie gesamtwirtschaftliche Kreislaufwirkungen. Die Mikroanalysen wären durch Makroanalysen zu ergänzen.

Eine wiederholt vorgebrachte Kritik an dieser Argumentation lautet, dass der eigentliche Referenzpunkt nicht das NAV, sondern Arbeitslosigkeit sein sollte (SVR 2004: 288ff.). Diese Sichtweise führt zu einer positiveren Bewertung atypischer Beschäftigung. Allerdings wird dabei ausschließlich auf kurzfristige Probleme abgestellt, die, wie wir in diesem Kapitel gezeigt haben, allenfalls partiell gelöst werden. Zudem bleiben die langfristigen Prekaritätsrisiken in Bezug auf die Rentenversicherung in dieser Betrachtung ausgeklammert; sie werden durch Expansion atypischer Formen definitiv nicht gelöst (vgl. Kap. 7).

4.5 Zwischenresümee

Atypische Beschäftigungsverhältnisse sind höheren Prekaritätsrisiken ausgesetzt als NAV. Sie betreffen in einer deutlichen Rangfolge die einzelnen Formen in unterschiedlichem Maße, geringfügige Beschäftigung am stärksten, gefolgt von Leiharbeit und Befristungen sowie längerer versicherungspflichtiger Teilzeitarbeit. Die analysierten Prekaritätsrisiken sind in aller Regel multidimensional und betreffen das Einkommen, die Beschäftigungsstabilität und den Zugang zu betrieblich-beruflicher Weiterbildung, eine der zentralen Voraussetzungen für Beschäftigungsfähigkeit. Hinzu kommt eine eingeschränkte Statusmobilität, so dass die Prekaritätsrisiken nicht nur als transitorische Probleme anzusehen sind. Der lange Schatten der durch diese Beschäftigungsformen erzeugten Prekaritätsrisiken reicht bis in die Nacherwerbsphase. Je länger die im Laufe eines Erwerbslebens verbrachte Zeit in atypischer Beschäftigung andauert, desto größer ist das Risiko der Altersarmut.

Welche Arbeitsmarkteffekte der Expansion atypischer Beschäftigung zuzuschreiben sind, ist bislang empirisch nur partiell analysiert. Sicherlich ist bei Teilzeitarbeit incl. der Subformen Mini- und Midijobs von nicht unbeträchtlichen Umverteilungseffekten auszugehen, aber auch Substitutionseffekte werden aufgezeigt. Teilweise haben Minijobs und Leiharbeit zusätzliche Beschäftigung generiert.

5 Zur Erklärung atypischer Beschäftigungsverhältnisse

5.1 Problemstellung

In der wissenschaftlichen Befassung mit Formen atypischer Beschäftigung dominieren empirisch-deskriptive Arbeiten zu verschiedenen Aspekten, wie einzelnen Formen und ihrer Entwicklung, Verteilung auf Branchen, sozio-demographischen Daten der Beschäftigten. Demgegenüber sind Versuche, kausale Zusammenhänge zu identifizieren und die Hintergründe für die Expansion atypischer Beschäftigungsformen aufzuhellen, seltener (Kahn 2012). Diese Lücke ist aus mehreren Gründen erstaunlich, zum einen wegen der zunehmenden quantitativen Bedeutung dieser Formen, zum anderen wegen der grundsätzlichen Notwendigkeit von Erklärungen für die Analyse.

Überwiegend basieren die vorliegenden Erklärungsbeiträge auf komparativen Analysen, die den Zusammenhang von Ausmaß atypischer Beschäftigungsformen und unterschiedlichen nationalen Regelungsstrukturen untersuchen. Dabei orientieren sie sich häufig am EPL-Indikator (employment protection legislation)[1] und beziehen den Vergleich auf Regelungen zu befristeter Beschäftigung, Leiharbeit und Kündigungsschutz (vgl. Kap. 5.3). Zudem bleiben die empirischen Analysen häufig recht allgemein, erfassen nicht die Gesamtheit der hier betrachteten Formen und vermögen deren Heterogenität und die mit ihnen verbundenen spezifischen Funktionen nur unzureichend abzubilden.

Zahlreiche Publikationen lassen das Theorieproblem weitgehend ungeklärt:

- So ist die „neue Mikroökonomie des Arbeitsmarktes“ in ihren unterschiedlichen Varianten, u.a. Kontrakttheorien, Effizienzlohntheorien, job search and labor turnover-Theorien, merkwürdig hilflos in Bezug auf Erklärungen von atypischer Beschäftigung. Diese Theorienfamilie nimmt die vom NAV abweichenden Beschäftigungsformen eigentlich gar nicht zur Kenntnis. Sie steht strikt in der Tradition der Neoklassik und bleibt – implizit oder explizit – in ihren Prämissen stark am NAV orientiert (Kronzeugen sind die Standardlehrbücher Ehrenberg/Smith 2011; Franz 2009).[2]

---

1 Kündigungsschutzregelungen stellen in dieser Sicht einen exogenen Kostenfaktor dar, der Unternehmen hindert, sich an rasch verändernde Umweltbedingungen (wie technologischer Wandel, Globalisierung oder Nachfrageänderungen) anzupassen.

2 Ein Beispiel für die Probleme, welche die dominierenden Theorien bei der Erklärung atypischer Beschäftigung haben, ist der gelegentlich unternommene Versuch, diese als Suchinstrument bei der Besetzung vakanter Stellen zu interpretieren. Allerdings eignen

- Auch in der Diskussion um „betriebliche Beschäftigungssysteme" (Industrielle Beziehungen 2012) spielen atypische Beschäftigungsformen nur eine marginale Rolle. Die in der Literatur häufig anzutreffende Unterscheidung zwischen „geschlossenen" und „offenen" Beschäftigungssystemen geht ebenfalls nur am Rande auf Formen atypischer Beschäftigung ein und subsumiert diese im Gegensatz zu NAV unter den offenen Formen. Ein ähnlicher Zusammenhang gilt für die Theorien sozialer Schließung bzw. die Strukturierung externer Arbeitsmärkte (Gieseke/Groß 2012).
- Auch sozialwissenschaftliche Beiträge zu Arbeitsmarktproblemen behandeln Erklärungen atypischer Beschäftigung nicht (Abraham/Hinz 2005) oder allenfalls am Rande (Krause/Köhler 2012a; Bothfeld et al. 2012).

Andere Arbeiten liefern unterschiedliche Gründe für die Zunahme atypischer Beschäftigungsverhältnisse. Zum einen werden „macrostructural economic, political, and social forces" (Kalleberg 2012: 429) genannt, wie Intensivierung des globalen Wettbewerbs, technologischer Wandel, Deregulierung, Erhöhung der Kapitalmobilität, Wachstum des Dienstleistungssektors; auf diese Veränderungen reagieren die Unternehmen. Zum andern spielen der demographische Wandel sowie die zunehmende Heterogenität der Arbeitnehmer eine Rolle.

Diese makrostrukturellen Ursachen bleiben in aller Regel recht allgemein und beziehen sich nur unzureichend auf einzelne Formen und deren Funktionen. Daher ist es ratsam, spezifische Gründe für die Zunahme einzelner Formen zu analysieren. Das grundsätzliche Problem lässt sich am häufig genannten Beispiel „Globalisierung" zeigen. Die veränderte Arbeitsteilung zwischen Ländern und der dadurch verursachte zunehmende Wettbewerb werden als Hauptgrund für die generelle Zunahme atypischer Beschäftigungsformen genannt. Die Verteilung dieser Formen auf die Wirtschaftsbereiche (vgl. Kap. 4) zeigt allerdings, dass diese Annahme nur partiell zutrifft. Quantitativ bedeutsame Formen (wie Teilzeit, Befristung und Minijobs) dominieren in Dienstleistungssektoren (wie Gesundheit und Soziales, Einzelhandel, Hotel- und Gaststättengewerbe), die weniger als das Produzierende Gewerbe dem internationalen Wettbewerb ausgesetzt sind. Der Anstieg der Solo-Selbstständigkeit wird gleichfalls nicht durch Globalisierung verursacht, sondern durch politische Entscheidungen auf nationaler Ebene. Nur der Zuwachs bei der Leiharbeit weist in die entgegengesetzte Richtung, da diese Form in der Verarbeitenden Industrie dominiert, die wegen ihrer hohen Exportabhängigkeit einem verschärften internationalem Wettbewerb mit

---

sich bestimmte Formen besser als andere (vgl. Kap. 4). Im Falle befristeter Beschäftigung beträgt die Wahrscheinlichkeit, in eine unbefristete Stelle übernommen zu werden, ca. 50 Prozent. Suchtheoretisch kaum erklären lässt sich bei Leiharbeit der niedrige Klebeeffekt (von weniger als 10 Prozent) in ein NAV (vgl. Kap. 4.1.2).

Kostendruck auf Produktmärkten und zyklischen Nachfrageschwankungen ausgesetzt ist.

Aus einer anderen Perspektive werden im Arbeitsrecht wesentliche Gründe für die Expansion atypischer Beschäftigung gesehen, die als Ausweichreaktion der Unternehmen auf den als weiterhin zu inflexiblen Bereich der NAV interpretiert werden (SVR 2008: 300ff., 420ff., aktualisiert 2012; Eichhorst et al. 2010: 12). Die Kritik richtet sich vorrangig auf „Rigiditäten" durch den Kündigungsschutz, der flexible Anpassungen bei volatiler gewordenen Marktbedingungen verhindere bzw. zu kostspielig mache.

In diesem Kapitel versuchen wir, die Lücken der vorliegenden Analysen zu füllen. In Anbetracht der beschriebenen Heterogenität der Formen atypischer Beschäftigung ist der Versuch einer umfassenden, auf einem Ansatz basierenden Erklärung sämtlicher Formen wenig Erfolg versprechend. Argumente, die u.a. die „Krise" oder die „Erosion des NAV" (Kommission für Zukunftsfragen 1996) als Folge der Entwicklung des Kapitalismus zum Finanzkapitalismus analysieren, Strukturwandel, Folgen des dominierenden Neoliberalismus oder der demographischen Entwicklung anführen, führen kaum weiter, da sie zu unbestimmt bleiben und ihnen häufig eine zur Ergänzung der Makro- notwendige Mikrofundierung fehlt. Es geht uns nicht um „die" Erklärung atypischer Beschäftigung im Sinne einer "one-theory-fits-all-forms", sondern um die Klärung unterschiedlicher Teilfragen (u.a. Entwicklung bzw. Zunahme, Umfang, Verteilung nach Branchen, Struktur).

Die Notwendigkeit einer Erklärung einzelner Formen, ihrer unterschiedlichen Aspekte und Dimensionen lässt den Einbezug verschiedener Theorien mittlerer Reichweite sinnvoll erscheinen. Diese stehen im Idealfall in komplementärer Beziehung zueinander, können sich aber auch auf Teilfragen beziehen. Sie beziehen sich auf zwei Ebenen: Auf der Mikroebene stehen die Interessen einzelner Unternehmen und ihres Managements im Vordergrund (u.a. Formen der Flexibilität und Transaktionskosten), während auf der Makroebene eine breitere Perspektive im Mittelpunkt steht (u.a. Deregulierung).

In diesem Kapitel geht es ausschließlich um die beschreibend erklärende Ebene, die normative (von Schlussfolgerungen und Empfehlungen für tarifliche sowie vor allem politische Neu-Regulierung atypischer Beschäftigung zwecks Minimierung bzw. Eliminierung der sozialen Risiken) behandeln wir ausführlich im Kapitel 7. Auf den bisher ebenfalls vernachlässigten Einfluss von korporativen Akteuren der Gegenmacht, Betriebsräte und Gewerkschaften, gehen wir gesondert in Kapitel 6 ein.

Nachfolgend diskutieren wir, welchen Beitrag verschiedene Ansätze zur Erklärung von Einsatz und Expansion leisten können. Den Anfang macht eine auf atypische Beschäftigungsformen bezogene Typologie der Flexibilität, die erlaubt, deren Funktionsmechanismen zu unterscheiden. Danach erörtern wir, welchen

Einfluss die vor allem im Rahmen der Hartz-Gesetze durchgeführten Deregulierungsmaßnahmen haben. Im nächsten Schritt prüfen wir, welchen Beitrag arbeitsmarkttheoretische, speziell segmentationstheoretische Ansätze leisten können. Außerdem diskutieren wir den Erklärungsbeitrag von auf den Arbeitsmarkt bezogenen monopsonistischen und transaktionskostentheoretischen Ansätzen.

5.2 Formen der Flexibilität

Ein erstes bei der Erklärung des Einsatzes atypischer Formen hilfreiches Konzept operiert mit Varianten von Flexibilität. Durch die explizite Unterscheidung spezifischer Formen wird die in der politischen wie wissenschaftlichen Diskussion häufig gebrauchte catch all-Variable Flexibilität ausdifferenziert und damit empirischer Analyse zugänglich gemacht (Keller/Seifert 2007). Ausgangspunkt sind Interessen der Unternehmen bzw. des Managements an mehr Flexibilität aus Gründen der Kostenersparnis und Effizienzsteigerung sowie Strategien zur Durchsetzung dieser Interessen, deren Handlungsspielräume sich erweitert haben. Die Perspektive der Beschäftigten bleibt in dieser Betrachtung weitgehend ausgeklammert (Seifert 2012).

Das zentrale Argument lautet, dass sich in Zeiten zunehmenden internationalen (Standort-)Wettbewerbs und größerer Unsicherheit die notwendigen Flexibilitätspotenziale durch den Einsatz atypischer Beschäftigung nicht nur erheblich ausweiten, sondern auch differenzierter je nach Problemkonstellation anwenden lassen. Atypische Beschäftigung gehört inzwischen zum Arsenal der Personalpolitik, um betriebliche Flexibilität zu erhöhen (Martin/Nienhüser 2002). Die Wahl zwischen den Formen wird vor allem durch ihre relativen Kosten bestimmt. Es geht also nicht nur um einen größeren Spielraum für Flexibilität und atypische Beschäftigung, sondern um die kostengünstige Anwendung bzw. Kombination (unternehmens-)spezifischer Formen. Welche Formen der Flexibilität welche Kostenvorteile bieten, hängt von der jeweiligen Problemlage (Struktur- oder Konjunkturkrise, saisonale Schwankungen usw.) ebenso ab wie von betrieblichen Bedingungen (u.a. Qualifikationsstruktur).

Grundlegend ist die schon früh eingeführte Unterscheidung interner und externer Formen, d.h. solchen ohne bzw. mit Zugang zum (betriebs-)externen Arbeitsmarkt (ursprünglich Atkinson 1984, später vor allem OECD 1986, 1989). Mit diesen alternativen und vielfältig kombinierbaren Anpassungsformen können Betriebe auf schwankenden Bedarf im Arbeitseinsatz reagieren. Interne Flexibilität basiert auf kostensenkenden Maßnahmen bei unverändertem Beschäftigungsniveau (u.a. Überstunden, Kurzarbeit, Arbeitszeitkonten, Einkommensanpassungen). Externe Flexibilität hingegen bedient sich der zahlenmäßigen Personalanpassung durch die „klassischen" Instrumente Entlassung und Einstellung sowie Befristung und Leiharbeit.

In einer weitergehenden, allerdings weniger weit verbreiteten Differenzierung lassen sich die Sub-Formen numerische, funktionale und Entgeltflexibilität unterscheiden. Durch Kreuzung der beiden Dimensionen entsteht eine bei der Erklärung hilfreiche Übersicht (vgl. Übersicht 2).

- Intern-numerische Flexibilität nutzt bei schwankender Kapazitätsauslastung vor allem zeitliche Anpassung des Arbeitsvolumens mit Hilfe von Überstundenabbau, Zeitkonten und beschäftigungssichernden Arbeitszeitverkürzungen oder auch Kurzarbeitergeld.
- Intern-funktionale Flexibilität setzt bei wechselnden Produktionserfordernissen primär auf eine Anpassung der Arbeitsorganisation sowie eine entsprechend breite Qualifikation der Beschäftigen, welche bei strikten „work rules" und fehlender Breite der Ausbildung, wie sie in den angelsächsischen Ländern dominieren, nur eingeschränkt gegeben sind.[3]
- Eine weitere Variante interner Flexibilität (OECD 1989) ist die monetäre bzw. Entgeltflexibilität. Sie hat im Rahmen von tariflichen Öffnungsklauseln und betrieblichen Bündnissen (Massa-Wirth/Seifert 2004; Bellmann/ Gerner 2012) seit Mitte der 1990er Jahre an Bedeutung gewonnen (u.a. Wegfall von Überstundenzuschlägen oder Sonderzahlungen, befristete Kürzung der Stundenlöhne). Ferner breiten sich leistungs- und ergebnisabhängige Entgeltformen aus (Bispinck/Schulten 2003), die je nach wirtschaftlicher Lage variieren.

Auch bei externer Flexibilität lassen sich drei Unterformen unterscheiden:

- Extern-numerische Flexibilität basiert auf der zahlenmäßigen Anpassung der Beschäftigtenzahl (über Personalauf- und -abbau, durch Leiharbeit und Befristung).
- Extern-funktionale Flexibilität bezieht sich auf die Verbesserung der Anpassungsfähigkeit der Arbeitskräfte an den externen Arbeitsmarkt, die wiederum eine Voraussetzung ist, dass bei Strukturwandel Mismatch-Probleme vermieden werden (Qualifizierung für den externen Arbeitsmarkt z.B. im Rahmen von betrieblichen Transfergesellschaften).
- Extern-monetäre Flexibilität beruht auf Variation der Arbeitskosten; sie kann durch Lohnkostensubventionen beeinflusst werden.

Nationale Arbeitsmärkte unterscheiden sich infolge ihrer rechtlich-institutionellen Besonderheiten in ihren Präferenzen für Formen der Flexibilität. Für deutsche Arbeitsmärkte sind vor allem Varianten interner Flexibilität kennzeichnend (Bellmann et al. 2009; Möller 2010a; Herzog-Stein/Seifert 2010); in den angelsächsischen Ländern dominieren hingegen traditionell externe Formen („Märkte des Heuerns und Feuerns") (OECD 1994).

3 Intern-numerische bedingt häufig intern-funktionale Flexibilität.

Übersicht 2: Formen der Flexibilität

	intern	extern
numerisch	• Zeitkonten • Beschäftigungssichernde Arbeitszeitänderungen (incl. Kurzarbeit)	• Entlassungen und Einstellungen • Leiharbeit • Befristete Beschäftigung
funktional	• Weiterbildung • Arbeitsorganisation	• Transfergesellschaft
temporal	• Geringfügige Beschäftigung/ Mini- und Midijobs • Teilzeitarbeit	
monetär	• Tarifliche Öffnungsklauseln • Betriebliche Bündnisse • Geringfügige Beschäftigung/ Minijobs • Leistungsbezogene Entgelte	• Lohnkostenzuschüsse bzw. -subventionen

Quelle: Keller/Seifert 2007: 16

Begünstigt wird die Nutzung interner Formen durch die infolge des dualen Systems beruflicher Bildung häufig gegebene breite Qualifikation der Arbeitskräfte. Gepaart mit der Möglichkeit, unterschiedliche Aufgaben innerhalb des Betriebes wahrzunehmen, gewährleistet sie intern-funktionale Flexibilität. Dieser Sachverhalt erklärt, weshalb die numerisch-externen Varianten (in Form von Leiharbeit und befristeter Beschäftigung) eine im internationalen Vergleich eher durchschnittliche Bedeutung haben (Storrie 2002; Schmeißer et al. 2012).

Formen interner und externer Flexibilität können sowohl in einem komplementären als auch in einem substitutiven Verhältnis zueinander stehen, was u.a. von der generellen Angebots-/Nachfragerelation am Arbeitsmarkt abhängt. Dies gilt sowohl für die Formen atypischer Beschäftigung untereinander (Teilzeit und Geringfügigkeit in Relation zu Leiharbeit und Befristung) als auch im Vergleich zu intern-numerischer Flexibilität auf der Basis von NAV.

Die Flexi-Typologie war primär an den rechtlich-institutionellen Voraussetzungen von NAV orientiert. So lassen sich Teilzeit- und geringfügige Beschäftigung kaum eindeutig zuordnen, da diese Formen unterschiedliche Elemente interner Flexibilität enthalten, sowohl intern-numerisch als auch intern-temporal. Wir erweitern daher das Konzept, um es auf die Formen atypischer Beschäftigung beziehen zu können (Keller/Seifert 2005). Als spezifische zusätzliche Variante führen wir (intern-)temporale Flexibilität ein. Sie ermöglicht Unternehmen, bei zeitlich eng begrenztem Arbeitsanfall in „Stoßzeiten" im Tages-, Wochen- oder Jahresablauf eine genaue Anpassung des Arbeitseinsatzes. Mithilfe geringfügiger Beschäftigung bzw. von Mini- und Midi- sowie Teilzeitjobs lässt sich der Arbeitseinsatz fein dosieren (z.B. zwei Stunden pro Tag oder ein Tag pro Woche zu arbeitsintensiven Zeitpunkten) (Hohendanner/ Stegmaier 2012). Diese Formen dienen neben der temporalen auch der monetären Flexibilität. Zwar haben die Betriebe bei Minijobs höhere Abgaben zu leisten als bei sozialversicherungspflichtiger Beschäftigung, die jedoch durch den erheblichen Lohnabstand sowie die häufig nicht geleisteten Sonderzahlungen mehr als kompensiert werden dürften (Bachmann et al. 2012a).

Die ursprüngliche Typologie bezog sich ausschließlich auf Formen abhängiger Beschäftigung. Solo-Selbstständige lassen sich einbeziehen als externe Variante mit monetären und temporalen Dimensionen. Diese Erweiterung ist wichtig, weil die Grenzen zwischen abhängiger und selbstständiger Beschäftigung verschwimmen und Solo-Selbstständigkeit als eine zusätzliche Form atypischer Beschäftigung einbezogen werden sollte.

Diese differenzierte Unterscheidung von Flexibilitätsformen erlaubt uns, die Beziehungen zwischen den unternehmensspezifischen Flexibilitätsanforderungen und der Auswahl spezifischer Formen atypischer Beschäftigung aufzuhellen. So erhöhen Mini-, Midi- und Teilzeitbeschäftigung das Ausmaß der intern-temporalen sowie der monetären Flexibilität. Die möglichst enge Synchronisation von schwankendem oder nur kurzzeitigem Arbeitsanfall mit einem entsprechenden Arbeitseinsatz hilft, Leerkosten zu verringern und die Arbeitsproduktivität zu steigern. Vor allem bei Mini- und Midijobs kommen Kostenvorteile aufgrund faktisch geringer Stundenlöhne und nicht-gezahlter Sozialleistungen gegenüber Vollzeitkräften hinzu.

Demgegenüber stellen Befristung und Leiharbeit typische Formen externnumerischer Flexibilität dar, die im Falle von Krankheit, Elternurlaub, Projektarbeit oder bei kurzfristiger, unvorhersehbarer Nachfrage eingesetzt werden. Leiharbeit spart im Unterschied zu befristeter Beschäftigung Einstellungs- (u.a. Such-, Auswahl- und möglicherweise auch Einarbeitungskosten[4]); allerdings fal-

4 Einarbeitungskosten fallen aber auch beim Einsatz von Leiharbeitnehmern an, häufig übernehmen Stammkräfte die Einarbeitung und sind dadurch in ihrer Arbeitsproduktivität beeinträchtigt.

len zusätzliche Kosten für die Überlassung an. Bei beiden Varianten entstehen keine Entlasskosten; zudem lassen sich Personalreserven im Bereich der Stammkräfte reduzieren. Außerdem lassen sich mögliche Entlassungskosten bei Stammkräften sowie mögliche negative Effekte für Produktivität und Innovationsfähigkeit vermeiden, wenn Betriebe bei nachlassender Nachfrage ansonsten qualifizierte Arbeitskräfte oder ganze Arbeitsteams entlassen würden. Diese Funktion beider Varianten wurde besonders während der Wirtschaftskrise 2008/2009 deutlich (vgl. Kap. 4). Beide Formen schützen die Stammbelegschaft vor Marktschwankungen – zu Lasten der Randbelegschaft, vor allem der Leiharbeitnehmer und befristet Beschäftigten (vgl. Kap. 6).

Der veränderte Einsatz von Leiharbeit belegt die Wichtigkeit dieser vorgenommenen Unterscheidungen. Zu Beginn der Krise Mitte 2008 kam der deutliche Anstieg, der bei der Zahl der Leiharbeitnehmer im Laufe der 2000er Jahre stattgefunden hatte, zu einem abrupten Ende (vgl. Kap. 3). Es folgte ein ähnlich deutlicher Rückgang. Seit Mitte 2009, als die Erholung der Wirtschaft begann, nahm die Zahl wieder deutlich zu und erreichte 2011 ihren bisherigen Höchststand. Im Zuge der neuerlichen konjunkturellen Abkühlung in 2012/2013 ist die Zahl wieder gesunken. Bei nachlassender Nachfrage nutzen viele Unternehmen offensichtlich die Eigenschaft der Leiharbeit, eine in extern-numerischer Hinsicht äußerst flexible Beschäftigungsform zu sein. Leiharbeitnehmer können schnell in bestimmte Teile der Arbeitsorganisation, wie die nur Basisqualifikationen erfordernden Routinetätigkeiten, integriert werden. Ihr Einsatz kann ebenso rasch und ohne besondere Kosten beendet werden.

Betrachtet man nun das Verhältnis von intern-numerischer Flexibilität im Rahmen von NAV und atypischen Beschäftigungsverhältnissen, können sich Vorteile für die zuerst genannte Variante ergeben. Neue Möglichkeiten interner Anpassungsflexibilität haben die deutschen Arbeitsmärkte gerade in den letzten Jahren durch tarifvertragliche Regelungen zu Beschäftigungssicherung und flexibler Arbeitszeitgestaltung (u.a. Arbeitszeitkonten) gewonnen. Die Vorteile gegenüber externen Formen liegen auf der Hand: Weder Rekrutierungs- noch spätere Entlasskosten fallen an, betriebliches Humankapital und Teamproduktivität bleiben erhalten. Außerdem sind diese Varianten seit den 1990er Jahren kostengünstiger geworden (u.a. teilweiser Wegfall der Überstundenzuschläge und variablen Einkommenskomponenten).

Interne Flexibilität ist nicht beliebig einsetzbar und stößt an Grenzen. Handelt es sich um einen durch Strukturwandel verursachten dauerhaften Minderbedarf an Arbeit, können diese Anpassungsformen allenfalls für eine Übergangsphase helfen, Beschäftigung zu stabilisieren, um Zeit für sozialverträgliche Übergänge zu gewinnen (Deeke 2009). An Grenzen stoßen Beschäftigung sichernde Arbeitszeitverkürzungen auch in Bereichen mit Niedriglöhnen, die vor allem in einigen Dienstleistungsbereichen mit hoher Frauenbeschäftigung verbreitet sind.

Ohne zumindest partiellen Lohnausgleich, wie ihn das Kurzarbeitergeld bietet, wächst ansonsten die Zahl der Beschäftigten, die Ansprüche auf aufstockende Grundsicherungsleistungen geltend machen muss.

Die Diskussion um Flexibilität analysiert deren Formen zumeist aus Sicht der Nachfrageseite und vernachlässigt die Angebotsseite oder klammert diese aus. Flexibilität muss jedoch nicht immer und ausschließlich nur zugunsten der Unternehmen wirken. Die Varianten Befristung und Leiharbeit können Stamm- zu Lasten von Randbelegschaften gegen Marktschwankungen schützen. Teilzeitarbeit kann unter bestimmten Bedingungen durchaus auch Präferenzen von Arbeitnehmern, besonders an flexiblen Arbeitszeiten aufgrund von Familienpflichten, entgegenkommen (vgl. Kap. 3). Sogar Mini- und Midijobs können, etwa wenn sie temporär von Studierenden oder als zusätzliche Beschäftigung neben einem NAV ausgeübt werden, im individuellen Interesse von Arbeitnehmern liegen. Insofern kann die Nachfrage der Betriebe nach bestimmten Formen flexibler Beschäftigung auch auf entsprechende Interessen der Arbeitskraftanbieter stoßen. Davon unabhängig bleibt das generelle Problem prekärer Löhne.

5.3 Deregulierung des institutionellen Rahmens

Ein die Diskussion um Flexibilität ergänzender Erklärungsstrang sieht die Gründe für die eingetretenen Veränderungen des Erwerbssystems vor allem in veränderten rechtlich-institutionellen Rahmenbedingungen (OECD 1993, 1997), die durch die Deregulierungsmaßnahmen der vergangenen Jahrzehnte herbeigeführt wurden. Sie erweiterten den Spielraum für einen flexiblen Arbeitseinsatz, speziell bei einzelnen Formen atypischer Beschäftigung. Mit dieser Erklärungsvariante wird in Ergänzung der Mikro- und Mesoebene bei der Flexibilisierung die Makroebene bzw. der Staat als korporativer Akteur – neben Unternehmen und Tarifparteien – in die Analyse einbezogen. In disziplinärer Hinsicht wird die Erklärung durch Perspektiven der Politikwissenschaft bzw. (Politischen) Ökonomie ergänzt. Die Maßnahmen betrafen nicht ausschließlich, aber wesentlich Formen atypischer Beschäftigung; sie folgten keiner umfassend durchgesetzten Strategie, sondern waren eher ad hoc-Schritte. Vorausgegangen war eine lang anhaltende Debatte über die Deregulierung des Arbeitsmarktes (Deregulierungskommission 1991), deren Empfehlungen die Regierungskoalitionen zunächst nur partiell aufgriffen.

Mit anhaltender Dauer der Mitte der 1970er Jahre im Zuge der ersten Ölkrise ausgelösten hohen Arbeitslosigkeit verstärkten sich in der politischen wie wissenschaftlichen Diskussion die Forderungen, den Arbeitsmarkt umzugestalten und dessen als verkrustet angesehenes institutionelles Regelwerk zu deregulieren. Die rechtlichen Rahmenbedingungen galten in der Sicht neoklassisch orientierter Ökonomen und Politiker als wesentliche Ursache der von Konjunkturzyklus zu -zyklus treppenförmig angewachsenen Arbeitslosigkeit.[5] Von Hysteresis und struktureller Arbeitslosigkeit war die Rede (beispielsweise Sachverständigenrat 1996b). „Mehr Markt am Arbeitsmarkt“ lautete die lapidar-programmatische Lösungsformel, welche die Verfassung des Arbeitsmarktes verbessern und die Voraussetzungen für ein höheres Beschäftigungsniveau schaffen sollte. Als Vorbild galt der weniger stark regulierte US-amerikanische Arbeitsmarkt, der lange Zeit deutlich niedrigere Arbeitslosenquoten aufwies als der deutsche. Auch die OECD (z.B. 1993, 1999) empfahl wiederholt der deutschen Regierung, den rechtlichen Rahmen des Arbeitsmarktes entsprechend zu reformieren, den Spielraum für flexible Anpassungen des Arbeitseinsatzes zu erweitern.

Die OECD (1994, 1999) untermauerte ihre Empfehlungen mit vergleichenden Analysen, die sie mithilfe des Indikators EPL durchführte. Dieser Indikator fasst die rechtlichen Bedingungen des Kündigungsschutzes, der Leiharbeit und der befristeten Beschäftigung zusammen. Ausgeklammert bleiben sämtliche Formen interner Flexibilität. In dieser verkürzten Perspektive geht zwangsläufig auch das funktionale Zusammenspiel von Formen interner und externer Flexibilität unter. Obwohl der EPL-Indikator nur einen Ausschnitt des für die Flexibilitätspotenziale relevanten Regelungsrahmens thematisiert, konzentrierte sich die nachfolgende Deregulierungsdebatte wesentlich auf die in ihm zusammengefassten Instrumente.

Die ersten Schritte, den rechtlich-institutionellen Rahmen zu deregulieren, erfolgten zunächst eher zögerlich, waren punktuell ausgerichtet, betrafen lediglich einzelne Regelungsbereiche, so 1985 im Rahmen des ersten Beschäftigungsförderungsgesetzes die befristeten Beschäftigungsverhältnisse (Büchtemann 1989). Insgesamt blieben sie weit hinter dem vor allem von angebotstheoretisch orientierten Wissenschaftlern geforderten Umbau des Arbeitsmarktregimes zurück. Erst die Gesetze für Moderne Dienstleistungen am Arbeitsmarkt (Hartz-Gesetze) von 2003/04 stellen eine tief greifende Zäsur dar, auch wenn sie den Kritikern längst nicht weit genug gingen (so beispielsweise der SVR 2005). Die wichtigsten Schritte der Deregulierungen betrafen folgende Beschäftigungsverhältnisse.[6]

---

5 Vor allem der Sachverständigenrat wurde nicht müde, das bestehende Regelwerk des Arbeitsmarktes als zu starr zu geißeln und forderte wiederholt, u.a. nicht nur den Kündigungsschutz zu lockern und das Tarifvertragsrecht für betriebliche Regelungen zu öffnen, sondern auch die Möglichkeiten befristeter Beschäftigung und Leiharbeit auszuweiten (beispielsweise SVR 1996b). Nahezu identisch lauteten bereits die Vorschläge der 1987 von der Bundesregierung eingesetzten Deregulierungskommission, die 1991 ihren Bericht zur Deregulierung von Märkten vorlegte, zu denen neben der Stromwirtschaft, dem Verkehrswesen auch der Arbeitsmarkt gehörte (Deregulierungskommission 1991).

6 Wir skizzieren die wesentlichen Maßnahmen im Folgenden nicht chronologisch, sondern nach Formen atypischer Beschäftigung.

Teilzeitbeschäftigung

Teilzeitarbeit regelt seit 2001 das „Gesetz über Teilzeitarbeit und befristete Arbeitsverträge" (TzBfG), das Beschäftigten größere Möglichkeit bietet, die Arbeitszeitdauer entsprechend ihrer Präferenzen zu verkürzen. Als Teilzeitarbeit gilt eine Beschäftigung (§ 2), „wenn die regelmäßige Wochenarbeitszeit kürzer ist als die eines Arbeitnehmers, der die volle jeweils geltende tarifliche Wochenarbeitszeit leistet".7 Solche Beschäftigungen sind in vollem Umfang versicherungspflichtig, falls sie nicht im Bereich der geringfügigen Beschäftigung (Minijobs) oder der Midijobs liegen.

Das TzBfG sieht als Ziel ausdrücklich vor (§ 6), Teilzeitarbeit zu fördern. Deshalb hat der Arbeitgeber Arbeitnehmern, auch in leitenden Positionen, Teilzeitarbeit nach Maßgabe dieses Gesetzes zu ermöglichen. Arbeitnehmer können, wenn ihr Arbeitsverhältnis länger als sechs Monate bestanden hat, verlangen, dass die vertraglich vereinbarte Arbeitszeit verringert wird. Der Arbeitgeber hat der Verringerung zuzustimmen und ihre Verteilung entsprechend den Wünschen des Arbeitnehmers festzulegen, soweit betriebliche Gründe nicht entgegenstehen. Ein solcher Grund liegt insbesondere vor, wenn die Verringerung die Organisation, den Arbeitsablauf oder die Sicherheit im Betrieb wesentlich beeinträchtigt oder unverhältnismäßige Kosten verursacht. Die Ablehnungsgründe können durch Tarifvertrag festgelegt werden.

Das TzBfG sieht nur einen schwachen Anspruch vor, die vertraglich vereinbarte Arbeitszeit auch wieder verlängern zu können (§ 9). Der Arbeitgeber hat einen Teilzeitbeschäftigten, der ihm den Wunsch nach Verlängerung anzeigt, bei der Besetzung eines entsprechenden freien Arbeitsplatzes bei gleicher Eignung bevorzugt zu berücksichtigen, es sei denn, dass dringende betriebliche Gründe oder Arbeitszeitwünsche anderer Teilzeitbeschäftigter entgegenstehen.

Neu ist das Verbot der Diskriminierung (§ 4). Teilzeitbeschäftigte sind grundsätzlich so zu behandeln wie vergleichbare Vollzeitbeschäftigte, es sei denn, dass sachliche Gründe eine unterschiedliche Behandlung rechtfertigen. Einem Teilzeitbeschäftigten ist Arbeitsentgelt oder eine andere teilbare geldwerte Leistung mindestens in dem Umfang zu gewähren, der dem Anteil seiner Arbeitszeit an der eines vergleichbaren Vollzeitbeschäftigten entspricht.

Belastbare empirische Befunde über die Wirkungen des TzBfG sind nicht bekannt. Allerdings deuten Anzeichen darauf hin, dass die seit Inkrafttreten des Gesetzes nicht spürbar beschleunigt gestiegene Teilzeitquote weniger mit den rechtlich-institutionellen Änderungen und eher mit der gestiegenen Frauenerwerbsquote sowie der anhaltenden Tertiarisierung zu tun hat (Holst/Seifert 2012).

---

7 Die tarifliche Wochenarbeitszeit bewegte sich 2011 zwischen 35 (Stahl-, Druck- Metallindustrie u.a.) und 40 Stunden (Bauhauptgewerbe, Landwirtschaft u.a.) (WSI-Tarifarchiv 2012).

Geringfügige Beschäftigung – Minijobs

Geringfügige Beschäftigungsverhältnisse weichen von dem Grundsatz ab, dass alle abhängig Beschäftigten gegen Risiken bei Krankheit, Arbeitslosigkeit, Erwerbsminderung und im Alter versichert sind und Ansprüche auf Leistungen erwerben (vgl. Kap. 2). Von der Versicherungspflicht ausgenommen waren Arbeitsverhältnisse mit nur niedrigem Verdienst oder geringer Arbeitszeit (von maximal 15 Stunden pro Woche oder kurzer Befristung (auf max. 50 Arbeitstage bzw. zwei Monate) (Friedrich 1995). Neben wiederholten Anpassungen der Verdienstgrenzen wurde 1990 eine Meldepflicht für sozialversicherungspflichtige Beschäftigungsverhältnisse eingeführt. Sie sollte dazu dienen, diesen Bereich besser kontrollieren und Missbrauch verhindern zu können.

Eine große Reform fand 2003 mit dem „Zweiten Gesetz für moderne Dienstleistungen am Arbeitsmarkt" (Hartz II-Gesetz) statt. Nach § 8 des Vierten Sozialgesetzbuchs (SGB IV) ist eine Person geringfügig beschäftigt, wenn sie entweder entlohnt mit einem Einkommen bis zu 400 Euro pro Monat oder nur kurzfristig beschäftigt ist.[8] Mit dem Anheben der Entgeltgrenze von bis dato 325 Euro auf 400 Euro monatlich entfiel gleichzeitig die Begrenzung der wöchentlichen Arbeitszeit auf max. 15 Stunden. Vorgegeben ist nur noch eine Verdienst-, nicht aber eine Zeitgrenze. Seit 2013 ist die Entgeltgrenze auf 450 Euro angehoben.

Während die Beschäftigten weder Steuern noch Sozialabgaben zu leisten haben, zahlt der Arbeitgeber eine pauschale Abgabe in Höhe von 25 Prozent, die 2006 auf 30 Prozent angehoben wurde.[9] Gleichzeitig wurde die für die Beschäftigten sozialversicherungsfreie geringfügige Nebentätigkeit eingeführt. Diese Regelung bedeutet, dass neben einer Haupt- eine geringfügige Nebenbeschäftigung ausgeübt werden kann, ohne dass zusammengezählt und entsprechend höher mit Sozialabgaben und Steuern belastet wird.

Offensichtlich hat die im Zuge der Hartz-Gesetze erfolgte rechtliche Neufassung geringfügiger Beschäftigung starke Impulse ausgelöst. Die betrieblichen Einsatzmöglichkeiten wurden durch die Heraufsetzung der Geringfügigkeitsgrenze und den Wegfall der Höchstarbeitszeiten ausgeweitet. Betrieben steht ein größeres Potential für zeitliche Flexibilität zur Verfügung (vgl. Kap. 5.2). Immer

8 Als kurzfristig beschäftigt gilt, wenn die Tätigkeit innerhalb eines Kalenderjahres auf längstens zwei Monate oder 50 Arbeitstage begrenzt ist. Dabei werden mehrere geringfügige Beschäftigungen zusammengerechnet.

9 Davon entfallen 15 Prozentpunkte auf Beiträge für die Gesetzliche Rentenversicherung, 13 Prozentpunkte auf die Gesetzliche Krankenversicherung und 2 Prozentpunkte auf Steuern. Zusätzlich ist bei einer Beschäftigungsdauer von mehr als vier Wochen eine Umlage nach dem Aufwendungsausgleichsgesetz zum Ausgleich der Arbeitgeberaufwendungen bei Krankheit und Mutterschaft in Höhe von 0,1 Prozent zu entrichten.

wenn der Arbeitsbedarf stark schwankenden oder im Zeitablauf ungleichmäßig verteilten Kundenfrequenzen unterliegt, wie im Einzelhandel oder der Gastronomie, bieten nur kurzzeitig einsetzbare, mit den Bedarfszeiten synchronisierte Arbeitskräfte im Rahmen von Minijobs Kostenvorteile. Im Einzelhandel hat die Ausdehnung der Ladenöffnungszeiten dazu geführt, dass in den Abend- und Nachtstunden Studierende oder Hausfrauen auf Basis von 400 Euro-Jobs stundenweise an den Kassen arbeiten. Auch das Auffüllen von Regalen wird an Minijobber delegiert, die, meist in den Morgenstunden, nur wenige Stunden in den Geschäften arbeiten. Zu der zeitlichen Flexibilität kommen Kostenvorteile aufgrund der vergleichsweise niedrigen Löhne.[10]

Midijobs

Mit Midijobs hat das Hartz II-Gesetz eine weitere Variante atypischer Beschäftigung geschaffen. Sie betrifft Tätigkeiten mit einem Einkommen zwischen monatlich mehr als 400 Euro und maximal 800 Euro, seit 2013 mehr als 450 bzw. maximal 850 Euro. Für Tätigkeiten in diesem Einkommensintervall leistet der Arbeitgeber die vollen Beiträge zur Sozialversicherung, für die Beschäftigten steigt die Beitragslast mit der Höhe des Einkommens bis auf den vollen Satz, wenn der obere Rand der „Gleitzone“ erreicht ist.

Die Einführung der Midijobs sollte einen Anreiz für Beschäftigte schaffen, Minijobs aufzustocken und in sozialversicherungspflichtige Beschäftigung zu wechseln. Auch für Arbeitgeber werden Vorteile gesehen. Sie vergrößern den Spielraum, die Arbeitszeiten zu variieren, da die Einkommen über und unter der 400- bzw. 450-Euro-Schwelle liegen können, ohne dass es versicherungsrechtlicher An- und Abmeldungen bedarf (Rudolph 2003: 4).

Während Wirkungsmechanismen und Folgen von Minijobs relativ umfangreich untersucht sind, fehlen analoge Analysen zu Midijobs (vgl. Kap. 2). Im Prinzip dürften beim betrieblichen Einsatz von Midijobs die gleichen Wirkungsmechanismen wie bei Minijobs gelten. Sie eignen sich ebenfalls für den passgenauen Einsatz bei nur kurzzeitig benötigtem und variablen Arbeitsbedarf.

Befristete Beschäftigung

Arbeitnehmer gelten als befristet beschäftigt, wenn der Arbeitsvertrag auf einen bestimmten Zeitraum terminiert ist. Befristet Beschäftigte sind bei den Arbeitsbedingungen grundsätzlich nicht anders zu behandeln als vergleichbare Beschäf-

---

10 Der relativ hohe Anteil an Rentnern unter den Minijobbern (vgl. Kap. 3) dürfte zumindest partiell auf die Regelung zurückzuführen sein, dass bei Frührentnern Hinzuverdienste erst auf die Rentenhöhe angerechnet werden, wenn sie 400 Euro pro Monat überschreiten.

tigte mit unbefristeten Arbeitsverträgen. Das Entgelt richtet sich anteilig nach der Befristungszeit. Einen ersten Schritt, den Abschluss befristeter Arbeitsverträge zu erleichtern, machte 1985 das Beschäftigungsförderungsgesetz (BeschFG). Bis dahin war die Rechtslage wesentlich durch die Rechtsprechung des Bundesarbeitsgerichts zu § 620 BGB geprägt (Bielenski/Kohler 1995). Das BeschFG schuf die Möglichkeit, ohne sachlichen Grund bis zu maximal 18 Monaten, bei Unternehmensneugründungen mit bis zu 20 Beschäftigten sogar bis zu 24 Monaten, befristete Arbeitsverträge abzuschließen. Anlass für das Gesetz gab die Umsetzung einer EU-Richtlinie zur Förderung der Teilzeitarbeit.

Das zunächst auf zwei Jahre befristete BeschFG wurde mehrfach verlängert[11], bis es 2001 durch das Teilzeit- und Befristungsgesetz (TzBfG) abgelöst wurde. Das TzBfG sieht die Möglichkeit vor, einen Arbeitsvertrag kalendermäßig oder zweckgebunden zu befristen. Die Befristung ist zulässig (§ 14), wenn sie durch einen sachlichen Grund gerechtfertigt ist (insbesondere bei nur vorübergehendem Bedarf an der Arbeitsleistung, im Anschluss an Ausbildung oder Studium, bei Vertretungen, Erprobungen). Die kalendermäßige Befristung eines Arbeitsvertrages ohne Vorliegen eines sachlichen Grundes ist bis zu zwei Jahren zulässig; bis zu dieser Gesamtdauer ist auch die höchstens dreimalige Verlängerung eines kalendermäßig befristeten Arbeitsvertrages zulässig. Eine Befristung nach Satz 1 ist nicht zulässig, wenn mit demselben Arbeitgeber bereits zuvor ein befristetes oder unbefristetes Arbeitsverhältnis bestanden hat. Durch Tarifvertrag kann die Anzahl der Verlängerungen oder die Höchstdauer der Befristung abweichend von Satz 1 festgelegt werden. Im Geltungsbereich eines solchen Tarifvertrages können nicht tarifgebundene Arbeitgeber und Arbeitnehmer die Anwendung der tariflichen Regelungen vereinbaren.

In den ersten vier Jahren nach der Gründung eines Unternehmens ist die kalendermäßige Befristung eines Arbeitsvertrages ohne Vorliegen eines sachlichen Grundes bis zur Dauer von vier Jahren zulässig; bis zu dieser Gesamtdauer von vier Jahren ist auch die mehrfache Verlängerung eines kalendermäßig befristeten Arbeitsvertrages zulässig. Dies gilt nicht für Neugründungen im Zusammenhang mit der rechtlichen Umstrukturierung von Unternehmen und Konzernen.

Die kalendermäßige Befristung eines Arbeitsvertrages ohne Vorliegen eines sachlichen Grundes ist bis zu einer Dauer von fünf Jahren zulässig, wenn der Arbeitnehmer bei Beginn des befristeten Arbeitsverhältnisses das 52. Lebensjahr

---

11 Mit dem Beschäftigungsförderungsgesetz von 1985 wurde die Befristungsdauer auf sechs Monate, dem Ersten Gesetz zur Umsetzung des Spar-, Konsolidierungs- und Wachstumsprogramms vom 21.12.1993 auf neun Monate und um weitere drei auf zwölf Monate mit dem Arbeitsförderungs-Reformgesetz vom 24. März 1997 und schließlich auf 24 Monate mit dem Job-AQTIV-Gesetz vom 10. Dezember 2001 ausgeweitet.

vollendet hat und unmittelbar vor Beginn des befristeten Arbeitsverhältnisses mindestens vier Monate beschäftigungslos im Sinne des § 119 Abs. 1 Nr. 1 des SGB III gewesen ist, Transferkurzarbeitergeld bezogen oder an einer öffentlich geförderten Beschäftigungsmaßnahme nach dem SGB II oder III teilgenommen hat. Bis zu der Gesamtdauer von fünf Jahren ist auch die mehrfache Verlängerung des Arbeitsvertrages zulässig.

Der allmähliche Anstieg der Befristungsquote korrespondiert mit der über den beschriebenen längeren Zeitraum sukzessiven Ausweitung der Befristungsmöglichkeiten. Dieser Befund legt einen kausalen Zusammenhang nahe. Dieser Anstieg erfolgte nicht durchgängig, sondern abhängig von der konjunkturellen Entwicklung. In der Wirtschaftskrise 2008/09 ging der Anteil befristeter Beschäftigungsverhältnisse zurück; sie dienten der Personalanpasung (Hohendanner 2010).

Leiharbeit

Leiharbeit war bis zur Verabschiedung des 1972 in Kraft getretenen Arbeitnehmerüberlassungsgesetz (AÜG) generell verboten. Gewerbliche Arbeitnehmerüberlassung galt als nicht zulässige private Arbeitsvermittlung. Den Anlass für die Zulassung der Leiharbeit gab das Urteil des Bundesverfassungsgerichtes vom 4.4.1967. Es sah das Verbot als verfassungswidrig an, weil es gegen das Grundrecht der Berufsfreiheit verstoße. Angesichts der besonderen arbeitsrechtlichen Konstruktion[12] und Funktion[13] der Leiharbeit stellte der Gesetzgeber diese Beschäftigungsform nicht dem NAV gleich, sondern gab spezielle Regelungen vor. So waren Arbeitsverträge grundsätzlich unbefristet abzuschließen, es sei denn, für die Befristung ergab sich aus der Person des Leiharbeitnehmers ein sachlicher Grund (§ 3 Abs.1 Ziff. 3).

Verboten wurde die Synchronisierung der Dauer des Leiharbeitsvertrages mit der ersten Überlassung. Ansonsten gelten die gleichen kündigungsschutzrechtlichen Regeln wie bei NAV (Voswinkel 1995). Die Überlassungsdauer war ursprünglich auf maximal drei Monate begrenzt, wurde aber im Laufe der Zeit schrittweise auf 24 Monate ausgeweitet. Außerdem wurde die Synchronisation von Ersteinsatz und Arbeitsvertrag beim erstmaligen Verleih ermöglicht. Ferner sah das Gesetz vor, dass Leiharbeitnehmern ab dem 13. Monat ihrer Tätigkeit im selben Entleihunternehmen die in diesem Betrieb geltenden Arbeitsbedingungen einschließlich des Arbeitsentgelts zu zahlen sind (Deutscher Bundestag 2005).

---

12 Die arbeitsrechtliche Besonderheit besteht darin, dass Arbeits- und Beschäftigungsverhältnis auseinander fallen. Während ersteres die Beziehung zwischen Leiharbeitnehmer und Verleiher regelt, bezieht sich letzteres auf das Verhältnis von Leiharbeitnehmer und Entleiher (vgl. Kap. 2.2).

13 Leiharbeit sollte nach den Vorstellungen des Gesetzgebers dazu dienen, kurzfristigen Arbeitsbedarf in Vertretungsfällen oder bei Nachfragespitzen abdecken zu können.

Die schrittweisen Verlängerungen der Überlassungsdauer spiegeln eine allmähliche Abkehr vom ursprünglich im AÜG angelegten Grundgedanken, mit Hilfe von Leiharbeit lediglich kurzfristigen Bedarf an zusätzlicher Arbeitskraft abzudecken.

Ab 1982 wurde die legale Arbeitnehmerüberlassung eingeschränkt durch das Verbot des Verleihs von Arbeitnehmern in Betriebe des Baugewerbes für Arbeiten, die üblicherweise von Arbeitern verrichtet werden (§ 12a Arbeitsförderungsgesetz). Angestellte waren ausgenommen (Deutscher Bundestag 1984). Die wiederholten Änderungen des AÜG erweiterten sukzessiv den Rahmen für Leiharbeit.

Eine weit reichende Neugestaltung des AÜG brachte 2003 das „Erste Gesetz für moderne Dienstleistungen am Arbeitsmarkt" (1. Hartz-Gesetz).[14] Das Verbot befristeter Beschäftigungsverhältnisse zwischen Leiharbeitnehmer und Verleihbetrieb entfiel ebenso wie das Synchronisationsverbot, das die zeitliche Beschränkung des Beschäftigungsverhältnisses auf die Dauer eines Verleiheinsatzes untersagte. Aufgehoben wurde ferner das Wiedereinstellungsverbot, das nach einer Kündigung die erneute Beschäftigung beim Verleihunternehmen ausschloss. Außerdem entfiel die Begrenzung der Verleihdauer auf 24 Monate. Seitdem ist der Arbeitnehmerverleih unbegrenzt möglich. Modifiziert wurde schließlich das Verbot der Leiharbeit im Baugewerbe. Seitdem ist Arbeitnehmerverleih möglich, sofern ein für allgemeinverbindlich erklärter Tarifvertrag dies zulässt (§ 1b, Satz 2 AÜG).

Neu in das Gesetz eingefügt wurde der Gleichbehandlungsgrundsatz (§ 3 Abs. 1 Nr. 3 AÜG), der sich auf alle wesentlichen Elemente der Arbeitsbedingungen wie Arbeitszeit, Urlaub und Entgelt einschließlich der Zuschläge sowie Ansprüche auf Entgeltfortzahlung bezieht. Tarifvertragliche Regelungen können von diesem Grundsatz abweichende Bedingungen vereinbaren.

Schließlich hat das Gesetz zur Sicherung von Beschäftigung und Stabilität in Deutschland vom 2. März 2009 die Möglichkeit geschaffen (§ 11 Abs. 4 Satz 3 AÜG), auch in Verleihunternehmen Kurzarbeit einzuführen und Leiharbeitnehmern Kurzarbeitergeld zu zahlen. Leiharbeitnehmer können im Verbund mit den Stammbeschäftigten des Entleihbetriebes Kurzarbeitergeld beziehen. Während der Kurzarbeit stehen ihnen außerdem Fördermöglichkeiten für berufliche Weiterbildung zur Verfügung (Deutscher Bundestag 2010). Diese Regelungen stellten Leiharbeitnehmer im Zugang zu arbeitsmarktpolitischen Fördermaßnahmen den Stammbeschäftigten gleich.

---

14 Die im Zuge dieser Reform mit großen beschäftigungspolitischen Erwartungen eingeführten Personalserviceagenturen wurden allerdings bald wegen mangelnder Wirksamkeit wieder abgeschafft.

Eine weitere institutionelle Besonderheit kommt hinzu. Die Tarifbindung der Leiharbeitnehmer übersteigt zwar bei Weitem die aller übrigen Wirtschaftszweige. Gleichwohl bewegt sich der tarifliche Lohn auf einem niedrigen Niveau. Ausschlaggebend hierfür war die besondere, in Kapitel 6 näher behandelte interessen- und organisationspolitische Ausgangssituation, die durch konkurrierende Gewerkschaften geprägt war (Vitols 2008: 194ff.).

Die starke Expansion der Leiharbeit seit der Deregulierung im Zuge der Hartz-Gesetze (vgl. Kap. 3) hat mit den veränderten institutionell-rechtlichen Einsatzbedingungen zu tun. Rechtliche Barrieren, die zuvor einer umfassenderen Nutzung im Wege standen, sind weitgehend gefallen. Betriebe können extensiver die durch den Einsatz von Leiharbeit sich bietenden Potentiale externer Flexibilität nutzen (vgl. Kap. 5.2). Bei volatiler Nachfrage schützen sie gleichzeitig ihre Stammkräfte und erzielen externe Erlöse (Neubäumer/Trettner 2008), da sie ansonsten Beschäftigte mit NAV bzw. Stammkräfte entlassen müssten, bei denen höhere Entlassungs- und Rekrutierungskosten als bei atypisch Beschäftigten entstehen.[15] Besonders augenfällig hat sich die Anpassungsfunktion der Leiharbeit während der Krise 2008/09 gezeigt, als die Güternachfrage vor allem im Verarbeitenden Gewerbe einbrach und hier der Einsatz der Leiharbeit schlagartig zurückging (Hohendanner 2010).

Solo-Selbstständige

Die Rahmenbedingungen von Solo-Selbstständigkeit wurden in mehreren, nicht immer aufeinander abgestimmten Schritten modifiziert. Ihr allgemeines Ziel war die Förderung der Selbstständigkeit und Verringerung der Arbeitslosigkeit:

- Bereits seit Mitte der 1980er Jahre bestand ein spezifisches Förderinstrument, das Überbrückungsgeld. Es wurde im Rahmen der Hartz-Gesetze zunächst durch eine weitere, nur befristet geltende Variante ergänzt, den Existenzgründungszuschuss aus Arbeitslosigkeit („Ich-AG" bzw. „Familien-AG"), der eine finanzielle Unterstützung für maximal drei Jahre ermöglichte. 2006 fasste der Gesetzgeber beide Instrumente zum einheitlichen Gründungszuschuss zusammen, der 2012 von einer Pflicht- in eine Ermessensleistung umgewandelt wurde.
- Der in den späten 1990er Jahren unternommene Versuch, formale Kriterien zur Abgrenzung zwischen echter und Scheinselbstständigkeit vorzugeben, wurde wenige Jahre später im Rahmen der Hartz-Gesetze nicht weiter verfolgt bzw. wieder aufgegeben; das ehemals als drängend empfundene Problem der klaren Abgrenzung ist nach wie vor ungelöst.

---

15 Um die Vorteile des flexiblen Einsatzes realisieren können, sind jedoch, folgt man den Überlegungen von Nienhüser (2007), die Bedingungen zu erfüllen, die neben dem Verfügbarkeits- auch das Kostenproblem umfassen.

- Im Rahmen der Hartz-Gesetze wurden Regelungen der Handwerksordnung gelockert, um den Zugang zu bestimmten bis dato regulierten Tätigkeiten zu erleichtern und dadurch zusätzliche Beschäftigungsmöglichkeiten zu schaffen.
- Nach wie vor nicht gelöst sind die Probleme der Integration von Solo-Selbstständigen in die sozialen Sicherungssysteme, vor allem die Rentenversicherung (vgl. Kap. 7).

Die rechtlichen Voraussetzungen wurden mehrfach geändert: Das Gesetz zur Förderung der Selbstständigkeit, welches eine Abgrenzung zu wirtschaftlich abhängigen Tätigkeiten vornahm, trat 1999 in Kraft. Durch den im Rahmen der Hartz-Gesetze 2003 eingeführten Existenzgründungszuschuss sollte Selbstständigkeit zusätzlich zum Überbrückungsgeld gefördert werden (Wießner 2005; Noll/Wießner 2007).

Die Förderprogramme haben offensichtlich einen push-Effekt ausgelöst. So lässt sich eine „Korrelation der zunehmenden Solo-Selbstständigkeit mit der immer intensiveren Förderung von Existenzgründungen aus Arbeitslosigkeit" beobachten (Gerner/Wießner 2012: 2). Hinzu kommen fehlende Alternativen der Erwerbsarbeit, Wechsel der Beschäftigungsverhältnisse, d.h. aus abhängiger in (schein-)selbstständige Tätigkeit (in traditionellen Wirtschaftszweigen) sowie die zunehmende Bedeutung privater Dienstleistungssektoren, die häufig eine geringe Kapitalausstattung erfordern (international vergleichend Schulze Buschoff/ Schmidt 2007; als Überblick Bögenhold/Fachinger 2010).

Exkurs: EU-Regulierungen

Sämtliche Versuche, Formen atypischer Beschäftigung nicht auf nationaler, sondern auf EU-Ebene zu regulieren, benötigten mehrere Jahrzehnte und führten schließlich zu einer Reihe von Richtlinien (Entsendung von Arbeitnehmern 1996, Teilzeit 1997, befristete Beschäftigung 1999, Leiharbeit 2008). Entgegengesetzte Interessen der Dachverbände auf europäischer Ebene, UNICE/Businesseurope und EGB, bestanden fort, führten zu Blockaden bei Verhandlungen sowie Richtlinienvorschlägen und verhinderten homogene Lösungen auf höheren als Mindeststandards (zu Einzelheiten Vosko 2009, 2010). Anders formuliert: Kompromisse während der Schlussphasen der politischen Entscheidungsfindung führten lediglich zu Einigungen auf dem Niveau des kleinsten gemeinsamen Nenners.

Die Auswirkungen von EU-Regulierungen auf nationaler Ebene bleiben in empirischer Perspektive ungewiss – und sollten nicht überschätzt werden. Die Gründe liegen in der Tatsache, dass die Verfahren der Transposition und Implementation unterschiedliche Probleme bewältigen müssen. Zunächst bestehen in den Mitgliedsländern erhebliche rechtliche und empirische Unterschiede in der Ausprägung der einzelnen Formen. Richtlinien, die häufigste Form der Regulierung in der Arbeits- und Sozialpolitik, müssen daher recht unterschiedliche Optionen für nationalspezifische Anpassungen von EU-spezifischen Rahmenregulierungen sowie für politische Kompromisse während der kontrovers geführten Verhandlungen zur Transposition zulassen. In den späteren Stadien der Implementation müssen Verfahren der Überwachung und Kontrolle auf nationaler, sektoraler und betrieblicher Ebene entwickelt werden; diese sind schwierig in der Anwendung. Insgesamt ist „Harmonisierung" auch bei atypischen Beschäftigungsformen kein realistisches Ziel, der schützende rechtliche Rahmen für die einzelnen Formen bleibt schwach.

Empirisch noch offen ist die Frage, welche Wirkungen die EU-Regulierungen auf die Entwicklung atypischer Beschäftigung haben. Zukünftige Analysen hätten nicht nur den Einfluss auf Niveau von Beschäftigung und Arbeitslosigkeit zu klären, sondern müssten auch aufzeigen, wie sie die Beschäftigungsstrukturen einschließlich der jeweiligen Arbeitsbedingungen verändern.

5.4 Arbeitsmarkttheorien

5.4.1 Segmentationstheorien

Aus dem Kanon der Arbeitsmarkttheorien sind vor allem die Segmentationstheorien hilfreich, um die treibenden Faktoren für die Expansion atypischer Beschäftigung aufzuspüren. Sie sind im Gegensatz zu neoklassisch orientierten Ansätzen institutionalistisch ausgerichtet und betonen horizontale und vertikale Differenzierungen des Gesamtarbeitsmarktes, d.h. sie geben die unrealistische Prämisse der Homogenität auf. Ausgangspunkt der Überlegungen ist, dass rechtlich-institutionelle Besonderheiten sowie administrative Verfahren zu Segmentationsmustern führen, die nur schwer zu überwinden sind. Sie stellen ein nationalspezifisch geprägtes, dauerhaftes Phänomen dar, verändern aber im Zeitverlauf ihren Umfang sowie ihre Form. Diese Veränderungen erfolgen nicht nur, wie häufig diagnostiziert, durch technologische Entwicklungen und Internationalisierung bzw. Globalisierung, sondern auch durch Machtverschiebung zwischen den korporativen Akteuren (auf betrieblicher und vor allem sektoraler Ebene) sowie durch politische Einflussnahmen auf die rechtlich-institutionellen Rahmenbedingungen der Arbeitsmärkte, etwa durch Deregulierungsmaßnahmen, sowie durch Forderungen nach sowie Interesse an „mehr Flexibilität".

Das spezifische Problem in Bezug auf unser Erklärungsinteresse besteht in der Tatsache, dass sich Segmentationstheorien – ähnlich wie andere Arbeitsmarkttheorien – bisher nicht (oder zumindest nicht explizit) mit Formen atypischer Beschäftigung befasst haben und insofern für unsere Zwecke zu erweitern sind. Wir greifen im Folgenden nicht auf die „klassisch“ deutsche Variante eines „dreigeteilten Arbeitsmarktes“ zurück (Sengenberger 1987; Lutz 1987), da diese wegen der inzwischen eingetretenen Veränderungen (u.a. infolge von Flexibilisierung, Deregulierung und sozioökonomischem Strukturwandel) die aktuelle Verfassung des Arbeitsmarktes unter besonderer Berücksichtigung atypischer Beschäftigung nicht mehr zutreffend beschreiben können. Wir greifen stattdessen zurück auf allgemeine, im Kontext der institutionalistischen Labor Economics entwickelten Konzepte interner Arbeitsmärkte als Formen von parallel existierenden, heterogenen Teilarbeitsmärkten (Osterman/Burton 2005; Osterman 2011; zusammenfassend Reich 2008).

Den Ausgangspunkt bildet die Unterscheidung zwischen internen und externen Arbeitsmärkten, die sich in ähnlicher Form in den Debatten sowohl um Flexibilisierungsformen als auch um Beschäftigungsstrategien findet. Die Trennlinien zwischen den Segmenten können sowohl zwischen als auch innerhalb von Betrieben verlaufen. Mit anderen Worten: NAV und Formen atypischer Beschäftigung finden sich nicht nur in verschiedenen Branchen oder Sektoren, sondern im selben Unternehmen in unterschiedlichen Proportionen und in unterschiedlich verteilten Formen. In der jüngeren Vergangenheit haben externe Segmente vor allem durch Ausbreitung von Formen atypischer Beschäftigung an Bedeutung gewonnen; unsere Aufmerksamkeit gilt ausschließlich den Veränderungen zwischen den Segmenten im Sinne einer zunehmenden Externalisierung von Anpassungslasten und Beschäftigungsrisiken bzw. einer zumindest partiellen „kollektiven Schließung“ gegenüber dem externen Markt, nicht aber den Verschiebungen in den internen. Letztere finden zweifellos auch statt durch Risikoverlagerung auf NAV im Sinne einer „Vermarktlichung“ infolge tarifvertraglicher Vereinbarungen und/oder betrieblicher Bündnisse für Arbeit, u.a. über Veränderung der Entgelte und/oder Arbeitszeiten im Tausch gegen temporäre Beschäftigungsgarantien.

Insgesamt beobachten wir eine Tendenz zur „Dualisierung“ von Arbeitsmärkten.[16] Wechsel zwischen den Segmenten werden schwieriger, die bestehenden „ports of entry“ sind schwierig zu überwinden, (Aufwärts-)Mobilität auf institutionalisierten Karriereleitern ist stärker eingeschränkt, Entgelte und Sozialleistungen sind „flexibler“, die Entgeltdifferenzen zwischen den Segmenten größer und die Lohnstruktur stärker gespreizt, als dies in der Vergangenheit der Fall war (Fitzenberger 2012). Interne Arbeitsmärkte, welche den Interessen bei-

---

16 Auch der SVR diagnostiziert ohne Bezugnahme auf Segmentationstheorien „die weitere Ausdifferenzierung in Kern- und Randbelegschaften“ (SVR 2008: 266) bzw. die „mit atypischen Beschäftigungsverhältnissen einhergehende Zementierung in Kern- und Randbelegschaften “ (SVR 2008: 267) sowie eine „Zweiklassengesellschaft am Arbeitsmarkt“ (SVR 2008: 300).

der Seiten an langfristig-stabilen Austausch- bzw. Beschäftigungsbeziehungen entgegenkommen, sind kein rein historisches Phänomen der fordistisch geprägten Nachkriegsjahrzehnte, sondern bestehen nach wie vor; ihre quantitative Bedeutung ist jedoch geringer geworden im Zuge der Heterogenisierung des Beschäftigungssystems und der zunehmenden Bedeutung von Marktkräften und damit Marktrisiken. Die quantitative Bedeutung des externen Segments, in dem bilaterale Bindungsstrategien weniger wichtig sind als im internen, nimmt zu, u.a. durch Verlagerungen von Jobs zwischen den Segmenten sowie durch den deutlichen Ausbau verschiedener Formen atypischer Beschäftigung. Das „Steuerungsprinzip Organisation" verliert an Bedeutung gegenüber dem „Prinzip Markt" (Krause/Köhler 2012b).

Konkret bedeutet diese Entwicklung: Leih- und befristete Arbeitnehmer sowie Mini- und Midijobber gehören nicht zum internen Arbeitsmarkt von Unternehmen; die Wahrscheinlichkeiten eines Übergangs in das interne Segment sind begrenzt (im Falle von Leiharbeit deutlich stärker als bei Befristung, geringer aber als bei Minijobs).[17] Teilzeitbeschäftigte hingegen gehören (oder können gehören) zum internen Arbeitsmarkt; sie sind gegenüber den Risiken des externen Marktes weitgehend geschützt, u.a. durch eine (auf den ersten Blick überraschend) hohe Beschäftigungsstabilität (Brehmer/Seifert 2008). Insgesamt verlaufen die neuen Trennlinien zwischen den Segmenten deutlich, aber nicht ausschließlich zwischen NAV und Formen atypischer Beschäftigung. Andere Beobachter, die wie wir auf Basis der Segmentationstheorien analysieren, sprechen vom Entstehen einer „Struktur der dynamischen Koexistenz von internen und externen Märkten" (Krause/Köhler 2011: 590), die spannungsgeladen und instabil ist (ebd. 593).

Im Übrigen hilft auch die in Segmentationstheorien mehrfach getroffene Annahme einer zunehmenden Spaltung in Stamm- und Randbelegschaften (nach Merkmalen wie Geschlecht, Qualifikation, Alter oder Branchenzugehörigkeit) bei der Erklärung; sie weist Parallelen auf, ist aber nicht identisch mit der Unterscheidung zwischen NAV und atypischer Beschäftigung.[18]

Wir unterscheiden in der folgenden Übersicht 3 zentrale Dimensionen der Segmentationstheorien und gehen der Frage nach, wie diese bei NAV und atypischer Beschäftigung ausgeprägt sind. Diese gewissermaßen idealtypische Ge-

17 Bei bestimmten Teilgruppen, wie Studierenden und Rentnern, besteht aufgrund ihrer Lebenslagen kaum Interesse an einem solchen Übergang. Ein ähnlicher Zusammenhang gilt bei befristeter Beschäftigung für kleine Teilgruppen Hochqualifizierter, etwa IT-Experten oder teilweise auch „Honorarärzte", die Mobilitätsoptionen haben.

18 Diese Unterscheidung ist im Rahmen von Segmentationstheorien nicht neu, sondern geht auf Doeringer/Piore (1971) zurück. Sie nimmt allerdings unter den aktuellen Randbedingungen andere Ausprägungen an als auf US-amerikanischen Arbeitsmärkten der 1960er Jahre.

genüberstellung differenziert aus Gründen der Übersichtlichkeit nicht zwischen den Formen atypischer Beschäftigung, was in einem weiteren Analyseschritt zu erheblichen Differenzierungen führen würde. Sie stellt stattdessen die Frage, was die in der aktuellen Literatur häufig vertretene These „zunehmender Segmentation“ im Einzelnen bedeutet und welche individuellen und kollektiven Folgen

Übersicht 3: Erklärungen: Segmentationstheorien

Kriterien der Segmentation	Normalarbeitsverhältnis (NAV)	atypische Formen
Lohn/Entgelt	nach administrativen Regeln (Tarifverträge, früher Senioritätsentlohnung, Sozialleistungen)	reine Marktkräfte kaum/keine Sozialleistungen zunehmende Flexibilität
Lohn-/Entgeltstruktur	eher egalitär, gestaucht Gebot prozeduraler Fairness	zunehmende Spreizung, stark expandierender Niedriglohnsektor/ Zunahme der (Lohn-)Ungleichheit
Eintritt	definierte „ports of entry“ Aufwärtsmobilität (interne Beförderungen nach Seniorität, Existenz von Karrierepfaden/job ladders)	externe Rekrutierung keine interne Aufwärtsmobilität keine/kaum „Brücken“ in NAV
Qualifizierung/ Qualifikation	interne Ausbildung interne Weiterbildung/„on the job training“ hohes Qualifikationsniveau (hohes „betriebsspezifisches Humankapital“)	keine interne Ausbildung individuelle Verantwortung/Problem der Selbstfinanzierung geringeres Qualifikationsniveau kaum betriebsspezifisches Humankapital
Beschäftigungsstabilität	hoch, langfristig stabile betriebsinterne Arbeitsmärkte („Insider“) keine/kaum Entlassungen (ggf. nach umgekehrter Seniorität)	niedrig, deutlich instabile, expandierende (eher externe) Segmente (Ausnahme: TZ) („Outsider“) Märkte des „Heuerns und Feuerns“
Institutionen/ Organisation	Kollektivverhandlungen, hohe Organisationsgrade, hohe Deckungsraten „collective voice“ durch Betriebsräte und Gewerkschaften	„union free“ niedrige Deckungsraten (Ausnahme: Leiharbeit) keine/wenig Repräsentation der spezifischen Interessen
Externer Einfluss/Politik	gesetzliche Regulierung des NAV Anerkennung von Interessenvertretungen (relatives) Machtgleichgewicht	zunehmende Deregulierung Delegitimation/Fehlen von Interessenvertretungen zunehmendes Machtungleichgewicht

Eigene Darstellung

sie hat.[19] Diese auf Segmentationstheorien basierende Differenzierung liefert per se noch keine Erklärung, wohl aber eine präzisere Beschreibung der Sachverhalte atypischer Beschäftigung.

Segmentationstheorien müssen mit anderen, vor allem mit Macht- (Osterman 2011) oder Humankapitaltheorien (Sesselmeier 2007) verbunden werden bzw. bedürfen der „Unterfütterung", um nicht nur Beschreibungen, sondern Erklärungen von Arbeitsmarktproblemen abzugeben. In humankapitaltheoretischer Perspektive ist zu unterscheiden zwischen allgemeinem und spezifischem Humankapital. Unsere These lautet, dass bei einer größeren Zahl von Tätigkeiten betriebsspezifisches Humankapital aufgrund des sozioökonomischen Strukturwandels weniger wichtig ist, als dies früher der Fall war (Sesselmeier 2007); daher schrumpfen betriebsinterne Arbeitsmärkte und bleiben nur bestehen, wenn diese Voraussetzung nach wie vor gegeben ist. Formen atypischer Beschäftigung können expandieren: Bei der Trennung von Leiharbeitern, der Nicht-Verlängerung befristeter Verträge oder der Beendigung von Mini- und Midijobs entstehen für das Unternehmen kaum Verluste an betriebsspezifischem Humankapital. Das Vorhandensein (oder Fehlen) von allgemeinem Humankapital spielt nach wie vor eine Rolle, es kann aber am externen Markt beschafft werden; die Arbeitsmarktsituation der vergangenen Jahrzehnte, die durch hohe Arbeitslosigkeit sowie ein Überangebot qualifizierter und mehr noch an gering qualifizierten Arbeitskräften gekennzeichnet ist, ermöglicht die Lösung dieses Problems. Diese Zusammenhänge dürften vor allem für den wachsenden Bereich einfacher Tätigkeiten in Teilen der Dienstleistungssektoren gelten, in denen vor allem Minijobs konzentriert sind, wie im Gaststättengewerbe, im Reinigungs- und Bewachungsgewerbe oder im Einzelhandel. Kurze Anlernzeiten machen sogar den Einsatz von Studierenden, Schülern und Rentnern möglich, die über keine branchenspezifischen Qualifikationen verfügen.

Erfolgversprechend zur theoretischen Fundierung von Segmentationstheorien erscheint ferner eine einfluss- bzw. machttheoretische Begründung, welche die korporativen Akteure des Arbeitsmarktes einbezieht. Dabei stellt sich die bis dato vernachlässigte Frage nach dem Einfluss sowohl der betrieblichen als auch der überbetrieblichen Interessenvertretung (auf Segmentation). Wir begründen die These, dass der Einfluss von Betriebsräten und Gewerkschaften abnimmt oder traditionell gering ist, worauf Indikatoren wie Deckungsraten und Organisationsgrade hinweisen, die vor allem für Teilbereiche des privaten Dienstleistungssektors zutreffen (vgl. Kap. 6). Deren Rückgänge haben die Ausweitung atypischer Beschäftigung begünstigt.

---

19 Ein spezifisches Erklärungsproblem stellen wiederum Solo-Selbstständige dar, die rein formal nicht abhängig Beschäftigte sind und daher den hier vorgestellten Analyserahmen sprengen.

Weiterhin lassen sich Insider-Outsider-Ansätze (Lindbeck/Snower 1988, 2001), die sich mit Formen atypischer Beschäftigung nicht explizit befassen, auf unser Problem beziehen, vor allem in ihrer erweiterten Variante, welche die Existenz von Institutionen anerkennt. Sie weisen gewisse Ähnlichkeiten mit Konzepten von Stamm /Randbelegschaften der Segmentationstheorien auf. In dieser spezifischen Sichtweise von Arbeitsmärkten wären befristet Beschäftigte und Leiharbeiter als „entrants“ anzusehen, die sich in der Einarbeitungsphase befinden, eine schwächere Verhandlungsposition haben und lediglich den niedrigeren „reservation wage“ erhalten; ihr Ausscheiden verursacht nur geringe Kosten. Mini- und Midijobber hingegen wären „Outsider“, die nicht über Marktmacht verfügen und die Entgelte der Insider durch Außenseiterkonkurrenz zu unterbieten suchen. Allerdings ist die grundlegende Prämisse dieser Theorien, dass Arbeitnehmer individuell oder kollektiv durch ihre Vertretungen über die Macht zur Lohnsetzung verfügen, gerade mit Blick auf atypische Beschäftigung kaum als realistisch anzusehen (vgl. Kap. 6).

Diese Theorienfamilien erklären Segmentation auf Arbeitsmärkten, ohne explizit auf die darüber hinausreichenden individuellen und gesellschaftlichen Folgen einzugehen. Vor allem in soziologischer Perspektive gilt, dass die Ausweitung atypischer Beschäftigung erhebliche Konsequenzen für die Verteilung nicht nur von individuellen Erwerbschancen, sondern auch für die gesamte Lebensführung hat; zudem vertieft sie bestehende soziale Ungleichheiten anstatt sie abzubauen.

5.4.2 Monopsonistische Wettbewerbsbedingungen

Ähnlich wie Segmentationstheorien gehen auch Monopsontheorien (Bhaskar et al. 2002; Manning 2003) von einer Machtverschiebung zu Lasten der Arbeitnehmer(-vertretungen) aus. Sie argumentieren, dass nicht immer und überall ein (Macht- und Verhandlungs-)Gleichgewicht am Arbeitsmarkt besteht, sondern zumindest in bestimmten Segmenten die Arbeitgeber über die Macht zur Preissetzung verfügen und diese einseitige Verteilung auch zu ihren Gunsten nutzen. Im Vordergrund steht die Annahme, dass Unternehmen u.a. aufgrund von Arbeitsmarktfriktionen (u.a. Suchkosten, Informationsasymmetrien) auf bestimmten, nicht-gewerkschaftlich geprägten Teilarbeitsmärkten über Marktmacht verfügen (Erickson/Mitchell 2007).

Während bei monopolistischen Marktbedingungen ein Verkäufer den Markt beherrscht, liegt bei monopsonistischen Bedingungen die Marktmacht beim Käufer. Dies ist der Fall, wenn einem oder nur wenigen Arbeitgebern zahlreiche Nachfrager auf dem (lokalen) Markt gegenüberstehen. Sie verhalten sich als Lohnsetzer, u.a. durch den Einsatz bzw. durch einen hohen Anteil atypischer Beschäftigungsverhältnisse. Während das Modell der perfekten Konkurrenz davon ausgeht, dass der Lohn dem marginalen Grenzprodukt entspricht, liegt er bei monopsonistischen Wettbewerbsbedingungen darunter (Manning 2003). Das Wettbewerbsmodell beruht auf der Annahme, die Beschäftigten könnten ohne Suchkosten unter zahlreichen Arbeitgebern eine Auswahl treffen. Die Konkurrenz unter den Arbeitgebern führt dann zu einem einzigen Marktlohn für vergleichbar qualifizierte Beschäftigte. Perfekter Wettbewerb impliziert, dass die Lohnelastizität auf der Arbeitsangebotskurve unendlich groß ist im Unterschied zu den Bedingungen monopsonistischen Wettbewerbs (Bhaskar et al. 2002). Empirische Analysen legen nahe, dass Beschäftigte den Arbeitsplatz jedoch weniger häufig wechseln als Konsumenten die Produkte auf den Gütermärkten (Boal/Ransom 1997) und sich deshalb die für Gütermärkte angenommenen Funktionsmechanismen nicht umstandslos auf Arbeitsmärkte übertragen lassen. Die eingeschränkte Lohnelastizität kann verschiedene Gründe haben, wie unvollständige Informationen über alternative Beschäftigungsmöglichkeiten, Mobilitätskosten oder heterogene Präferenzen in Bezug auf nicht-monetäre Arbeitsbedingungen.

Im Unterschied zum Modell des perfekten Wettbewerbs verläuft im monopsonistischen Modell die Arbeitsangebotskurve nach oben ansteigend. Der Arbeitgeber kann einen zusätzlichen Beschäftigten nur einstellen, wenn er nicht nur für den marginalen, sondern für alle Beschäftigten den Lohn erhöht (Ashenfelter et al. 2010). Die marginalen Lohnkosten sind dann höher als die durchschnittlichen. Unter diesen Vorzeichen beendet der profitmaximierende Arbeitgeber im monopsonistischen Modell die Einstellung weiterer Beschäftigter, wenn das Wertgrenzprodukt die Lohnrate übersteigt. Anders als im Modell des perfekten Wettbewerbs werden auf Märkten mit nur wenigen Arbeitgebern diese geringere Löhne zahlen und weniger Beschäftigte nachfragen.

Wenn monopsonistische Marktbedingungen an Bedeutung gewonnen haben, wird diese Entwicklung auf die abnehmende Macht der Gewerkschaften bei der Aushandlung von Löhnen zurückgeführt (Erickson/Mitchel 2007). Dadurch hätten Arbeitgeber die Oberhand gewonnen, Lohn und andere Arbeitsbedingungen so zu gestalten wie im monopsonistischen Modell des eingeschränkten Wettbewerbs. Zumindest für Teilarbeitsmärkte könnte diese Bedingung gelten. Sie liefert eine Erklärung für die Lohndifferenzen, die zwischen der Mehrzahl der atypischen und NAV bestehen (vgl. Kap. 4.1.1).

Insbesondere der Markt für weibliche Beschäftigte dürfte auf der Arbeitgeberseite stärker konzentriert sein, worauf empirische Untersuchungen für die USA hindeuten (Boal/Ransom 1997). Da Frauen bei allen Formen atypischer Beschäftigung mit Ausnahme der Leiharbeit überproportional hohe Anteilswerte aufweisen und außerdem, wie in Kapitel 3 gezeigt, überwiegend in Wirtschaftsbereichen mit nur schwacher Gewerkschaftspräsenz (vgl. Kap. 6) beschäftigt sind, könnte es sich um monopsonistische Wettbewerbsbedingungen handeln. In besonderem Maße dürfte dies für die Bereiche zutreffen, in denen Mini- und Midijobs verbreitet sind.

5.5 Transaktionskostentheoretische Erklärungen

In der Betriebswirtschaftslehre, insbesondere der Personalwirtschafts- bzw. Human Resources- und Organisationsforschung, findet atypische Beschäftigung in der jüngeren Vergangenheit Beachtung. Dabei werden vorrangig bestimmte Formen und ihre spezifischen Probleme aus Sicht des einzelnen Betriebes analysiert (für andere Alewell et al. 2005; Alewell/Hauff 2012). Durch die Konzentration auf die Betriebsebene erfolgt ein Perspektivenwechsel, der sozialwissenschaftlich orientierte Analysen empirisch und theoretisch ergänzen kann (als Überblicke Pfeffer/Baron 1988; Gallagher 2008).

Nienhüser (2007) erweitert die Perspektive und gibt aus Sicht einer politischen Personalökonomie eine Erklärung für Umfang und Einsatz atypischer Beschäftigung. Er nimmt die Nachfrageseite des Arbeitsmarktes als Ausgangspunkt seiner Analyse betrieblicher Beschäftigungsstrategien, die an den Wettbewerbsstrategien (der Kosten- versus Qualitätsführerschaft) und deren Bedarf an Human- und Sozialkapital ausgerichtet werden. Damit wird die Unternehmens- und nicht die Meso- oder Makroebene explizit zur zentralen Ebene der Erklärung. Nienhüser argumentiert, dass Unternehmen zwischen drei Beschäftigungsstrategien (kurzfristig-extern, langfristig-intern, Hybridform) wählen können, die unter Kostengesichtspunkten in unterschiedlichem Maße den Einsatz atypischer Beschäftigung vorteilhaft erscheinen lassen. Besonders unter den Bedingungen volatiler Nachfrage nach Gütern und Dienstleistungen reduzieren Formen atypischer Beschäftigung, vor allem Leiharbeit und befristete Beschäftigung, die Beschäftigungsfixkosten im Sinne von Arbeits- und Entlasskosten; sie erhöhen gleichzeitig die Flexibilität beim Einsatz von Humanressourcen. Dieser Zusammenhang gilt aber nur unter der Voraussetzung, dass es Unternehmen gelingt, folgende vier Probleme zu lösen:

- Das *Verfügbarkeitsproblem:* Beschäftigungsstrategien müssen ein hinsichtlich des individuellen Humankapitals und des Sozialkapitals den Arbeitstätigkeiten angemessenes Arbeitsvermögen beschaffen.
- Das *Wirksamkeits-* oder *Transformationsproblem:* Das Arbeitsvermögen ist permanent in eine entsprechende Arbeitsleistung zu transformieren.
- Das *Aneignungs- und Herrschaftsproblem.* Die möglichst reibungslose Aneignung der produzierten Werte durch das Unternehmen ist zu gewährleisten.
- Das *Kostenproblem:* Die ersten drei Probleme sind möglichst kostengünstig zu lösen.

Übersicht 4: Beschäftigungsstrategien und atypische Beschäftigung

	Kurzfristig-externe Beschäftigungsstrategie	Langfristig-interne Beschäftigungsstrategie
Funktionale Wettbewerbs-strategie	Kostenführerschaft	Qualitäts-/Innovationsführerschsft
Bedarf Human-/Sozial-kapital	Geringe Anforderungen an allg. und betriebsspezif. Human-/ Sozialkapital; einfache Kontrolle individueller Produktivität	Hohe Anforderungen an allg. und betriebsspezif. Human-/ Sozialkapital; schwierige Kontrolle individueller Produktivität
Sicherung Verfügbarkeit	Austausch von Arbeitskräften über Markt	Langfristige Bindung von Arbeitskräften
Dominante Flexibilitätsfunktionen		
Numerisch	Nutzung von „hire and fire" Befristungen, Leiharbeit	Bündnisse für Arbeit/Beschäfti-gungssicherung/intern-numerische Flexibilität
Monetär	Leiharbeit/Mini-/Midijobs	
Zeitlich	Mini-/Midijobs	Zeitkonten, tarifliche Bandbreiten-modelle
Funktional	Kurze Einarbeitung	Betriebsspezif. Qualifizierung

Quelle: In Anlehnung an Nienhüser 2007:53

Mehrere Autoren berücksichtigen bei der Erklärung atypischer Beschäftigung nicht nur Produktions-, sondern auch Transaktionskosten (Nienhüser 2007; Neubäumer/Tretter 2008). Sie beziehen auch die Angebotsseite in ihre Erklärung ein. Die Kosten von Arbeitsverhältnissen setzen sich zusammen aus Arbeitskosten (Entgelte und Lohnnebenkosten), Ex ante-Transaktionskosten (Such-, Auswahl-, Vereinbarungskosten), Ex post-Transaktionskosten (Kontroll-, Informations-, Kündigungskosten und Kosten durch unzureichende Arbeitsleistung) sowie Einarbeitungs- und Weiterbildungskosten. Der Einsatz verschiedener Formen atypischer Beschäftigung ermöglicht den Unternehmen, diese mit Arbeitsverhältnissen verbundenen Kosten zu senken; die Vorteile variieren mit den Formen.

Durch verschiedene Entwicklungen (u.a. Vertiefung der Arbeitsteilung, Einführung von Leistungserstellungskonzepten, Einsatz von EDV und neuen Kommunikationstechnologien) haben sich die Kosten beim Einsatz atypischer Beschäftigung verändert, d.h. ihre Vorteile verstärkt (u.a. niedrigere Arbeitskosten, sinkende Einarbeitungskosten, reduzierte Kontroll- sowie Informations- und Kommunikationskosten), ihre Nachteile reduziert. Auf Seiten der Arbeitnehmer wirken mehr persönlicher Flexibilisierungsbedarf vor allem bei Teilzeitarbeit sowie die anhaltend hohe Arbeitslosigkeit mit fehlenden Beschäftigungsalternativen in dieselbe Richtung. Arbeitsuchende sehen sich angesichts eingeschränkter Optionen und der gleichzeitig verschärften Zumutbarkeitskriterien gezwungen, Beschäftigungsverhältnisse mit inferioren Arbeitsbedingungen einzugehen.

Unternehmen können in Krisenzeiten mit fallender Arbeitsnachfrage ihre Stammbelegschaften halten. Wenn sie diese Arbeitnehmer, in deren Ausbildung sie erhebliche Ressourcen investiert haben, entlassen würden, könnten sie die Renditen ihrer Humankapitalinvestitionen nicht weiter realisieren. Sie hätten wegen der Forderungen von Arbeitnehmern mit langer Betriebszugehörigkeit höhere Entlasskosten, da deren Höhe von der Beschäftigungsdauer abhängt. Außerdem könnten sie nicht sicherstellen, diese Arbeitnehmer bei wieder steigender Nachfrage erneut einstellen zu können; ihre ununterbrochene Beschäftigung vermeidet also Ausbildungs- und (Wieder-)Einstellungskosten. Andererseits sind aber die Transaktionskosten für Einsatz, Information und Monitoring der Leiharbeitnehmer in Rechnung zu stellen. Insgesamt kann sich eine Spaltung in Stamm- und Randbelegschaft „rechnen".

Weiterhin lässt sich auf Basis der Transaktionskostentheorie argumentieren (Nienhüser 2007; Neubäumer/Tretter 2008), dass die größere Arbeitsteilung bedeutet, dass die Einsatzkosten sinken, vor allem für unqualifizierte Arbeit in den Dienstleistungssektoren, und dadurch die Kosten des Arbeitseinsatzes geringer sind. Zusätzlich sind, zumindest wenn Abfindungszahlungen erfolgen, die Kosten bei kurzen Beschäftigungszeiten niedriger. Unter diesen Umständen kann es für Unternehmen vorteilhaft sein, zusätzlich zur Stammbelegschaft über eine Randbelegschaft zu verfügen, die auf kurzfristiger, hochgradig flexibler Basis beschäftigt wird. Diese Option ist besonders bedeutsam im Produktionssektor, der stark von Schwankungen im Konjunkturverlauf abhängig ist. Die Krise 2008/2009 belegt, wie verschiedene Formen der Arbeitszeitverkürzung Unternehmen in die Lage versetzen, ihre Stammbelegschaft trotz eines deutlichen Nachfragerückgangs weiter zu beschäftigen, dadurch betriebsspezifisches Humankapital zu erhalten und gleichzeitig den Einsatz von Leiharbeitnehmern deutlich einzuschränken (Herzog-Stein/Seifert 2010).

Dieses Transaktionskostenargument ist jedoch nicht in der Lage, den steigenden Anteil von Mini- und Midijobs sowie von Teilzeitarbeit zu erklären. In den Dienstleistungssektoren, dem Haupteinsatzbereich dieser Beschäftigungsform, ist die Nachfrage weniger volatil und diese Kosten sind daher von geringerer Bedeutung. Außerdem kann Teilzeitarbeit, die in quantitativer Hinsicht wichtigste Form atypischer Beschäftigung (vgl. Kap. 3.2), kaum durch Transaktionskostenargumente erklärt werden, weil sie durch recht stabile Beschäftigungsbedingungen charakterisiert ist und ebenso wie Mini- und Minijobs überwiegend in weniger volatilen Dienstleistungsbereichen verbreitet ist.

5.6 Zwischenresümee

Die Heterogenität atypischer Beschäftigungsformen erfordert ein differenziertes Vorgehen bei dem Versuch, Bestimmungsgründe für deren Expansion zu identifizieren. Außerdem lassen sich für die einzelnen Formen jeweils mehrere Argumente anführen, die plausible Erklärungen bieten.

Sicherlich haben die zahlreichen Änderungen der rechtlich-institutionellen Rahmenbedingungen seit dem BeschFG Mitte der 1980er Jahre, die den Unternehmen bei verschärftem Wettbewerb weiterreichende Flexibilisierungsspielräume boten, den betrieblichen Einsatz einzelner Formen attraktiver werden lassen. Das gilt vor allem für geringfügige Beschäftigung, für Mini- und Midijobs, und für Leiharbeit sowie für Befristungen. Während erstgenannte den betrieblichen Spielraum für intern-temporale sowie monetäre Flexibilität erhöhen, erweitern letztere die extern-numerische sowie ebenfalls die monetäre Flexibilität. Hinzu kommen positive Effekte aufgrund verringerter Transaktionskosten bei der quantitativen Anpassung im Arbeitseinsatz.

Deregulierung und Flexibilität sollten in analytischer Perspektive unterschieden werden, wenngleich sie in ähnlicher Richtung wirken. Deregulierungsmaßnahmen sind eine notwendige, aber keine hinreichende Bedingung für die Zunahme atypischer Beschäftigung. Denn wie die Beispiele Teilzeit und Solo-Selbstständigkeit zeigen, sind nicht sämtliche Veränderungen des rechtlichen Rahmens als Deregulierung zu klassifizieren.[20]

Auch das Transaktionskostenargument erscheint allein nicht ausreichend, den steigenden Anteil von Mini- und Midijobs sowie von Teilzeitarbeit zu erklären. In den Dienstleistungssektoren, dem Haupteinsatzbereich dieser Beschäftigungsform, ist die Nachfrage weniger volatil und Transaktionskosten sind daher von geringerer Bedeutung als beispielsweise im Produzierenden Gewerbe. Gerade Teilzeitarbeitist durch recht stabile Beschäftigungsbedingungen charakterisiert.

Insofern bleiben Erklärungsversuche begrenzt, wenn sie nicht auch die Angebotsseite in den Blick nehmen. Auf Seiten der Arbeitnehmer begünstigen Präferenzen für flexible Arbeitszeiten vor allem in Form von Teilzeitarbeit nachfragenden Frauen aber auch von geringfügigen Beschäftigungsverhältnissen die Nachfrage der Betriebe nach flexibel einsetzbaren Arbeitskräften. Generell aber dürfte die anhaltend hohe Arbeitslosigkeit mit fehlenden Beschäftigungsalternativen die Akzeptanzbereitschaft atypischer und prekärer Beschäftigung gefördert haben. Arbeitsuchende sehen sich angesichts eingeschränkter Optionen und der

20 Da Deregulierungsmaßnahmen sich auf die spezifischen rechtlich-institutionellen Eigenheiten des jeweiligen nationalen Rahmens sowie zumeist auf einzelne Formen beziehen, können sie keine allgemein gültigen Erklärungen abgeben.

gleichzeitig mit den Hartz-Gesetzen verschärften Zumutbarkeitskriterien gezwungen, Beschäftigungsverhältnisse mit inferioren Arbeitsbedingungen einzugehen. Auf einigen Teilarbeitsmarkten, vor allem im Bereich der privaten und öffentlichen Dienstleistungen, haben sich offensichtlich segmentierte Strukturen herausbilden können, die angesichts nur schwacher gewerkschaftlicher Marktmacht zu monopsonistischen Marktbedingungen geführt haben. Von einem Gleichgewicht bei Verhandlungen über die Arbeitsbedingungen kann vor allem bei geringfügiger Beschäftigung aber auch bei Leiharbeit und Befristungen nicht die Rede sein.

6 Einfluss der Interessenvertretungen

6.1 Problemstellung

Die Rolle der Interessenvertretungen als Institutionen des Arbeitsmarktes fand erstaunlicherweise weder in wissenschaftlichen Analysen noch in der öffentlichen Diskussion größere Beachtung bei der Behandlung atypischer Beschäftigungsformen (zu den Ausnahmen gehören Heery 2004; Bartkiw 2012). Gleichwohl wäre die Annahme unrealistisch, dass sie keinerlei Einfluss auf deren Umfang, Struktur und Arbeitsbedingungen hätten. Unsere Analyse geht von der Annahme aus, dass ihre Vertretung schwieriger wird, als dies bei Dominanz der vergleichsweise homogenen Normalarbeitsverhältnisse der Fall war, da infolge der Verbreitung atypischer Formen die Heterogenität der spezifischen Interessen sowohl zwischen als auch innerhalb von Beschäftigtengruppen zunimmt und sich diese Beschäftigungsformen außerdem besonders in Bereichen schwacher Gewerkschaftsrepräsentanz ausbreiten.

Unter den rechtlich-institutionellen Rahmenbedingungen der „dualen" Arbeitsbeziehungen der Bundesrepublik bezieht sich die Frage nach dem Einfluss der Interessenvertretung sowohl auf Gewerkschaften als auch auf Betriebsräte, die formalrechtlich unabhängig voneinander, faktisch aber häufig in ihrer Arbeit aufeinander bezogen sind. Die Wirkungen beider Institutionen auf überbetrieblicher und betrieblicher Ebene können durchaus unterschiedlich sein.[1] Wir behandeln zunächst die Gewerkschaften, wobei wir zwischen den wichtigsten Formen der Interessenvertretung unterscheiden, nämlich Tarifverhandlungen als klassische Form von „joint regulation" und Lobbying auf politischer Ebene.[2] Anschließend analysieren wir den Einfluss der Betriebsräte und gehen auch auf die spezifische Problematik der zunehmenden Zahl von Betrieben ohne institutionalisierte Arbeitnehmervertretung ein.

Lange Zeit haben die Gewerkschaften diesen atypischen Beschäftigungsformen kaum Beachtung geschenkt, sondern ihre Existenz und allmähliche Zunahme weitgehend ignoriert.[3] Wiederholte Forderungen nach Verbot und/oder Abschaffung dominierten vor allem, aber nicht ausschließlich in Bezug auf Leiharbeit (Aust/Holst 2006); sie waren aber politisch nicht durchzusetzen und konn-

1 Demgegenüber sind die Interessen der Arbeitgeberverbände in der vorliegenden Literatur nicht bearbeitet und bleiben deshalb nachfolgend unberücksichtigt.

2 Vgl. zur hier nicht behandelten historischen Dimension der Fragestellung Cella 2012; Cobble/Vosko 2000.

3 Die erste und einzige (potentielle) Ausnahme war die Teilzeitbeschäftigung, die wichtigste und vergleichsweise am wenigsten prekäre Form.

ten die langfristige Zunahme nicht verhindern. Mit anderen Worten: Der Schwerpunkt gewerkschaftlicher Strategien und Politik war und blieb die traditionelle Kerngruppe der (männlichen) Beschäftigten in NAV. Diese Gruppe stellte und stellt immer noch die Mehrheit der Beschäftigten in Teilen des Verarbeitenden Gewerbes, vor allem der metallverarbeitenden Industrie mit relativ hohem gewerkschaftlichem Organisationsgrad. Im Zuge des Strukturwandels, der anhaltenden Tertiarisierung der Wirtschaft und der wachsenden Beschäftigungsquote von Frauen, hat sich dieses Bild jedoch geändert. In international vergleichender Perspektive waren diese dominierenden Einstellungen keine deutsche Besonderheit, sehr ähnliche Vertretungsmuster bestanden auch in anderen Ländern (vergleichend Mangan 2000; Ebbinghaus 2006; Gumbrell-McCormick 2011).

Diese traditionelle, vorrangige Orientierung am NAV veränderte sich nur allmählich – und eigentlich erst in den 2000er Jahren, als die Fragen von Inklusion und Exklusion offensichtlicher wurden – in Richtung auf eine gewisse Akzeptanz der Formen atypischer Beschäftigung und ihrer spezifischen Problemlagen (ähnlich für Großbritannien Heery 2009; für Österreich Gstöttner-Hofer et al. 1997; Wall-Strasser et al. 2008).[4] Vor allem seit den Deregulierungen im Rahmen der Hartz-Gesetze versuchen die Gewerkschaften, die Arbeits- und Beschäftigungsbedingungen von atypisch Beschäftigten zu verbessern, vor allem durch Kollektivverhandlungen, aber auch durch Lobbying; besondere Beachtung finden Leiharbeit und Minijobs.

6.2 Interessenvertretung durch Gewerkschaften: Tarifverhandlungen

6.2.1 Allgemeine und gruppenspezifische Probleme

Seit den frühen/mittleren 1990er Jahren verzeichnen die Gewerkschaften deutliche Mitgliederverluste. Der gesamtwirtschaftliche Organisationsgrad beträgt inzwischen weniger als 20 Prozent; er ist in den Kernbereichen der industriellen Produktion höher als in den privaten Dienstleistungsbranchen. Die tariflichen Deckungsraten, ein wichtiger Indikator gewerkschaftlicher Verhandlungsmacht, sind ebenfalls rückläufig und liegen nur noch bei knapp einem Drittel der Betriebe bzw. knapp über 60 Prozent aller Beschäftigten, vor allem in den privaten Dienstleistungssektoren sind sie traditionell wie aktuell niedrig (Ellguth/Kohaut 2013). Infolge dieser langfristigen Entwicklungen hat sich das prinzipiell bestehende Machtungleichgewicht zwischen den Institutionen des Arbeitsmarktes weiter zuungunsten der Arbeitnehmer verschoben; die Fähigkeit der Gewerkschaften, „to

4 Für Gewerkschaften in Großbritannien identifiziert Heery (2004, 2009) in historischer Perspektive vier sehr unterschiedliche Reaktionsweisen: exclusion, replacement, regulation, engagement. Gewisse Ähnlichkeiten mit Reaktionen in Deutschland sind deutlich.

take wages out of competition“, hat gelitten. Verluste an Verhandlungs- und politischer Macht sowie an finanziellen Ressourcen sind mit diesen Trends verbunden. Diese Entwicklungen begünstigten die Einführung und Zunahme atypischer Beschäftigungsformen.

Weiterhin setzten seit Mitte der 1980er Jahre unterschiedlich zusammengesetzte Bundesregierungen verschiedene Maßnahmen der Deregulierung des Arbeitsmarktes durch; insbesondere die Hartz-Gesetze der frühen 2000er Jahre verstärkten diese Trends (vgl. Kap. 5) und begünstigten den Ausbau einzelner Formen atypischer Beschäftigung (vor allem der Leiharbeit sowie der Mini- und Midijobs). Diese Maßnahmen veränderten die Gelegenheitsstrukturen für die Unternehmen, sie erweiterten die Handlungsoptionen des Managements. Schließlich versuchen einige Arbeitgeber mit Erfolg, ihre Unternehmen „gewerkschaftsfrei“ zu halten; im Rahmen ihrer „union avoidance“-Strategie verhindern sie zugleich die Anwendung von Tarifverträgen und ziehen aus der zunehmenden „Flexibilität“ atypischer Beschäftigungsformen Vorteile für ihr Human Resource Management, u.a. im Sinne langfristiger Strategien der Kostensenkung. Diese anti-gewerkschaftliche, häufig gewerkschaftsfeindliche Haltung ist nicht mehr auf die angelsächsischen Länder beschränkt (Logan 2006), sondern Formen organisierter Verhinderung bestehen auch in der Bundesrepublik (Behrens/Dribbusch 2013).

Die Interessenvertretungen stehen vor dem Dilemma exklusiver versus inklusiver Solidarität, deren Balancierung in der Alltagspraxis sich offensichtlich schwierig gestaltet (Lundy et al. 2006; Ebbinghaus et al. 2009). Einerseits bestehen der allgemeine Anspruch und das offizielle Ziel, welches vor allem Industriegewerkschaften als Teil ihrer Legitimation formulieren, im Gegensatz zu Berufsverbänden und Betriebsgewerkschaften die Interessen aller Arbeitnehmer zu vertreten und zu schützen, unabhängig von deren Gewerkschaftszugehörigkeit und unter Einschluss der atypisch Beschäftigten sowie der Arbeitslosen. Andererseits müssen atypische Beschäftigungsformen nicht immer und unbedingt dominanten gewerkschaftlichen Repräsentationsstrategien widersprechen, weil sie Interessen bestimmter dominanter Mitgliedergruppen schützen, die „Insider“ sind. Leiharbeitnehmer und befristet Beschäftigte sind die prominentesten Beispiele, weil sie, vor allem in rezessiven Phasen, einfach zu entlassen sind und dadurch Arbeitnehmer in NAV vor Risiken schützen.[5] Insofern können Formen exklusiver Solidarität auch bei Industriegewerkschaften wegen der organisationsinternen Verteilung von Einfluss und Macht durchaus rational sein und den Interessen der Mitgliedermehrheit entsprechen.

---

5 Eine „klassische“ Studie schlussfolgert: „... if the creation of a buffer workforce serves to safeguard the greater security and rewards received by core employees, we might expect those workers – disproportionally senior males – to have an interest in externalization.” (Pfeffer/Baron 1988: 290)

Diese grundlegenden Probleme der Interessendifferenzierung bzw. der Schwierigkeiten ihrer notwendigen Vereinheitlichung sind keinesfalls neu (Heinze et al. 1984); die Widersprüchlichkeit der Interessenlagen wird aber durch die Ausbreitung atypischer Beschäftigungsformen verstärkt und verdeutlicht. Die Verhandlungsmacht dieser Gruppen auf monopsonistischen Arbeitsmärkten ist häufig gering (vl. Kap. 5). Eine zentrale Folge dieser Transformation ist die zunehmende Lohnungleichheit bzw. die deutliche Expansion des Niedriglohnsektors auf ein im EU-Vergleich überdurchschnittliches Niveau in den 2000er Jahren (Fitzenberger 2012). Gieseke und Groß (2012) verweisen, indem sie die Theorie sozialer Schließung auf die Strukturierung externer Arbeitsmärkte anwenden, ebenfalls auf die Ambivalenz heterogener Interessenlagen: Formen der Schließung, die u.a. durch gesetzliche Rahmenregelungen sowie durch kollektive Handlungsweisen etabliert werden, begünstigen die Inhaber geschlossener Positionen in NAV, die sich durch hohe Beschäftigungssicherheit auszeichnen, und benachteiligen die Arbeitnehmer in offenen Positionen, zu denen die Mehrzahl atypischer Beschäftigungsverhältnisse gehören. Diese institutionalisierten Allokationsregeln verschärfen soziale Ungleichheit, weshalb nicht der entgegengesetzte Schluss gezogen werden sollte, NAV stärker zu flexibilisieren (vgl. ausführlich Kap. 7).

Seit mehreren Jahrzehnten unterscheiden sich die gewerkschaftlichen Mitgliederstrukturen deutlich von den aktuellen Beschäftigtenstrukturen (Ebbinghaus 2003, 2006). Dies ist nicht nur der Fall in Bezug auf Merkmale wie Geschlecht, Alter und Branchenzugehörigkeit. Diese Differenz besteht auch hinsichtlich einer bis in die jüngste Vergangenheit selten behandelten Dimension, nämlich der Beschäftigungsform: Arbeitnehmer in sämtlichen atypischen Formen sind unter den Gewerkschaftsmitgliedern deutlich unterrepräsentiert (Biebeler/Lesch 2006 für die Bundesrepublik; Pernicka 2006 für Österreich; Gallagher 2008 für die USA; Vandaele/Leschke 2010 in vergleichender Perspektive). Leider liegen differenzierte (Netto-)Organisationsgrade für die einzelnen Formen nicht vor, obwohl es für die Diskussion von Handlungsoptionen wichtig wäre, den Anteil der aktiven Mitglieder zu kennen. Nur einige Gewerkschaften (IG BAU, GEW, ver.di) organisieren auch Solo-Selbstständige, deren Status zwischen abhängiger und selbständiger Beschäftigung nicht immer klar definiert ist und für die kaum Kollektivverträge abgeschlossen werden können.[6]

---

6 Eine international komparative Studie gelangt zu folgender Schlussfolgerung: „... owing to the heterogeneity of this group, social partners scarcely represent great parts of self-employed workers ... While employer association and trade union federations provide services to the self-employed through information and legal assistance, they rarely represent their interests in the area of collective bargaining." (European Parliament 2013: 31, ähnlich 91)

Diese spezifische Verteilung hat weitreichende Konsequenzen für die beiden grundlegenden Austauschlogiken der Organisation, d.h. sowohl für die „Mitgliedschaftslogik“ als auch für die „Einflusslogik“.[7] Wegen ihrer vergleichsweise niedrigen Organisationsgrade werden die spezifischen Interessen von atypisch Beschäftigten in den gewerkschaftlichen Entscheidungsgremien unzureichend repräsentiert und finden kaum Berücksichtigung in der notwendigen verbandsinternen Aggregation heterogener Interessen, ihrer häufig widerstreitenden und daher konflikthaften Filterung sowie der anschließenden Formulierung von Forderungen. Dieser enge Zusammenhang von Mitgliedschafts- und Einflusslogik gilt erst recht in den späten Phasen von Kollektivverhandlungen, wenn Konzessionen bei Teilen von Forderungspaketen gemacht werden müssen, um einen Vertragsabschluss zu erreichen. Schließlich sehen Branchenverbände der Arbeitgeber kaum die Notwendigkeit, Verhandlungen über die spezifischen Interessen dieser Gruppen zu führen, solange deren Organisationsgrade und damit deren Verhandlungsmacht niedrig bleiben.

Es überrascht folglich nicht, dass Streiks zur Durchsetzung der Interessen atypisch Beschäftigter bisher nicht stattgefunden haben; die Mobilisierung der Beschäftigten in NAV für die spezifischen Belange dieser Gruppen wäre schwierig zu bewerkstelligen. In der entgegengesetzten Richtung wäre die Mobilisierung atypisch Beschäftigter zwecks breiter angelegter Streikaktivitäten kaum zu organisieren, u.a. weil ihre Organisationsgrade sowie ihre Einbindung in innerbetriebliche Kontexte niedrig sind. Anders formuliert: Atypisch Beschäftigte verfügen in der Regel über keine eigenständigen Machtressourcen, die sie zur Durchsetzung ihrer spezifischen Interessen einsetzen könnten. Sie haben aufgrund ihrer Stellung im Produktionsprozess kaum Markt- und Primärmacht; infolge ihrer durchweg niedrigen Organisationsgrade verfügen sie außerdem kaum über Sekundär- und Organisationsmacht.

Wegen der skizzierten Heterogenitäten der atypischen Beschäftigungsverhältnisse stellt sich die weitere Frage, welche Formen durch Gewerkschaftspolitik vertreten (oder sogar privilegiert) werden sollen (Lundy et al. 2006 zu empirischen Beispielen). Die Strategien einzelner Gewerkschaften müssen sich nach diesen Formen unterscheiden. Auch die spezifischen Organisationsdomänen lassen Unterschiede erwarten (Heery et al. 2004) und können, etwa bei Leiharbeitnehmern, zu Konkurrenzen zwischen Gewerkschaften führen. Anders formu-

---

7 Andere Beiträge (Heery et al. 2004; Heery 2009) unterscheiden verbandsinterne und -externe Politiken bzw. organizing and representation activities (Bartkiw 2012). Der Schwerpunkt unserer Analyse liegt auf der Einflusslogik bzw. externen Repräsentation; dennoch muss die interne Dimension bzw. die Mitgliedschaftslogik, die sämtliche Probleme des Organizing einschließt, ebenfalls Berücksichtigung finden.

liert: Einzelne Gewerkschaften stehen vor unterschiedlichen Problemen, die sich durch ihre Organisationsdomänen[8] erklären lassen:

Teilzeitbeschäftigte

Die Interessen von Teilzeitbeschäftigten werden wegen ihrer großen Zahl sowie der langfristig steigenden Bedeutung dieser Form am ehesten vertreten. Zuständig sind aufgrund der Branchenverteilung vor allem die Gewerkschaften der öffentlichen und privaten Dienstleitungssektoren.

Leiharbeitnehmer

Leiharbeitnehmer sind eine weitere relevante Zielgruppe wegen der rasanten Zunahme ihrer Zahl in der jüngeren Vergangenheit (Meyer 2010). Dieses Problem besteht vor allem für die IG Metall aufgrund der spezifischen Branchenverteilung dieser Form, mit wachsender Tendenz auch für die Gewerkschaften der Dienstleistungssektoren (Wölfle 2008). In einer Reihe von Bereichen (vor allem Metall- und chemische Industrie) haben die Tarifparteien Branchenzuschläge vereinbart, die schrittweise mit zunehmender Einsatzdauer die Einkommensunterschiede zu den Stammbeschäftigten verringern (Bispinck/Tarifarchiv 2013a).

Befristungen

Befristet Beschäftigte stellen eine weitere schwierig zu erreichende Gruppe dar, zumindest insoweit eine gewisse Dauerhaftigkeit der Mitgliedschaft angestrebt wird. Ihre im Vergleich zu NAV geringere Beschäftigungsstabilität bzw. höhere Fluktuationsrate führen zu einem erheblichen Problem für Gewerkschaften, welches nicht ausschließlich durch neue Formen der Rekrutierung gelöst werden kann, sondern neue Strategien zur Sicherung einer Beibehaltung der Mitgliedschaft erforderlich macht.

Mini- und Midijobs

Mini- und Midijobber werden trotz ihrer großen Zahl kaum organisiert und ihre spezifischen Interessen unzureichend vertreten. Diese Gruppen sind häufig nur unzureichend in betriebliche Arbeits- und Partizipationszusammenhänge eingebunden und wegen fehlender Kommunikationsstrukturen schwierig zu erreichen. Aufgrund der Branchenverteilung bestehen die Probleme nicht nur für ver.di,

---

8 Organisations- bzw. Repräsentationsdomänen stecken den spezifischen Mitgliedschafts- und damit Aufgaben- bzw. Zuständigkeitsbereich ab. Unterschiede in den Anforderungen und Erwartungen an die Organisation ergeben sich u.a. aus Besonderheiten der Branche.

insbesondere den Fachbereich Handel, sondern u.a. auch für die Gewerkschaft Nahrung, Genuss, Gaststätten (NGG). Insgesamt haben kleinere Gewerkschaften aufgrund begrenzter Ressourcen größere Probleme. Hinzu kommt, dass ein beachtlicher Anteil dieser Beschäftigten aus Studierenden und Rentnern besteht, die sich nicht primär als Erwerbstätige ansehen und zudem nur für einen begrenzten Zeitraum diese Beschäftigungsverhältnisse ausüben (vgl. Kap. 3).

Solo-Selbstständige

Solo-Selbständige sind noch schwieriger zu organisieren als die übrigen Beschäftigtengruppen. Diese Gruppe kann aufgrund ihres besonderen Status mit dem „klassischen" Instrument der Interessenvertretung, nämlich dem Abschluss von Kollektivverträgen, nicht erreicht werden, ein rechtlicher Rahmen der Regulierung fehlt weitgehend – ebenso wie eine Vertretung durch Betriebsräte. Diese „nicht-betriebsgebundenen Erwerbstätigen" gehörten daher traditionell nicht zu den Zielgruppen der Gewerkschaften.[9] Die Erweiterung ihrer Organisationsdomänen über den Kreis der abhängig Beschäftigten hinaus erfordert Änderungen der Satzungen.

Die IG Medien war die erste Gewerkschaft, die in ihrem Organisationsbereich einige Experimente durchführte, um die hochgradig individualisierten Beschäftigungsbedingungen von Freiberuflern zu regeln. Ver.di, deren Mitglied die IG Medien bei dem Zusammenschluss 2001 wurde (Keller 2004), führte einige Experimente zur Repräsentation und Partizipation weiter, leitete einige neue, breiter angelegte Initiativen zur Interessenvertretung ein (Mirschel 2008) und richtete ein Referat „Freie und Selbstständige" ein (http://freie.verdi.de/). Ver.di organisiert ca. 30.000 Selbstständige (Schulze Buschoff 2012); das „Beratungsnetzwerk für Selbstständige – mediafon" vermittelt vor allem durch Newsletter, telefonisch oder per e-mail berufliche Informationen zu Honorar-, Sozialversicherungs- und Vertragsfragen für alle Selbstständige im gesamten Organisationsbereich (http://www.mediafon.net/).

Die IG BAU versucht ebenfalls die Öffnung für eine Mitgliedschaft Selbstständiger (Schulze Buschoff/Schmidt 2007). Insgesamt bleiben die jüngeren Organisierungs- und Vertretungsversuche allerdings vom Umfang her begrenzt (Pernicka 2005) bzw. sind nicht sonderlich erfolgreich. Nicht-gewerkschaftliche, u.a.

---

9 Eine Studie kommt zu folgendem Ergebnis: "While unions are aware that self-employed workers who can be considered as 'economically dependent employees' are an important group of employees, there are only few attempts to represent them. For many unions, organising self-employed workers is not a priority and they find it hard to connect to the special needs and world views of the diverse groups of self-employed workers without employees. The most advanced representation by unions is found in the media sector ..." (Vogel/Dribbusch 2009: 19)

berufsständische Organisationen decken Teile des Interessenspektrums dieser Gruppe ab.

Eng mit der Frage nach den unterschiedlichen Konsequenzen der Formen atypischer Beschäftigung für einzelne Gewerkschaften hängt das Problem zusammen, welche Teile der Arbeitsbedingungen zum Gegenstand von Kollektivverhandlungen gemacht werden sollen. Soll es sich nur um die Entgelte handeln und Gleichbehandlung mit NAV („equal pay") intendiert sein, oder auch um Sozialleistungen (wie Urlaubs- oder Weihnachtsgeld), Arbeitszeiten (einschließlich Überstunden) oder sogar um langfristig wichtige Probleme wie Weiterbildung oder Umschulung? Müssen die konkreten Verhandlungsobjekte gruppenspezifische Unterschiede der Arbeitsbedingungen berücksichtigen bzw. aufweisen?

Die Situation ohne gesetzlich festgelegten, allgemein geltenden Mindestlohn macht erhebliche, Transaktionskosten verursachende Anstrengungen erforderlich, in Kollektivverhandlungen branchenspezifische Mindestlöhne abzuschließen. Aufgrund von Mindestlohnregelungen konnte der Anteil der Beschäftigten, deren Tarifgruppen unterhalb des von den Gewerkschaften geforderten Mindestlohnes von 8,50 Euro lagen, bis September 2011 auf 13% gesenkt werden (Bispinck/WSI-Tarifarchiv 2012). Dieses Vorgehen bindet allerdings aufgrund ihrer Gebundenheit an einzelne Branchen einen nicht unerheblichen Anteil der knappen gewerkschaftlichen Ressourcen, die für alternative Verwendungen ausfallen. In einem weiteren Schritt müssen diese vereinbarten Mindeststandards nach dem Arbeitnehmer-Entsendegesetz für allgemeinverbindlich erklärt werden. Bis zum Frühjahr 2013 hat diese extern erzwungene Strategie zu Kollektivverträgen in elf Branchen geführt (Bispinck/WSI-Tarifarchiv 2013). Da die Tarifbindung offensichtlich einen Einfluss auf die Wahrscheinlichkeit von Niedriglöhnen ausübt, kommt dieser Form der Allgemeinverbindlichkeitserklärung eine bedeutsame Rolle zu.[10] Während in tarifgebundenen Betrieben 38% der atypisch Beschäftigten einen Niedriglohn erhalten, sind es in nicht tarifgebundenen 62% (Statistisches Bundesamt 2012a).

6.2.2 Das Beispiel Leiharbeit

Die Position der Gewerkschaften gegenüber Leiharbeit hat sich nur allmählich von Ablehnung zu Gestaltung gewandelt. Lange Zeit kämpften sie für ein generelles Verbot. Die an den Gesetzgeber gerichtete Forderung begründeten sie mit der ständigen Ausweitung, der Substitution von Dauerarbeitsplätzen und der Aushöhlung des Tarifrechts (beispielsweise DGB 1982). Eine Politik, die ein

---

10 Die Bedeutung der AVE nach Tarifvertragsgesetz (§ 5) nahm in den vergangenen Jahrzehnten deutlich ab, vor allem, weil die Arbeitgeberverbände im zuständigen, paritätisch besetzten Tarifausschuss über Vetomacht verfügen. Außerdem muss der Tarifvertrag mindestens 50 Prozent der Arbeitnehmer erfassen.

generelles Verbot der Leiharbeit zum Ziel hatte, schloss Alternativen wie z.B. tarifvertragliche Regelungen aus.

Die auf früheren DGB-Bundeskongressen von verschiedenen Mitgliedsgewerkschaften eingebrachten Anträge, die gewerbsmäßige Arbeitnehmerüberlassung über die Bauwirtschaft hinaus zu verbieten, tauchte auf dem 16. Ordentlichen DGB-Bundeskongress von 1998 nicht mehr auf. In dem dort angenommenen Antrag 87 (DGB 1998) wurde lediglich die wirksame Bekämpfung der illegalen Leiharbeit gefordert. Einen Schritt weiter ging der auf dem 17. Ordentlichen Bundeskongress 2002 angenommene Antrag (eingebracht von der IG Metall), der eine Reform des Arbeitnehmerüberlassungsgesetzes forderte (DGB 2002). Die materiellen Arbeitsbedingungen der Stammbeschäftigten der Einsatzbetriebe sollten als Mindestarbeitsbedingungen für Leiharbeitnehmer ab dem ersten Tag ihres Einsatzes gelten. Ferner sollten der Einsatz der Leiharbeit auf einen sachlich begründeten, vorübergehend erhöhten Personalbedarf beschränkt und die Mitbestimmungsrechte der Interessenvertretungen in den Entleihbetrieben erweitert werden. Mit dieser Forderung reagierten die Gewerkschaften auf die Diskriminierung von Leiharbeitnehmern gegenüber Stammarbeitskräften in den Entleihbetrieben sowie die im Zuge des Job-AQTIV-Gesetzes auf 24 Monate verlängerte Überlassungsdauer.

Diese programmatischen Änderungen ebneten, da der Gesetzgeber den gewerkschaftlichen Forderungen nicht nachkam, den Weg, die Arbeitsbedingungen der Leiharbeit tarifvertraglich zu regeln. In Nordrhein-Westfalen gründeten IG Metall und ver.di eine in der bisherigen Tarifgeschichte nicht praktizierte Tarifgemeinschaft und tarifierten bis Mitte 2001 15 Verleihbetriebe. Dabei legten sie Kriterien der Sozialverträglichkeit zugrunde, die sie in einem Gütesiegel zusammenfassten (DGB 2002).

Ein spezifisches Problem fragmentierter Verhandlungsstrukturen bestand bei der Leiharbeit wegen der Existenz mehrerer Verbände auf beiden Seiten. Gewerkschaften, die nicht dem DGB angehörten, traten als Tarifkonkurrenten auf und stellten das zumeist bestehende Verhandlungs- bzw. Repräsentationsmonopol der DGB-Mitgliedsorganisationen in Frage. Seit 2002 führte ein kleiner Arbeitgeberverband Verhandlungen mit der Tarifgemeinschaft Christlicher Gewerkschaften für Zeitarbeit und Personalserviceagenturen (CGZP) und schloss aus seiner Sicht günstigere, in der Entlohnung niedrigere, Flächen- und Haustarifverträge, als sie mit DGB-Gewerkschaften möglich gewesen wäre (Holst et al. 2008; Wagner 2010).

Die DGB-Gewerkschaften bildeten wegen der Branchenbesonderheiten eine ansonsten unübliche, weil branchenübergreifende Tarifgemeinschaft Zeitarbeit; der Dachverband DGB wurde damit korporativer Akteur der Tarifpolitik. Diese Tarifgemeinschaft schloss mit den größeren Arbeitgeberverbänden (Bundesarbeitgeberverband der Personaldienstleister e.V. – BAP, Interessenverband Deutscher Zeitarbeitsunternehmen e.V. – iGZ) ebenfalls Tarifverträge ab, die aus Arbeitnehmersicht günstigere, gleichwohl immer noch bescheidene Bedingungen bei den Bruttostundenlöhnen beinhalteten. Der Abschluss dieser Kollektivverträge erweist sich als schwierig, weil die gewerkschaftliche Verhandlungsmacht aufgrund des niedrigen Organisationsgrades dieser Beschäftigtengruppe begrenzt ist.[11]

Ende 2010 sprach das Bundesarbeitsgericht der Spitzenorganisation CGZP die Tariffähigkeit wegen fehlender sozialer Mächtigkeit ab; damit wurden die von ihr geschlossenen Tarifverträge ungültig. Diese höchstrichterliche Entscheidung zu Dumping-Tarifverträgen in Verbindung mit späteren Urteilen von Landesarbeitsgerichten begründet auf individueller Basis Nachforderungen betroffener Leiharbeitnehmer auf die Differenzen zwischen den ihnen gezahlten und den Entgelten auf „equal pay“-Niveau.[12] Außerdem sollen die beteiligten Entleihunternehmen die nicht-geleisteten Beiträge zur Sozialversicherung nachzahlen.

Neuland hat in der Stahlindustrie im Herbst 2010 ein Tarifvertrag betreten, der Leiharbeitnehmern „gleichen Lohn für gleiche Arbeit“ sichert. In der Folgezeit gelang es den Gewerkschaften auch in anderen Bereichen, die Arbeitsbedingungen von Leiharbeitnehmern zu verbessern. Der im Frühjahr 2012 zwischen IG Metall und IGZ/BAP für die Metall- und Elektroindustrie geschlossene Tarifvertrag sieht vor, dass Branchenzuschläge (in Höhe von 15 bis 50 Prozent) in Abhängigkeit von der Länge der Einsatzzeit im Leihunternehmen gezahlt werden. Weiterhin muss das Unternehmen nach einer Einsatzzeit von 18 Monaten eine unbefristete Übernahme prüfen; nach 24 Monaten wird ein Übernahmeangebot zur Pflicht. Abweichungen sind im Einvernehmen mit dem Betriebsrat möglich (Burmeister 2012; Schwitzer 2012; Schwitzer/Schumann 2013).[13] Im Prinzip ähnliche Tarifverträge folgten bis Mitte 2013 in mehr als einem Dutzend Branchen (Schwitzer/Schumann 2013) der chemischen Industrie, der Kautschukindustrie usw. (Bispink/Tarifarchiv 2013b). Sie sehen ebenfalls Zuschläge vor, die gestuft nach der Überlassungsdauer zu zahlen sind.

Zweifellos verbessern diese Tarifverträge die Arbeitsbedingungen von Leiharbeitnehmern. Gleichwohl können sie nicht alle Hindernisse auf dem Weg zu equal pay beseitigen. Die Wirkung von Branchenzuschlägen bleibt begrenzt auf-

---

11 Artus/Roßmeißl (2012: 76) argumentieren auf Basis von Fallstudien: „Es bedarf keiner sozialwissenschaftlichen Studie, um zu wissen, dass der gewerkschaftliche Organisationsgrad im Bereich der Leiharbeit gegen Null geht ... alle Betriebsräte bestätigen den Fakt, dass die Organisierung der LeiharbeiterInnen sehr schwierig sei.“

12 Allgemein gilt: Falls kein Tarifvertrag besteht, der abweichende Regelungen trifft, gelten die equal pay-Bedingungen.

13 In einigen Unternehmen bestehen allerdings Betriebsvereinbarungen, die für bestimmte Gruppen von Leiharbeitnehmern höhere, mit der Einsatzzeit steigende Entgelte vorsehen als der branchenweite Tarifvertrag.

grund der häufig kurzen Dauer der Überlassungen, die zudem nach Branchen differieren. Das equal pay-Prinzip wird nicht vollständig umgesetzt, die Entgeltlücke zwischen Stamm- und Leiharbeitnehmern wird lediglich verkleinert, nicht vollständig geschlossen. Die Vereinbarung kann zudem durch häufigeren Austausch von Leiharbeitnehmern oder Ausweichen auf andere, kaum regulierte Beschäftigungsformen wie Werkverträge sowie durch Outsourcing unterlaufen werden. Betriebsräte des Entleihbetriebs erhalten zusätzliche Mitbestimmungs- und Kontrollrechte, deren Nutzung unterschiedlich erfolgen kann.

Unabhängig von hohen Transaktionskosten für die Gewerkschaften gilt allerdings:

> „Inwieweit weitere Branchenzuschläge angesichts der unterschiedlichen Stärke von Gewerkschaften durchgesetzt werden können, muss mit Blick auf schwächer organisierte Branchen kritisch eingeschätzt werden." (Burmeister 2012: 3)

Anders formuliert: Organisationsgrade sowie tarifliche und betriebliche Deckungsraten sind in den betroffenen Branchen häufig niedrig. Die Einführung eines Mindestlohns auf gesetzlich-allgemeiner Grundlage mit dem Ziel der faktischen Gleichbehandlung der Beschäftigtengruppen bleibt deshalb ebenso auf der politischen Agenda wie eine Neu-Regulierung der Leiharbeit (vgl. Kap. 7).

6.3 Interessenvertretung durch Gewerkschaften: Lobbying

In Anbetracht anhaltender Mitgliederverluste, abnehmender Verhandlungsmacht und rückläufiger tariflicher Deckungsraten, die u.a. die Zunahme atypischer Beschäftigungen begünstigt haben, werden gewerkschaftliche Lobbyaktivitäten im politischen Raum wichtiger. Ihr aktuelles Ziel besteht in einer (gewissen) Neu-Regulierung atypischer Beschäftigungsformen (vgl. Kap. 7). Diese politische Variante von „collective voice" stellt natürlich keine Alternative zu Kollektivverhandlungen und Betriebspolitik dar, sondern eine Ergänzung. Sie zielt auf den Teil der Beschäftigungsbedingungen, der in der Bundesrepublik typischerweise gesetzlich geregelt wird und der aufgrund der niedrigen Deckungsraten von besonderer Bedeutung für atypisch Beschäftigte ist. Insgesamt ist das Arbeits- und Sozialrecht trotz einiger aktueller Änderungen durch seine nach wie vor ausgeprägte Orientierung am NAV gekennzeichnet und hat nur allmählich und unvollständig die erheblichen Veränderungen der Beschäftigungsformen in den einzelnen Zweigen der sozialen Sicherung nachvollzogen.[14]

---

14 So sind Minijobber nicht in die Arbeitslosenversicherung einbezogen; die Integration in die Rentenversicherung ist, u.a. bei Solo-Selbständigen, recht lückenhaft (vgl. Kap. 4).

Nach einer langen Phase des Zögerns zielen die aktuellen Kampagnen im politischen bargaining auf die Einführung eines allgemein gültigen Mindestlohns durch Gesetzgebung. Die Gewerkschaften – bzw. in diesem Fall ihr Dachverband vor allem auf Betreiben seiner Mitgliedsverbände der Dienstleistungsbranchen haben zwar breite Unterstützung in der Öffentlichkeit für ihre Forderungen gewinnen können, aber (bis Mitte 2013) nicht die notwendige Mehrheit für eine politische Entscheidung. Die Durchsetzung der Forderung erweist sich gleichsam auf tarifpolitischer wie politischer Ebene als schwierig und mühsam. In diesem Zusammenhang ist festzuhalten, dass die Bundesrepublik zu den wenigen EU-Mitgliedsländern gehört, die über keinen gesetzlich fixierten Mindestlohn verfügen; gleichzeitig besteht, wie bereits erwähnt, ein großer und seit den 2000er Jahren deutlich expandierender Niedriglohnsektor (Bosch/Kalina 2008; in komparativer Perspektive Mason/Salverda 2010), in dem sich nicht ausschließlich, aber zu wesentlichen Anteilen atypisch Beschäftigte befinden.

Die langfristigen Aussichten dieser Aktivitäten als pressure group, die auf Verbesserung der Rahmenbedingungen durch Neu-Regulierung der rechtlichen Voraussetzungen gerichtet sind, sind schwierig abzuschätzen und hängen letztendlich von der Änderung der politischen Mehrheiten ab, die nach den Kontroversen über die rot-grüne Agenda zur Arbeitsmarktreform schwierig zu erreichen sind. Diese Forderungen zielen auf eine vollständige Umkehr von Strategie und Richtung der Politik, die seit mehreren Jahrzehnten auf mehr oder weniger strikte Deregulierung des Arbeitsmarktes gerichtet war (vgl. Kap. 5); demgegenüber zielen die gewerkschaftlichen Forderungen in die entgegengesetzte Richtung einer Neu-Regulierung spezifischer Problembereiche (vgl. im Einzelnen Kap. 7).[15]

6.4 Organisierung atypisch Beschäftigter

Die Rekrutierung bzw. Organisierung neuer Mitglieder aus dem Kreis der atypisch Beschäftigten ist von der Vertretung ihrer Interessen bzw. der Regulierung ihrer Arbeits- und Beschäftigungsbedingungen analytisch zu unterscheiden; faktisch hängen beide Dimensionen eng zusammen. Das „organizing of the unorganized" steht nicht im Mittelpunkt unserer Betrachtung und wird nur kurz behandelt, zumal bereits umfangreiche Analysen vorliegen (Pernicka/Aust 2007; Vandaele/Leschke 2010). Auf jeden Fall erfordern alle zukünftigen Versuche,

15 Zu erwähnen bleibt die public relations-Arbeit mit dem Ziel der Aufklärung über bzw. Skandalisierung von Beschäftigungsbedingungen dieser Gruppen (http://lidl.verdi.de/). Die Möglichkeit einer Mobilisierung von Medienöffentlichkeit betonen auf der Basis von Fallstudien auch Bitterwolf/Seeliger 2013.

atypisch Beschäftigte zu organisieren, die Mobilisierung umfangreicher, aber knapper personeller und finanzieller Ressourcen sowie deren konfliktbehaftete interne Umverteilung.

Dabei besteht aus Sicht der Gewerkschaften ein spezifisches Kosten-/Nutzen-Problem: Es kann durchaus sein, dass sich ihre Anstrengungen kaum oder zumindest nicht kurzfristig auszahlen, im Sinne des Abschlusses neuer Kollektivverträge und vor allem nicht im Sinne der Rekrutierung neuer Mitglieder, die später eine zusätzliche Machtressource darstellen könnten. Falls überhaupt neue Mitglieder gewonnen werden, sind deren Beiträge aufgrund ihrer niedrigen Verdienste unterdurchschnittlich und tragen weniger zum Budget der Gewerkschaft bei als die von Mitgliedern in NAV. Ob sich diese ungünstige Relation mittel- und langfristig durch Statuswechsel der Mitglieder ändert, bleibt ungewiss. Maßnahmen zur Reallokation knapper Ressourcen sowie zur Unterstützung unterfinanzierter Bereiche wären dringend notwendig, sind aber, vor allem in Zeiten schrumpfender Budgets, schwierig umzusetzen.

Trotz dieser offensichtlichen Schwierigkeiten wird die Notwendigkeit, Arbeitnehmer in atypischen Beschäftigungsformen zu organisieren, dringender aufgrund des derzeitigen Umfangs dieser Formen von mehr als einem Drittel aller Beschäftigten sowie aufgrund des zu erwartenden weiteren Wachstums. Ihre systematische Organisierung, die lange Zeit vernachlässigt wurde, entwickelt sich nicht nur zu einer zusätzlichen Herausforderung im Rahmen des allgemeinen Problems einer „Revitalisierung der Gewerkschaften" (Frege/Kelly 2004; Verma/Kochan 2004), sondern nahezu zur Frage ihres Überlebens in turbulenten Umwelten. Die traditionell dominierende Orientierung weiterer Organisierungsaktivitäten auf vorhandene gewerkschaftliche „Hochburgen" in einzelnen Branchen bzw. Unternehmen stellt keine realistische strategische Alternative mehr dar, weil sie auf die schrumpfenden Kerngruppen in hochgradig organisierten Bereichen beschränkt bleibt. Anders formuliert: Wie in der Vergangenheit erweisen sich Anpassungen der gewerkschaftlichen Repräsentations- und Politikstrukturen an die veränderten Rahmenbedingungen des Arbeitsmarktes als notwendig zur Sicherung des organisatorischen Überlebens.

Auch der gelegentlich unternommene Versuch, die Mitgliederzahlen durch Zusammenschlüsse von Gewerkschaften zu erhöhen, verfehlt sein eigentliches Ziel, da keine neuen Mitglieder gewonnen werden bzw. der Organisationsgrad sich nicht ändert (internes vs. externes Wachstum). Gewerkschaften müssen aus Gründen ihres Überlebens bzw. ihrer Existenzsicherung auch in Zukunft ihre Organisationsstrukturen den Veränderungen der Arbeitsmärkte anpassen und den Strukturen des Beschäftigungssystems folgen. Zudem würden erfolgreiche Versuche der Organisierung atypisch Beschäftigter die (politische) Legitimität der Gewerkschaften verbessern.

Diese strategische Anpassung an den Wandel der Organisationsumwelt durch Organisierung der „weißen Flecken der Gewerkschaftslandschaft" ist notwendig, aber aus mehreren Gründen schwierig: Diese Gruppen sind häufig zurückhaltender in Bezug auf einen Beitritt als Beschäftigte in NAV, u.a. weil ihre Interessen, wie bereits dargestellt, in der gewerkschaftlichen Willensbildung sowie beim Abschluss von Tarifverträgen kaum repräsentiert werden und weil sie zumeist weniger Kontakt zu Mitgliedern und Hauptamtlichen von Gewerkschaften haben. Weiterhin sind sie aufgrund bestimmter Merkmale ihrer Beschäftigungsbedingungen, d.h. durch Teilzeittätigkeit, Einsatz in anderen Betrieben, kürzere Beschäftigungsphasen sowie hohe Fluktuationsraten, weniger in betriebliche Arbeitszusammenhänge integriert (Gallagher 2008; Mac Kenzie 2010). Schließlich können aufgrund des mehr oder weniger heftigen Widerstands von Management und Arbeitgebern zusätzliche gewerkschaftsextern geschaffene Barrieren für Organisierungsanstrengungen verschiedener Beschäftigtengruppen bestehen.[16]

Daher müssen neue Formen der Organisierung entwickelt und implementiert werden (Bremme et al. 2007). Derartige ressourcenintensive Experimente können naturgemäß auch scheitern, sind jedoch ohne Alternative.[17] Betriebsräte, die traditionellen Rekrutierungsinstanzen (Dribbusch 2002), bestehen entweder in einer zunehmenden Zahl von (nicht nur kleineren) Unternehmen gar nicht oder sind weniger bereit als in der Vergangenheit, sich in dieser Art von Aktivitäten zu engagieren, die nicht zu ihrem offiziellen, rechtlich vorgegebenen Aufgabenbereich gehören (Behrens 2005). Daher wird die Bedeutung nicht nur von Ehren- und Hauptamtlichen, sondern vor allem auch von professionellen „Organizers" als neuen Akteuren mit bereichsspezifischen Kenntnissen und differenzierten Aufgaben zunehmen (Raffo 2008).

Schließlich müssen die Dienstleistungen, oder genauer die zur Vermeidung von Trittbrettfahrerverhalten notwendigen selektiven Anreize (im Sinne von Olson 1965), für diese potentiellen Mitglieder andere sein als das Standardangebot für Mitglieder in NAV.[18] Diese besonderen Notwendigkeiten und Erwartungen vor allem an spezifischen Beratungsleistungen erfordern den Einsatz zusätzlicher verbandlicher Ressourcen, wenn Organisierungsanstrengungen erfolgreich sein sollen.

---

16 Die US-amerikanischen Erfahrungen lassen sich folgendermaßen zusammenfassen: „Externalization helps avoid unions in several ways ... From the point of view of the focal organization, it reduces the number of workers who are potential organizing targets. It also provides a threat for workers currently in the firm, namely, that subcontracting or the use of free-lancers or temporaries is possible in the future." (Pfeffer/Baron 1988: 289)

17 Ein bekanntes Beispiel ist die Lidl-Kampagne (Gajewska/Niesyto 2009).

18 Dieser Zusammenhang gilt in besonderem Maße, aber nicht ausschließlich für Solo-Selbständige, die grundlegende, individualisierte Arbeitsmarktinformationen, Beratung zu Vertragsfragen und Informationen über marktübliche Honorare sowie zur sozialen Absicherung benötigen (Mirschel 2008).

Heterogene, aus atypischer Beschäftigung resultierende Interessen können entweder in die Strukturen integriert werden oder gewisse organisatorische Änderungen oder zusätzliche Einheiten erfordern (Heery 2009).[19] Insgesamt können diese Gruppen die bestehenden Gewerkschaftsstrukturen verändern, indem sie eine separate und unabhängige formale Repräsentation ihrer differenzierten Interessen notwendig machen, wie etwa Personengruppen im Fall von Solo-Selbständigen; dadurch führen sie zu einer internen Umverteilung vorhandener Ressourcen.

6.5 Interessenvertretung durch Betriebsräte

Nicht nur Gewerkschaften, sondern auch Betriebsräte stehen vor dem bereits skizzierten Dilemma exklusiver versus inklusiver Solidarität. In „dualen" Systemen der Arbeitsbeziehungen wie dem der Bundesrepublik sind die „collective voice"-Instrumente Tarifverträge vor allem auf sektoraler sowie Betriebsvereinbarungen auf betrieblicher Ebene.[20] Zu bedenken bleibt, dass der Geltungsbereich von Betriebsvereinbarungen im Vergleich zu dem von Branchen- bzw. Flächentarifverträgen notwendigerweise begrenzt bleibt und daher stets der Ergänzung durch vertragliche und rechtliche Regelungen auf Branchen- und Makroebene bedarf.

Das Betriebsverfassungsgesetz (BetrVG) regelt die Rolle der betrieblichen Interessenvertretungen. Betriebsräte sollen die Interessen der Arbeitnehmer ihres Unternehmens – unabhängig von deren Mitgliedschaft in Gewerkschaften – vertreten, da sie „für alle im Betrieb tätigen Personen" (§ 7 BetrVG) zuständig sind. Sie sind damit auf spezifischere Interessenlagen fokussiert als (Industrie-)Gewerkschaften, die alle abhängig Beschäftigten repräsentieren sollen. Gleichwohl bestehen auch auf betrieblicher Ebene nicht nur die bekannten Interessendivergenzen zwischen Management und Betriebsrat, sondern auf Arbeitnehmerseite auch unterschiedliche (Gruppen-)Interessen, deren Vertretung den Betriebsräten spezifische Schwierigkeiten bereitet.[21]

19 In verschiedenen Ländern, etwa in den Niederlanden, gibt es Beispiele für unabhängige Gewerkschaften dieser Gruppen (Schulze Buschoff/Schmidt 2007; Voss et al. 2013).

20 Andere Formen und Institutionen der Organisierung und Vertretung von Interessen, wie Allianzen mit Nicht-Regierungsorganisationen, liegen außerhalb der Reichweite unserer Analyse.

21 In Bezug auf Leiharbeit entwickeln Artus/Roßmeißl (2012) anhand von Fallstudien eine Typologie von Betriebsratshandeln: Leiharbeit als betriebskulturelle Marginalie, harmonistische Interessendeutung, segmentäre Interessenvertretung der Stammbelegschaft, partielle Interessenvertretung der Leiharbeiterinnen, Integration und Egalisierung von Leiharbeit.

Die Aufgaben der Betriebsräte bestehen zunächst in Monitoring und Kontrolle der Umsetzung und tatsächlichen Einhaltung aller bestehenden Vorgaben, vor allem der kollektivvertraglichen Vereinbarungen, aber auch der rechtlichen Vorschriften, etwa zu equal pay und equal treatment bei Leiharbeit und Minijobs. Informationsprobleme und knappe personelle sowie zeitliche Ressourcen schränken die Handlungsmöglichkeiten ein. Außerdem sind Betriebsräte zuständig für die Aushandlung sowie für die spätere Überwachung der Einhaltung von Betriebsvereinbarungen zu spezifischen Problemen und gegebenenfalls für einzelne Gruppen.

Systematisch erhobene Daten über die Interessenvertretung atypisch Beschäftigter durch Betriebsvereinbarungen liegen kaum vor; die wenigen Untersuchungen erlauben lediglich folgende Aussagen:

- Eine nicht repräsentative Studie wertet auf der Basis von 110 Betriebsvereinbarungen Regelungsaspekte lediglich von Leiharbeit und Befristungen aus (Zumbeck 2007). Sie zeigt, dass beide Beschäftigungsformen in zahlreichen Betrieben als Personalpuffer dienen. Teilweise räumen sie den Beschäftigten „eine bevorzugte Stellung gegenüber Fremdbewerbern“ (ebenda: 120) bei der Besetzung von vakanten Stellen ein. Zahlreiche Vereinbarungen zur Leiharbeit versuchen ferner, die Arbeitsbedingungen dieser Beschäftigten an die in den Entleihbetrieben anzugleichen.
- Eine ebenfalls nicht repräsentative Auswertung von (146) Betriebsvereinbarungen zur beruflichen Weiterbildung (Busse/Seifert 2009) findet, dass in Einzelfällen befristet Beschäftigte von der betrieblichen Weiterbildungsförderung ausgeschlossen sind.
- Die betrieblichen Deckungsraten sind bei Nutzerfirmen von Leiharbeitnehmern deutlich höher als bei Nicht-Nutzern; dieser Effekt (von fast 40 gegenüber 7 Prozent) ist auf die größere Zahl der Arbeitnehmer in den Nutzerfirmen zurückzuführen. Deren Mehrzahl verfügt nicht über einen Betriebsrat; die Wahrscheinlichkeit seiner Existenz sinkt mit der Nutzungsintensität von Leiharbeit (Bellmann/Kühl 2008). Insgesamt gilt:

  > „Betriebsräte bei den Verleihbetrieben sind eher eine Seltenheit. Auch die Kontakte der Betriebsräte in den Entleihbetrieben zu den Leiharbeitnehmern waren lange Zeit relativ gering entwickelt.“ (Bellmann et al. 2009: 394)

  In der Verleihbranche (Hauptzweckbetriebe), nicht hingegen bei den Entleihunternehmen sind Betriebsräte seltener als in der übrigen Wirtschaft. Qualitative Fallstudien schließen: „Normalfall: Toleranz und weitgehende Inaktivität des Betriebsrats" (Promberger 2012b: 228); Ausnahmenfall: weitgehende Nutzung von Einflussmöglichkeiten (ebd. 230).[22]

- Andere Untersuchungen zeigen, dass Betriebsräte den Umfang bzw. das Ausmaß von Leiharbeit und befristeter Beschäftigung einschränken; sie begrenzen zwar die Nutzungsintensität, eliminieren diese Formen aber nicht (zusammenfassend Ellguth/Kohaut 2011; ähnlich schon Düll/Ellguth 1999).[23] Sie versuchen, deren Umfang zu begrenzen, da ansonsten Substitutionsprozesse zwischen Arbeitnehmergruppen stattfinden und Insider-Macht verloren gehen würde (Pfeifer 2007).[24] Schließlich finden sich atypische Beschäftigungsformen häufiger in privaten Dienstleistungs- als im industriellen Sektor. In ersteren sind die betrieblichen Deckungsraten aber deutlich niedriger, was auf Defizite der Interessenvertretung in letzteren schließen lässt.
- Deutlich ist der diskutierte Zusammenhang bei anderen Beschäftigungsformen. Sozialversicherungspflichtige Teilzeitarbeit ist häufiger in Unternehmen mit Betriebsrat, während Mini- und Midijobs in diesen Unternehmen seltener vorkommen (Ellguth/Promberger 2007, Pfeifer 2007). Falls ein Be-

---

22 Im Kernsegment der Intensivnutzer „dient ... Leiharbeit zur Umgehung der im Einsatzbetrieb üblichen Tarifbedingungen sowie zur langfristigen Flexibilitätssicherung, etwa um Standortfragen offen zu halten oder um auf Branchenzyklen flexibel reagieren zu können." (Promberger 2012a: 175)

23 Spezialauswertungen für Baden-Württemberg kommen zu dem Ergebnis, dass Leiharbeit in Betrieben mit Betriebsrat häufiger vorkommt als in vergleichbaren Betrieben ohne Betriebsrat. Die Wirkungsrichtung der Kausalität ist jedoch nicht eindeutig. In einer deskriptiven Analyse sind auch die Nutzung von Befristung und die Existenz eines Betriebsrats positiv korreliert; allerdings nehmen die Nutzung ebenso wie die Deckungsrate mit der Betriebsgröße zu und der eigenständige Effekt eines Betriebsrats ergibt sich nicht bei einer multivariaten Analyse (Behringer et al. 2011). Eine andere Untersuchung kommt zu einem ähnlichen nicht eindeutigen Ergebnis: „Interessanterweise ist auch die Wahrscheinlichkeit, einen Betriebsrat zu haben, bei Nutzern höher als bei Nicht-Nutzern, selbst wenn man den Einfluss der Branche und der Größe der Betriebe herausrechnet. Ob dieser Unterschied beispielsweise darauf zurückzuführen ist, dass sich in Betrieben mit (einem starken) Betriebsrat Beschäftigungsanpassungen leichter über externe Zeitarbeitskräfte als über die Stammbelegschaft durchsetzen lassen, oder ob in Betrieben, die Zeitarbeit nutzen, von Arbeitnehmerseite die Einrichtung eines Betriebsrat als besonders wichtig erachtet wird, oder ob vielmehr andere Faktoren beides bedingen – den Einsatz von Zeitarbeitskräften und die höhere Wahrscheinlichkeit, einen Betriebsrat zu haben –, lässt sich auf Basis dieser Ergebnisse und Analysen jedoch nicht beantworten." (Bachmann et al. 2012a: 40)

24 Pfeifer (2007) weist auf eine relevante Differenzierung hin. Betriebsräte verringern Nutzungswahrscheinlichkeit und -intensität, Tarifbindung hingegen erhöht die Nutzungsintensität. Eine mögliche Erklärung ist, dass bestimmte Entgeltkomponenten an Minijobber nicht gezahlt werden (ähnlich Bachmann et al. 2012a).

triebsrat besteht, nimmt die Wahrscheinlichkeit befristeter Neueinstellungen zu, der Anteil der befristeten an allen Beschäftigten ist allerdings deutlich niedriger als in Unternehmen ohne Betriebsrat (Boockmann/Hagen 2003).

Angesichts fehlender systematischer Analysen ist einschränkend festzuhalten, dass die lückenhafte, nur für einzelne atypische Formen vorhandene empirische Evidenz nicht verallgemeinert werden kann. Zudem wäre in einem weiteren Analyseschritt zwischen der getroffenen Regelung und ihrer tatsächlichen Anwendung zu unterscheiden. Wie groß diese Differenz tatsächlich ist und welches Spektrum sie umfasst, lässt sich auf Basis der vorliegenden Studien nicht genau bestimmen. Schließlich ist bemerkenswert, dass die seit den 1990er Jahren häufig angestellten ökonometrischen Untersuchungen über den Einfluss von Betriebsräten auf ökonomische Determinanten (wie Investitionen, Profitabilität, Fluktuation, Produkt- und Prozessinnovation) die atypischen Beschäftigungsverhältnisse kaum berücksichtigen (für andere Addison et al. 2004).

Unser Zwischenfazit lautet: Atypisch Beschäftigte sind hinsichtlich ihrer unzureichenden Integration und Repräsentation nicht nur bei der überbetrieblichen, sondern auch bei der betrieblichen Interessenvertretung im Vergleich zu Arbeitnehmern in NAV benachteiligt.[25] Betriebsräte stehen aufgrund heterogener, partiell sogar konträrer Interessen der von ihnen prinzipiell gleichrangig zu vertretenden Beschäftigtengruppen unter Handlungsdruck;[26] sie richten aus nachvollziehbaren Gründen von Ressourcenknappheit ihre Politik häufig nach den Interessen der „Stammbelegschaft“ an Erhalt und Stabilisierung ihrer Beschäftigten mit NAV und nicht nach denen der „Randbelegschaft“, vor allem der atypisch Beschäftigten.[27] Auch die größere Beschäftigungsstabilität der „Stammbelegschaft“ trägt dazu bei, dass Betriebsräte, die an einer Wiederwahl interessiert sind und ihr Wählerkalkül an bestimmten Gruppen ausrichten (müssen), eher deren Interessen repräsentieren. Fazit: Die bestehende Lücke zwischen Anspruch und Wirklichkeit der betrieblichen Interessenvertretung lässt sich erklären, aber kaum auflösen.[28]

25 Unter den Mitgliedern von Betriebsräten sind Frauen (mit ca. 30 Prozent) immer noch unterrepräsentiert. Das Problem besteht vermutlich auch für atypisch Beschäftigte, so dass deren Interessen auch aus diesem Grund unzureichend repräsentiert werden.

26 Exemplarisch zur „Ambivalenz“ der Interessenvertretung bei Minijobs im Einzelhandel: Voss-Dahm 2006, 2009.

27 Eine explorative Studie im Einzelhandel kommt zu dem Ergebnis, dass Betriebsräte in den untersuchten Betrieben häufig nicht auf Einhaltung arbeitsrechtlicher Regeln für geringfügig Beschäftigte bestehen, weil sie befürchten, dass sozialversicherungspflichtige Stellen gestrichen und Filialen geschlossen werden (Benkhoff/Hermer 2008).

28 Eine Studie beschreibt dieses Dilemma folgendermaßen: „In dieser Zwickmühle betreiben viele Interessensvertreter eine Politik der kleinen Schritte, indem sie Übernahmen

Das Problem unzureichender Vertretung gilt in besonderem Maße für Solo-Selbstständige. Ein ähnliches Problem stellt sich für Leiharbeitnehmer aufgrund des Dreiecksverhältnisses ihrer Beschäftigungsform zwischen Arbeitnehmer, Verleih- und Entleihunternehmen (vgl. Kap. 2). Es ist kaum eindeutig abzugrenzen, welcher Betriebsrat in welcher arbeitsteilig-kooperativen Verzahnung welche spezifischen Interessen vertreten soll (Wassermann/Rudolph 2007a, b). Der Betriebsrat des Verleihunternehmens steht nicht in ständigem Kontakt mit den Leiharbeitnehmern, der aus Plausibilitätsgründen eigentlich zuständige Betriebsrat des Entleihunternehmens fühlt sich vermutlich mehr für die Vertretung der Interessen anderer (Stamm-)Arbeitnehmer zuständig; zudem verhindern die häufig kurzen Einsatzzeiten der Leiharbeitnehmer im einzelnen Unternehmen eine wirksame Interessenvertretung. Schließlich ist die implizite Voraussetzung der Existenz eines Betriebsrats sowohl im Verleih- als auch im Entleihunternehmen häufig nicht gegeben, von der „doppelten" Mitbestimmung auf betrieblicher und überbetrieblicher Ebene ganz zu schweigen.[29]

Zwei Entscheidungen des BAG aus dem Jahr 2013 sind bemerkenswert für die Interessenvertretung: Zum einen sind bei der Berechnung der Größe des Betriebsrats in den Entleihunternehmen die Leiharbeitnehmer einzubeziehen (sogenanntes passives Wahlrecht). Vorher waren sie ausgeschlossen, weil sie keine ständigen Arbeitnehmer (im Sinne von § 1 BetrVG) sind. Die Chancen der Vertretung ihrer spezifischen Interessen durch mehr Ressourcen des Betriebsrats dürften sich verbessern. Zum andern kann der Betriebsrat des Entleihbetriebs seine Zustimmung zum Einsatz von Leiharbeitern verweigern, wenn sie nicht nur vorübergehend, sondern auf Dauer eingesetzt werden sollen. Damit steht dem Betriebsrat in bestimmten Überlassungsfällen ein neues Instrument zur Verfügung; für Unternehmen kann Leiharbeit weniger attraktiv werden.

Welche Regelungen können Betriebsräte in Bezug auf einzelne atypische Formen überhaupt initiieren bzw. erreichen? Bei Leiharbeit wäre möglich, dass

---

und Sicherungen einfordern, diese aber immer nur begrenzt durchsetzen können." (Krause/Köhler 2011: 594)

29 Die Novellierung des BetrVG im Jahr 2001 führte einige zusätzliche Wahl- und Vertretungsrechte ein (Wolters 2008; Ellguth/Kohaut 2010). Leiharbeitnehmer, die länger als drei Monate im Entleihunternehmen tätig sind, sind bei Wahlen zum Betriebsrat wahlberechtigt, „doch in der Praxis findet sich diese offensive Einbeziehung von Leiharbeitern in die betriebliche Mitbestimmung nur in Einzelfällen" (Promberger 2009: 193). Sie wurden lange nicht als Beschäftigte gezählt, wenn es um die Größe des zukünftigen Betriebsrats ging; sie hatten das aktive, nicht aber das passive Wahlrecht. Beim Verleihunternehmen besteht keine Einschränkung des Wahlrechts. Zur Gründung eines Betriebsrats „kommt es in der Verleihbranche weit seltener als in gleich großen Betrieben der übrigen Wirtschaft" (ebd. 194). Formale Rechte werden also faktisch nur unzureichend genutzt (Rudolph/Wassermann 2006).

sie zunächst auf Einhaltung von equal pay- (von Anfang an) bzw. sogar von equal treatment-Bedingungen (einschl. Zulagen und Sozialleistungen) „aller im Betrieb tätigen Personen" (§ 75 BetrVG) insistieren. Equal pay wurde nach den Ergebnissen der WSI-Betriebsrätebefragung von 2007 in knapp einem Viertel der Betriebe mit Interessenvertretung praktiziert (Seifert/Brehmer 2008). Weiterhin können sie Optionen auf Übernahme in NAV im Entleihunternehmen vereinbaren, etwa nach einer bestimmten Beschäftigungszeit oder im Falle frei werdender Stellen.

Außerdem wäre bei Leiharbeit und Befristung eine Begrenzung der Zahl bzw. des Anteils der atypischen an allen Beschäftigten (sogenannte Quotenregelung)[30] oder eine Begrenzung der Beschäftigungsdauer ebenso möglich wie die Übernahme aller Auszubildenden nach Abschluss ihrer Ausbildung in NAV anstelle von Teilzeit- und/oder befristeten Beschäftigungsverhältnissen. Schließlich könnte in Krisensituationen eine Berücksichtigung im Rahmen von Interessenausgleich und Sozialplanregelungen erfolgen (zu einigen Beispielen Zumbeck 2005).

Derartige Forderungen überschreiten allerdings die Grenzen der gesetzlich vorgegebenen Mitbestimmungsrechte bei personellen Einzelmaßnahmen (vor allem § 99 BetrVG) bzw. schränken das unilaterale Direktionsrecht des Managements bei personalpolitischen Entscheidungen ein; sie stoßen daher auf erhebliche Schwierigkeiten bei der Durchsetzung gegen widerstreitende Ziele der (Personal-)Kostensenkung und „Flexibilisierung" der Beschäftigungsbedingungen.[31]

Eine weitere Frage lautet, ob bzw. wie die spezifischen Interessen atypisch Beschäftigter in den seit den 1990er Jahren auf betrieblicher Ebene geschlossenen „Bündnissen zur Beschäftigungssicherung" (Seifert 2002; Massa-Wirth 2007) Berücksichtigung finden. Oder schützen diese Bündnisse vor allem Interessen der „Stammbelegschaft"? Leiharbeitnehmer finden in diesem Kontext keine Berücksichtigung, da sie arbeitsvertraglich nicht zu den Entleihbetrieben gehören, andere, wie Teilzeitbeschäftigte, zählen zu den Stammarbeitnehmern.

---

30 Eine derartige Regelung besteht ab Mai 2013 bei Volkswagen. Die „Charta der Zeitarbeit im Volkswagen Konzern" begrenzt den Anteil der Leiharbeiter auf fünf Prozent. Diese Grenzen sind enger als bei anderen Unternehmen (wie Daimler oder BMW) und gelten für alle Fertigungsstätten im In- und Ausland.

31 Eine Studie über Entscheidungsprozesse und erwartete Effekte von Zeitarbeit argumentiert: „For example, in a firm with a strong – and from the viewpoint of the firm's management – uncooperative works council or union, the employer could use long-term TAW (temporary agency work, die Autoren) to reduce the size of the workforce and thereby decrease the size of workers' representations. Moreover, the employer may intend to diminish the influence of works councils or unions by exerting more pressure in compensation issues and using outsiders to curb insiders' demands and claims concerning wages and working conditions." (Alewell/Hauff 2011: 3132)

Ob und inwieweit auch Minijobber in derartige Vereinbarungen einbezogen sind, geht aus den vorliegenden Untersuchungen nicht hervor.

6.6 Betriebe ohne Interessenvertretung

Das verwandte, aber weiterreichende Problem, das in der Literatur bisher kaum behandelt wurde (Artus et al. 2006 gehören zu den Ausnahmen), bezieht sich auf die erhebliche Zahl von Betrieben, in denen nach Gesetzeslage die Voraussetzungen für die Existenz einer Interessenvertretung gegeben sind, diese aber tatsächlich nicht vorhanden ist. Panelstudien des IAB zeigen, dass die betrieblichen Deckungsraten im Gegensatz zu den sektoralen zwar relativ konstant geblieben sind, aber nur 43 Prozent in West- und 36 Prozent in Ostdeutschland aller Arbeitnehmer im privatwirtschaftlichen Sektor umfassen (Ellguth/Kohaut 2013).[32] Mehr als die Hälfte der Arbeitnehmer arbeitet in Betrieben ohne institutionalisierte Interessenvertretung, d.h. die „Vertretungslücken" auf betrieblicher Ebene sind beträchtlich. Ihre Abhängigkeit von Branchenzugehörigkeit und Größe der Unternehmen ist deutlich; die Deckungsraten steigen erheblich mit zunehmender Betriebsgröße bzw. Beschäftigtenzahl. Die angestellten bzw. in der Literatur vorfindbaren Überlegungen zur Interessenvertretung durch Betriebsräte gelten in diesen, vor allem kleineren und mittleren, Betriebsgrößenklassen ex definitione nicht.

In diesen Unternehmen stellt die Gründung eines Betriebsrats eine zentrale, gleichwohl schwierig zu bewältigende Aufgabe dar. Ihre Lösung gelingt nur langfristig und nur in einer begrenzten Anzahl, weil sie den Einsatz umfangreicher Ressourcen voraussetzt und den partiell heftigen Widerstand der Unternehmen bzw. ihres Managements überwinden muss, wie Erfahrungen nicht nur aus privaten Dienstleistungssektoren wie dem Einzelhandel zeigen (Artus et al. 2006).

Die einzige Alternative zur Einrichtung einer Interessenvertretung ist politischer Natur und besteht in einer Änderung der rechtlichen Rahmenbedingungen von Freiwilligkeit zu Einrichtungszwang, von dem atypische Beschäftigte stärker profitieren würden als Arbeitnehmer in NAV (Nienhüser 2013). Diese Änderung erfordert aber eine parlamentarische Mehrheit, die derzeit nicht gegeben ist.

Wie werden die Interessen atypisch Beschäftigter in diesen Unternehmen vertreten? Werden die Regelungen in Kollektivverträgen, falls solche überhaupt bestehen, auf informeller Basis angewandt, ähnlich wie dies gelegentlich bei NAV der Fall ist (Artus et al. 2006)? Ist der Anteil der atypischen an allen Beschäftigten größer, weil es – vor allem in privaten Dienstleistungssektoren auf-

32 Hinzu kommen anderen Formen der Mitarbeitervertretung, die in Westdeutschland 16 und in Ostdeutschland 10 Prozent der Beschäftigten abdecken.

grund der Betriebsgrößenstrukturen – keine Interessenvertretungen gibt, die zu ihren Gunsten intervenieren und die einseitige Regelungsgewalt des Managements begrenzen könnten?

Die einzige Datenbasis zur Beantwortung dieser Fragen stellt das IAB-Betriebspanel dar. Eine Auswertung älterer Befragungswellen ergibt, dass geringfügige Beschäftigung ganz überwiegend in „vertretungsfreien Zonen“ erfolgt; die Nachteile dieser Form werden „gedoppelt“. In Betrieben mit Betriebsrat ist befristete Beschäftigung zwar häufiger, die Befristungsquoten sind allerdings niedriger als in Betrieben ohne Betriebsrat (Düll/Ellguth 1999).

6.7 Zwischenresümee

Eine zusammenfassende Interpretation der wenigen Daten fällt schwer, wenn man nicht in „union bashing“ oder Larmoyanz enden will. Eine eher „gewerkschaftsfreundliche“ Interpretation lautet, dass die Arbeitnehmervertretungen zwar nicht traditionell, aber seit den 2000er Jahren versuchen, noch ungünstigere Entwicklungen bei atypischen Beschäftigungsformen zu verhindern, ohne jedoch rechtlich und faktisch in der Lage zu sein, deren Zunahme vollständig zu stoppen oder einzelne sogar abzuschaffen. Für die überwiegende Mehrzahl der Arbeitnehmer sind diese Formen, mit der einzigen Ausnahme der Teilzeitarbeit, weniger wünschenswert als NAV.

Die entgegengesetzte Interpretation der Daten lautet, dass die Interessenvertretungen nach wie vor vorrangig die „Insider“ oder Kernbelegschaften schützen und weniger die „Outsider“ oder Randbelegschaften vertreten, zu denen die atypisch Beschäftigten mit ihren gruppenspezifischen Interessen zweifellos gehören. In dieser defensiven Strategie, die sich auf das „Kerngeschäft“ konzentriert wird die Zukunft gesehen. Die eingangs skizzierte Frage inklusiver vs. exklusiver Solidarität ist (noch) nicht entschieden.

7 Vorschläge zur Neu-Regulierung atypischer Beschäftigung

7.1 Grundsätzliche Überlegungen

Die aufgezeigten erhöhten Prekaritätsrisiken atypischer Beschäftigungsformen blieben in der kontroversen Auseinandersetzung lange Zeit kaum berücksichtigt, obwohl sie empirisch vielfach belegt und ihre Folgen offensichtlich waren. Die hohen Erwartungen an kurzfristig-positive Folgen der Deregulierungen im Zuge der Hartz-Gesetze, vor allem einen erhofften Abbau von Arbeitslosigkeit, überdeckten die Diskussion über die langfristig-negativen Konsequenzen. Mit der aufgekommenen Diskussion über zukünftig wachsende Risiken der Altersarmut mehren sich allerdings die Stimmen, die eine Umsteuerung befürworten (Rische 2008; Waltermann 2010; Möller 2012; international vergleichend Fink 2000); auch einzelne Arbeitgeberverbände aus betroffenen Branchen votieren für bestimmte Elemente von Neu-Regulierung wie die Einführung von branchenspezifischen Mindestlöhnen.

Damit stellt sich auf normativer Ebene die zentrale Frage nach dem politischen Umgang mit diesen Beschäftigungsformen in der Zukunft: Soll der Kurs der in den vergangenen Jahrzehnten fortgeschrittenen Deregulierung und Flexibilisierung (vgl. Kap. 5)[1] in Zukunft weitergeführt, wie u.a. vom Sachverständigenrat und Arbeitgeberverbänden gefordert, insbesondere auf den Bereich der Stammbeschäftigten mit NAV ausgedehnt werden, oder sollen Änderungen in Richtung auf Neu-Regulierung, vor allem von Formen atypischer Beschäftigung, orientiert sein? Antworten auf diese Fragen sind umso drängender, je wahrscheinlicher allein aufgrund des wirtschaftlichen Strukturwandels (sogenannte Tertiarisierung) mit einem weiteren Anstieg der atypischen Beschäftigung zu rechnen ist – und sich daher die im Einzelnen diskutierten sozialen Risiken verschärfen werden.

Nachfolgend entwerfen wir weder ein Szenario für die Zukunft des Sozialstaates noch eine generelle Neuordnung des Arbeitsmarktes, die auch den Bereich der NAV einschließt. Wir konzentrieren uns vielmehr auf die eingangs eingeführten zentralen sozialen Risiken (Einkommen, Beschäftigungsstabilität, Beschäftigungsfähigkeit, Integration in die sozialen Sicherungssysteme), ohne ausführlich auf andere spezifische Probleme (wie eine Erweiterung der Mitbestim-

1 Deregulierungsmaßnahmen sind – im Gegensatz zu häufig in der Öffentlichkeit vertretenen Positionen – nicht der alleinige oder der Hauptgrund für die Zunahme atypischer Beschäftigung, sie unterstützen und erleichtern aber die Entwicklung (vgl. Kap. 5.3).

mungsmöglichkeiten auf betrieblicher Ebene) oder andere Politikfelder (wie Steuerrecht, u.a. Ehegattensplitting) einzugehen[2] oder breitere soziale Kontexte zu thematisieren (Kalleberg 2011). Zunächst präsentieren wir Vorschläge, die sich auf sämtliche Formen atypischer Beschäftigung beziehen, bevor wir Vorschläge für spezifische Formen diskutieren.[3]

Wir unterscheiden im Sinne der Lebenslaufperspektive explizit zwischen Erwerbs- und Nacherwerbsphase; die Prekaritätsrisiken reichen, wie wir gezeigt haben (vgl. Kap. 4), weit über das Ende der Erwerbstätigkeit hinaus. Weiterhin sind die jeweiligen Kontextbedingungen zu berücksichtigen. In Bezug auf das Einkommen ist es der Haushaltskontext im Sinne der bereits eingeführten Unterscheidung von Individual- und Haushaltseinkommen. Bei der sozialen Sicherung ist es die Unterscheidung zwischen individuell-eigenständiger und abgeleiteter Sicherung, vor allem der Alterssicherung.

Wir vertreten im Folgenden die Position, dass die genannten Risiken zumindest vermindert, im günstigsten Fall eliminiert werden sollten. Dieses Ziel sollte durch Schritte einer entprekarisierenden Neuordnung angestrebt werden, da „Marktkräfte" allein, wie die beschriebenen Entwicklungen atypischer Beschäftigungsformen zeigen, offensichtlich prekaritätsfreie Arbeits- und Beschäftigungsbedingungen nicht garantieren können. Das Ziel der vorgeschlagenen Maßnahmen besteht nicht darin, bestimmte Formen atypischer Beschäftigung zu verbieten und abzuschaffen, wie es früher, vor allem in Bezug auf Leiharbeit, wiederholt gefordert wurde (vgl. Kap. 6).[4] Auch soll nicht der status quo ante der Hartz-Reformen wiederhergestellt werden. Es geht vielmehr um eine sozial ausgewogenere rechtlich-institutionelle Gestaltung, die atypischen Beschäftigungsverhältnissen die Prekaritätsrisiken nimmt. Die unterbreiteten Reformvorschläge verfolgen auch nicht das Ziel, die ursprüngliche Dominanz des NAV (wieder-)herzustellen, schon gar nicht im Sinne des eingangs angesprochenen „male breadwinner model" der Nachkriegsjahrzehnte, sondern sie wollen die Rahmenbedingungen der veränderten Beschäftigungsformen umgestalten, sodass deren Nachteile möglichst beseitigt werden, ohne die Flexibilität des Arbeitsmarktes zu gefährden.

In arbeitsmarkttheoretischer – genauer institutionalistischer – Perspektive besteht ein strukturell gegebenes Machtungleichgewicht zwischen Angebots- und

---

2 Auch die an anderen Stellen diskutierten Gesundheitsaspekte bleiben ausgeklammert (Becker et al. 2012; Langhoff et al. 2012).

3 Wir konzentrieren uns wie in den anderen Kapiteln auf die rechtlich-institutionellen Bedingungen in der Bundesrepublik. Vgl. zur international-komparativen Diskussion Stone/Arthurs (2013).

4 Hierbei besteht ein spezifisches Problem. Die stärkere Regulierung einer Form (z.B. Leiharbeit) kann zu Ausweichreaktionen und zur Zunahme anderer, weniger regulierter Formen (z.B. Werkverträgen) führen.

Nachfrageseite (zusammenfassend Offe/Hinrichs 1984), welches bei atypischen Beschäftigungsverhältnissen stärker ausgeprägt ist als bei NAV. Die behandelte Monopoltheorie (vgl. Kap. 5) zeigt, dass aufgrund der Marktmacht einzelner Unternehmen bei monopsonistischen Strukturen des Arbeitsmarkts anders als beim Standardmodell mit vollkommenem Wettbewerb Entgelte unterhalb des Gleichgewichtslohns bzw. Monopolrenten die Folge sind. In segmentationstheoretischer Sicht geht es darum, die zunehmende Spaltung zwischen den Segmenten abzubauen oder zumindest zu verhindern, dass sie sich weiter verfestigen bzw. vertiefen. Prinzipien der Exklusion sollten durch solche der Inklusion abgelöst werden. Die nachfolgenden Vorschläge versuchen, diesen Prinzipien Rechnung zu tragen.

Maßnahmen der Neu-Regulierung implizieren notwendigerweise eine gewisse Umverteilung der bestehenden Risiken und Kosten innerhalb der unterschiedlichen Interessen an mehr Flexibilität, vor allem, wenngleich nicht ausschließlich auf Seiten der Unternehmen bzw. verbesserter sozialer Sicherheit auf Seiten der Arbeitnehmer.[5] Diese mit dem Beschäftigungsverhältnis stets verbundenen Unsicherheiten bzw. Risiken wurden durch die in den vergangenen Jahrzehnten, vor allem im Rahmen der Hartz-Gesetze, durchgeführten Maßnahmen der Deregulierung und Flexibilisierung, einseitig zu Lasten der Arbeitnehmer – und teilweise auch der Steuerzahler – verschoben; Leiharbeit und geringfügige Beschäftigung sind die deutlichsten Beispiele (ähnlich in komparativer Perspektive Evans/Gibb 2009). Außerdem können aufgrund der dargestellten heterogenen Zusammensetzung der Gruppen in den einzelnen Formen atypischer Beschäftigung auch Interessenunterschiede auf Arbeitnehmerseite auftreten (vgl. Kap. 6), etwa bei Einführung der generellen Versicherungspflicht für alle Minijobber oder Solo-Selbstständigen. Insofern können sich bei der politischen Diskussion um Neu-Regulierung durchaus unerwartete Interessenkoalitionen und -konflikte ergeben.

Schließlich ist zu bedenken, dass aufgrund der in Kapitel 3 detailliert aufgezeigten deutlich ungleichen Verteilung der atypischen Beschäftigungsverhältnisse auf die Wirtschaftsbereiche, u.a. von Mini- und Midijobs, faktisch eine Subventionierung der Branchen stattfindet, die diese Formen überproportional häufig einsetzen. Eine weitere indirekte Form der Subventionierung kann man darin sehen, dass niedrige Löhne, wie sie vor allem bei Leiharbeit gezahlt werden und offensichtlich Teil bestimmter Geschäftsmodelle sind, häufig durch Transferleistungen, die aus dem Steueraufkommen finanziert werden, aufgestockt werden müssen. Derartige Wettbewerbsverzerrungen sollten durch eine Reinternalisierung der Kosten abgelöst werden.

---

5 Eine solche Balance versuchen die in den vergangenen Jahren entwickelten Konzepte von Flexicurity herzustellen (Keller/Seifert 2008). Ähnlich argumentiert im US-amerikanischen Kontext Kalleberg (2011, 2012).

Aus diesen Gründen folgen wir nicht der entgegengesetzten Strategie, die als Problemlösung einen weiteren Abbau von Rechten der NAV, deren Angleichung an die Bedingungen atypischer Beschäftigungsverhältnisse und dadurch eine Gleichstellung aller abhängig Beschäftigten auf niedrigerem Niveau empfiehlt (SVR 2005, 2008). Vorgeschlagen wird vor allem eine weitere Lockerung des Kündigungsschutzes. Sie würde die Bewältigung der Anpassungslasten recht einseitig auf nahezu sämtliche Arbeitnehmer, weite Teile der atypisch Beschäftigten ebenso wie auf Beschäftigte mit NAV, verlagern, ohne dass die erhofften positiven Beschäftigungswirkungen empirisch nachgewiesen sind (Bauer et al. 2004; Jahn 2005; Herzog-Stein/Logeay 2009). Die deutlichen Vorteile, die Unternehmen von diesen Beschäftigungsformen aufgrund von erhöhten Flexibilitätspotentialen und niedrigen Löhnen haben, werden größer. Auch widerspricht diese Position verbreiteten Gerechtigkeitsvorstellungen.[6] Sie lässt schließlich außer Acht, dass sich auch die Beschäftigungsbedingungen von NAV verschlechtert haben, u.a. durch Verzicht auf Lohnsteigerungen bzw. Lohnzurückhaltung,[7] und klammern die – neben quantitativen Veränderungen – bestehende Notwendigkeit qualitativer Verbesserungen der Erwerbsarbeit aus (Konle-Seidl/Trübswetter 2011).

Als Instrumente einer Neu-Regulierung kommen Tarifverträge und Gesetze in Frage. Sie können auch kombiniert werden und sich ergänzen, etwa im Sinne verallgemeinernder (Mindest-)Regelungen und (branchen-)spezifischer Konkretisierungen (vgl. zu letzteren Kap. 6). Die Reichweite von Tarifverträgen ist vergleichsweise begrenzt, da ihre Deckungsraten seit den 1990er Jahren deutlich abgenommen haben (Ellguth/Kohaut 2013). Atypische Beschäftigungsverhältnisse sind von dieser Entwicklung in besonderem Maße betroffen.

Die korporativen Akteure der Regulierung sind Tarifvertragsparteien und Gesetzgeber. Letzterer bleibt auch in Zeiten von Deregulierung und Flexibilisierung der Arbeitsbeziehungen ein unverzichtbarer Akteur (Kalleberg 2012: 442); er müsste die Orientierung seiner Intervention, die unabhängig von der Zusammensetzung der Regierungskoalitionen in den vergangenen Jahrzehnten stets auf

---

6 Sehr ähnlich wird mit Bezug auf entsprechende OECD-Forderungen argumentiert: „... in order to bring the different types of contracts closer together, the solution recommended is to lower the protection for those with regular contracts instead of raising the standards for those working in a temporary situation.“ (Evans/Gibb 2009: 51)

7 In einem ähnlichen Diskussionszusammenhang in den USA argumentiert Kalleberg (2012: 431): „In such periods of high unemployment, concerns about job quantity overshadow issues of job quality. Now, as during the Great Depression, having any job is generally regarded as better than not having any job at all. While this view is certainly understandable, it unfortunately tends to shift attention away from the larger question of what kinds of jobs are being created. The emphasis of policy should not only be on creating jobs, but on generating more good jobs.”

weitere Deregulierung im Sinne des neoklassischen Paradigmas gerichtet war, in Richtung auf eine an sozialen Kriterien orientierte Neuordnung des rechtlich-institutionellen Handlungsrahmens des Arbeitsmarktes umkehren. Hierfür optieren seit wenigen Jahren Gewerkschaften, wie wir im vorigen Kapitel gezeigt haben. Im Vordergrund steht die Neu-Regelung der Minijobs und der Leiharbeit, nachdem lange Zeit Desinteresse oder Forderungen nach politischen Verboten dominierten.

Die Durchsetzung dieser Forderungen gestaltet sich sowohl auf politischer als auch auf tariflicher Ebene mühsam und schwierig: Die für die Gesetzgebung notwendigen Mehrheiten, z.B. für die Einführung eines flächendeckenden Mindestlohns, sind nur schwer herzustellen. Im Rahmen von Tarifpolitik stellt sich das bereits diskutierte Problem abnehmender Deckungsraten bzw. Tarifbindung auf Sektor- bzw. Branchenebene. Außerdem dürfte der Organisationsgrad atypisch Beschäftigter durchweg niedriger sein als der von Arbeitnehmern in NAV; dadurch bleiben sowohl die externe Verhandlungsmacht als auch der interne Einfluss auf die Verbandspolitik begrenzt. Atypisch Beschäftigte sind auch hinsichtlich ihrer Integration sowohl in die überbetriebliche als auch in die betriebliche Interessenvertretung gegenüber Arbeitnehmern in NAV benachteiligt (vgl. Kap. 6).

7.2 Soziale Risiken und ihre Neu-Regulierung

Aufgrund der erheblichen Heterogenität der Formen atypischer Beschäftigung (vgl. Kap. 4) müssen auch die Maßnahmen ihrer Neu-Regulierung differenzierter erfolgen, als dies bei den vergleichsweise homogenen NAV der Fall ist.[8] Unsere Vorschläge können sich daher nur zum Teil auf mehrere, zum Teil lediglich auf einzelne Formen beziehen; gelegentlich wären sogar innerhalb einzelner Formen weitergehende Differenzierungen sinnvoll, etwa von Minijobs, die ausschließlich oder als Nebenerwerbstätigkeit ausgeübt werden, oder von Selbstständigen in solche mit weiteren Mitarbeitern und in Solo-Selbstständige. Natürlich führt die Neu-Regulierung des rechtlich-institutionellen Rahmens nicht automatisch zu den entsprechenden Veränderungen der tatsächlichen Beschäftigungsbedingungen (sogenannte Illusion des Rechts); sie können aber wesentlich dazu beitragen, vor allem wenn ihre Implementation kontrolliert wird. Selbst wenn mit Ausweichreaktionen zu rechnen ist, etwa mit einer Zunahme von Werkverträgen bei Neu-Regulierung von Leiharbeit, kann diese Option keine Begründung für andauernde Untätigkeit sein.

---

8 Wir strukturieren das Kapitel nach den im Verlauf unserer Untersuchung unterschiedenen sozialen Risiken, nicht nach den Beschäftigungsformen. Stärkere Berücksichtigung finden also auch Elemente sozialer Sicherung.

7.2.1 Einkommen

Das Problem der Einkommen betrifft mit Abstufungen alle Formen atypischer Beschäftigung, wenngleich sich auch Arbeitnehmer in NAV im Niedriglohnsektor befinden. Er expandierte in den 2000er Jahren stark und umfasst inzwischen über 20 Prozent der abhängig Beschäftigten (vgl. Kap. 4). Infolge dieser Entwicklung wird auch in der Bundesrepublik die Einführung eines generellen Mindestlohnes in sämtlichen Branchen diskutiert. Das Ziel besteht darin, bei allen Formen atypischer Beschäftigung die erheblichen Einkommensrisiken deutlich zu reduzieren bzw. subsistenzsichernde (Familien-)Einkommen zu ermöglichen. Für die Staatshaushalte würde diese Regelung zu erheblichen Mehreinnahmen bei Steuern und Sozialversicherungsbeiträgen sowie Minderausgaben bei Sozialtransfers, u.a. durch Einsparung bei den sogenannten Aufstockern, führen (Prognos 2011). Die Einsparungen bei den Sozialtransfers würden sich bis in die Rentenphase fortsetzen.

Die Kontroverse über mögliche Folgen für das Beschäftigungsniveau findet seit Mitte der 1990er Jahre vor allem zwischen Arbeitsökonomen in den angelsächsischen Ländern statt (Card/Krueger 1995, 2000; Dube et al. 2007, 2010; Metcalf 2008). Ein breit angelegter Überblick für die USA kommt zu folgenden Schlussfolgerungen:

> „First, ... the literature that has emerged since the early 1990s on the employment effects of minimum wages points quite clearly – despite a few prominent outliers – to a reduction in employment opportunities for low-skilled and directly affected workers. Second, the research on the distributional effects of minimum wages, though far less extensive, finds virtually no evidence that minimum wages reduce the proportion of families with incomes near or below the poverty line, and some of it indicates that minimum wages adversely affect low-income families. Finally, minimum wages appear to inhibit skill acquisition by reducing educational attainment ad perhaps training, resulting in lower adult wages and earnings." (Neumark/Wascher 2010: 286, ähnlich 6f.)

Die Verfasser betonen jedoch mehrfach, dass die Basis ihrer Übersichtsstudie über das „new minimum wage research" vor allem Arbeiten über die USA bilden und dass Studien über andere Länder zu anderen Ergebnissen gelangen (British Journal of Industrial Relations 2009). Relevante institutionelle Rahmenbedingungen für den Zusammenhang von Mindestlöhnen und Beschäftigungsniveau sind u.a. Kündigungsschutzregelungen, aktive Arbeitsmarktpolitik sowie ein hoher gewerkschaftlicher Organisationsgrad (Neumark/Wascher 2010: 90ff.). Außerdem ist die empirische Evidenz nicht immer eindeutig, u.a. weil sie von paradigmatischen Eingangsprämissen sowie Modellspezifikationen abhängt. Schließlich weist eine Metastudie, die verschiedene empirische Arbeiten zusammenfasst, darauf hin, dass in institutionalistischer Sicht Anpassungsmaßnahmen der Unternehmen in Reaktion auf Mindestlöhne nicht ausschließlich über die Löhne erfolgen müssen.

> „The strongest evidence suggests that the most important channels of adjustment are: reductions in labor turnover; improvements in organizational efficiency; reduction in wages of higher earners („wage compression"); and small price increases." (Schmitt 2013: 22)

Im Übrigen gehört Deutschland zu den wenigen EU-Mitgliedsländern ohne entsprechende gesetzliche Regelungen (Schulten 2011). In diesen Ländern sind die Risiken für Prekaritätslöhne atypisch Beschäftigter größer als in anderen. Weiterhin ist hervorzuheben, dass atypische Beschäftigungsverhältnisse in der Diskussion um Mindestlöhne kaum explizit Beachtung finden, obwohl sie in besonderem Maße betroffen sind.[9]

Unter Arbeitsökonomen (Blum et al. 2008; Franz 2009: 338ff.) verbreitet ist die Auffassung, dass unter Verweis auf das allgemeine Marktmodell mit einem perfekten Arbeitsmarkt durch eine verbindliche Festlegung von Lohnuntergrenzen eine erhebliche Zahl von Arbeitsplätzen wegfallen oder verlagert würde; ein hoher Mindestlohn würde vor allem die Beschäftigung von gering Qualifizierten im Niedriglohnsektor verhindern.[10] Wegen dieser negativen Beschäftigungseffekte, die auf der Basis von Simulationsrechnungen befürchtet werden, lehnen sie die Einführung eines generellen Mindestlohns ab.

Mehrere empirische Studien bzw. ex-post-Evaluationen, die inzwischen auch für die Bundesrepublik vorliegen (König/Möller 2007; IAB et al. 2011), bestreiten allerdings die Existenz eines solch engen Zusammenhangs.[11] Der Überblick über Evaluationen der Branchen mit branchenspezifischen Mindestlöhnen bestätigt diesen Befund: „Beschäftigungsverluste durch einen Mindestlohn sind weitgehend ausgeblieben. Insbesondere in Ostdeutschland lassen sich hingegen deutliche Effekte der Lohnuntergrenze auf die Lohnverteilung nachweisen." (Möller 2012: 187). Die strikte Verknüpfung von Mindestlöhnen und Beschäftigungshöhe basiere auf bestimmten, neoklassisch geprägten Annahmen über den Marktkontext, d.h. auf dem idealisierten Modell eines vollkommenen statt eines tatsächlich unvollkommenen Marktes (Schettkat 2006). Dagegen gehen am institutionalistischen Paradigma orientierte Ökonomen nicht von Wettbewerbs-,

---

9 Schließlich ließe sich das spezifische, in unserem Kontext nicht näher behandelte Problem der Entlohnung von Werkverträgen, die in jüngster Zeit häufiger als früher an die Stelle von Leiharbeit treten, durch einen allgemeinen Mindestlohn nicht lösen, da kein Stundenlohn, sondern die Erstellung eines „Werkes" vereinbart wird.

10 Auch der SVR spricht sich mehrheitlich gegen einen Mindestlohn aus; eine Minderheit hingegen votiert für eine solche Regelung (SVR 2006: 423ff.).

11 Die einzelnen Branchenstudien sind nachzulesen in: Journal of Labour Market Research (2012), vgl. auch die Zusammenfassung bei Bosch/Weinkopf (2012).

sondern von teilweise monopsonistisch geprägten Arbeitsmärkten aus, auf denen die Entgelte anders als bei vollkommenem Wettbewerb aus verschiedenen Gründen (u.a. Informationsasymmetrien, Transaktionskosten) unterhalb des Gleichgewichtslohns liegen können (vgl. Kap. 5). Sie votieren für die gesetzliche Einführung von moderaten Mindestlöhnen, die nicht nur positive Einkommenseffekte haben, vor allem in den expandierenden Niedriglohnsektoren, sondern auch die Produktivität steigern, die Arbeitsmotivation verbessern, in keynesianischer Sicht die gesamtwirtschaftliche Nachfrage erhöhen und sogar positive Beschäftigungseffekte auslösen können (zusammenfassend Kaufman 2010). Insbesondere würde auch das Problem der sogenannten Aufstocker angegangen, die zwar erwerbstätig sind, aber aufgrund sehr niedriger Entgelte ergänzend Leistungen der Grundsicherung (nach SGB II) in Anspruch nehmen müssen, um ein Subsistenz sicherndes Einkommen zu erreichen.[12]

Zusammenfassend ist festzuhalten, dass die wissenschaftliche Auseinandersetzung zwischen den beiden Lagern der Ökonomen trotz erheblicher Anstrengungen sowie erreichter Verbesserungen der ökonometrischen Verfahren (Dube et al. 2010; Möller 2012) auch auf empirischer Basis nach wie vor nicht entschieden ist; eine zunehmende Zahl von Studien lässt allerdings erhebliche Zweifel an der Mehrheitsmeinung aufkommen. Sowohl die öffentliche als auch die wissenschaftliche Diskussion um die paradigmatische Orientierung geht weiter. Diese Ausrichtung ist auf potentielle Beschäftigungseffekte fokussiert und klammert andere mögliche Folgen weitgehend aus, u.a. für das Bildungs- und Ausbildungssystem, die interpersonelle Einkommensverteilung, die Lohnstruktur oder makroökonomische Größen (wie Preise, Gewinne, öffentliche Ausgaben).[13]

Im Unterschied zu anderen, vor allem den angelsächsischen Ländern kam diese Diskussion in der Bundesrepublik erst in den 2000er Jahren auf, als die gewerkschaftlichen Organisationsgrade und tariflichen Deckungsraten weiter abnahmen und der Niedriglohnsektor deutlich expandierte. Die für die Einführung eines Mindestlohns notwendigen politischen Mehrheiten kamen jedoch – zumindest bis 2013 – trotz zunehmender Zustimmung in der Öffentlichkeit nicht zu-

---

12 Die absolute Zahl beträgt über 1,3 Millionen und blieb seit 2007 weitgehend unverändert. Gestiegen ist der Anteil der Empfänger von ALG II, die zugleich erwerbstätig sind. Ca. 58 Prozent der sozialversicherungspflichtig beschäftigten Aufstocker arbeiten Vollzeit. Die sogenannte Dunkelziffer, d.h. der Anteil derjenigen, die gegebene Ansprüche nicht geltend machen, ist unbekannt, da systematische Informationen über Ansprüche fehlen (Bäcker 2013).

13 Eine Simulationsrechnung gelangt zu folgenden kurzfristigen fiskalischen Wirkungen eines flächendeckenden Mindestlohns von 8.50 Euro pro Stunde: Mehreinnahmen bei der Einkommenssteuer gut 800 Mio. Euro, bei den Sozialversicherungsbeiträgen knapp 1,7 Mrd. Euro, Einsparungen bei den SGB-II-Ausgaben zwischen mindestens 0,4 Mrd. Euro und höchstens knapp 1 Mrd. Euro (Wiemers/Ziegler 2013).

stande. Nach anfänglichem Zögern fordern seit einigen Jahren alle Oppositionsparteien und Gewerkschaften[14] einen einheitlichen gesetzlichen Mindestlohn. Arbeitgeber- und Wirtschaftsverbände lehnen ihn, u.a. unter Berufung auf das Prinzip der Tarifautonomie sowie die befürchteten Beschäftigungseffekte, mehrheitlich nach wie vor strikt ab. Auf Branchenebene vertreten einige Arbeitgeberverbände allerdings eine von ihren Dachverbänden abweichende Position, da sich ihre Mitglieder durch die Einführung Schutz und Wettbewerbsvorteile gegenüber in- und ausländischer Unterbietungskonkurrenz durch nicht-tarifgebundene Betriebe versprechen; Mindestlöhne wirken als Markteintrittsbarriere (Bachmann et al. 2012b).

Die Regierungskoalition aus CDU/CSU und FDP legte sich in ihrer 2009 geschlossenen Koalitionsvereinbarung auf Ablehnung fest – und kann sich intern nicht auf eine Änderung einigen: Die FDP lehnte mit Verweis auf die Tarifautonomie einen generellen flächendeckenden Mindestlohn nach wie vor ab (Stand Mitte 2013). Die CDU änderte 2011 auf Druck ihres Arbeitnehmerflügels, der CDA, ihre strikt ablehnende Haltung und favorisiert inzwischen eine „marktwirtschaftlich organisierte Lohnuntergrenze“, die in Branchen ohne gültigen Tarifvertrag eine paritätische Kommission der Gewerkschaften und Arbeitgeber festlegen und die Regierung durch Verordnung umsetzen soll.

Unsere Kritik an diesem Vorschlag verweist auf mehrere Schwächen:

- Er bezieht sich ausschließlich auf Branchen ohne geltende Tarifverträge und lässt ungeklärt, weshalb die Tarifpartner, die bisher – aus welchen Gründen auch immer – keinen Kollektivvertrag geschlossen haben, dies nun tun sollten; dieses Problem tarifloser Branchen lässt sich nur durch einen allgemein geltenden gesetzlichen Mindestlohn lösen.
- Ferner klammert der Vorschlag Branchen aus, in denen zwar Tarifverträge bestehen, diese aber aufgrund schwacher gewerkschaftlicher Durchsetzungsfähigkeit sehr niedrige Entgelte in den unteren Lohngruppen vorsehen; diese Entgelte unterhalb des Mindestlohns blieben bestehen. Ein allgemein geltender Mindestlohn hätte Vorrang vor entsprechenden Tarifverträgen.
- Außerdem bleibt das Verfahren der Festsetzung ungeklärt und deshalb wenig praktikabel. Welche (Schlichtungs-)Regeln treten in Kraft, wenn in der Kommission keine Einigung zustande kommt? Wie sollen sich die Tarifpartner einigen, wenn sie zuvor keinen Tarifvertrag abgeschlossen haben?

---

14 Bei den Gewerkschaften ging die Initiative von denen des privaten Dienstleistungssektors aus, vor allem ver.di, die mit niedrigeren tariflichen Deckungsraten und höheren Anteilen von Niedriglohnempfängern konfrontiert sind als die des produzierenden Gewerbes, vor allem die IG Metall und die IG BCE.

Insgesamt ist der Vorschlag, der auf Differenzierung zwischen Branchen, Regionen und Gruppen setzt, nicht zu verwechseln mit den Forderungen der anderen Parteien (SPD; Grüne, Die Linke) und Gewerkschaften nach einem gesetzlichen, flächendeckend einheitlichen Mindestlohn (zusammenfassend zur Debatte http://infosys.iab.de/chronik/chrTab.asp?Tab=Links&Selektor=28#Ebene).

Nach einer Grundsatzentscheidung für einen generellen Mindestlohn bliebe eine Reihe konkreter Probleme zu lösen, um die intendierten Wirkungen tatsächlich zu erzielen. Eine Bedingung ist – neben umfangreichen Informationen aus Gründen der Transparenz – die jeweils frühzeitige Ankündigung vor der tatsächlichen Einführung, um kurzfristige Schockwirkungen zu verhindern und genügend Zeit für betriebliche Anpassungsmaßnahmen, u.a. der Arbeitsorganisation, zu lassen. Weiterhin entscheidet die rechtlich-institutionelle Form der Einführung (Gesetz versus Tarifverträge) über Reichweite und Wirkung; dabei ist zu berücksichtigen, dass ein flächendeckend-branchenübergreifender, d.h. generell geltender Mindestlohn nur durch Gesetzgebung zu erreichen ist.

Die vorhandene, in den vergangenen Jahren mehrfach genutzte Option zum Abschluss entsprechender (Branchen-)Tarifverträge führt, wie die Erfahrungen zeigen (vgl. Kap. 6), lediglich zu einem sich zwar allmählich erweiternden, aber nach wie vor recht lückenhaften Flickenteppich heterogener, branchenbezogener Vereinbarungen.[15] Zudem verursacht diese Vorgehensweise erhebliche Transaktionskosten, u.a. bei Umsetzung und Kontrolle, und steht vor der häufig schwierig zu überwindenden Hürde der Allgemeinverbindlicherklärung. Außerdem lässt sich einwenden, dass entsprechende Tarifverträge den politischen Druck zur Einführung eines generellen Mindestlohnes mindern.

Da atypische Beschäftigungsverhältnisse, wie wir gezeigt haben, über zahlreiche, vor allem Dienstleistungsbranchen verteilt sind, kann nur eine generelle Regelung die adäquate Problemlösung darstellen.[16] Hiervon würden besonders Frauen profitieren, die in den meisten Formen überrepräsentiert sind.

Von zentraler Bedeutung für die Auswirkungen eines Mindestlohns ist die Form seiner rechtlich-institutionellen Ausgestaltung und Umsetzung, die im internationalen Vergleich deutliche Unterschiede aufweist (Rycx/Kampelmann 2012). Als Vorbild für die Einführung wird in der aktuellen Diskussion mehrfach das Vorgehen in Großbritannien empfohlen, wo eine unabhängige, tripartis-

---

15 Die rechtliche Basis ist das Arbeitnehmer-Entsendegesetz; die von den Tarifpartnern ausgehandelten Lohnuntergrenzen erklärt das Bundesarbeitsministerium für bindend für die gesamte Branche (zu Einzelheiten Bosch et al. 2009).

16 Im Übrigen erweist sich auch das Instrument der Allgemeinverbindlichkeitserklärung (nach Tarifvertragsgesetz) in seiner derzeitig geltenden Form als nicht geeignet zur flächendeckenden Lösung des Problems, da die spezifischen Voraussetzungen seiner Anwendung (§ 5) nicht in allen Branchen erfüllt sind. Außerdem sind Anzahl und Anteil der für allgemeinverbindlich erklärten Tarifverträge seit den 1990er Jahren rückläufig.

tisch zusammengesetzte Kommission, die Low Pay Commission (http://www.lowpay.gov.uk/) jährlich Vorschläge zur Anpassung der Mindestlöhne unterbreitet (zu Einzelheiten Brown 2009). In Großbritannien sind – entgegen ursprünglichen Befürchtungen – keine negativen Beschäftigungseffekte festzustellen (Metcalf 2008).[17]

Die Frage ist, ob in Anbetracht der andauernden Kontroversen zwischen den Dachverbänden der Sozialpartner sowie Wissenschaftlern eine derartige Kommission in der Bundesrepublik arbeits- und konsensfähig wäre oder sich paralysieren würde. Eine Alternative wäre, die jährlichen Steigerungsraten eng an einen Index (wie die durchschnittlichen Lohn- und/oder Preissteigerungen plus gesamtwirtschaftliche Produktivitätszuwächse) zu koppeln und durch diese Festlegung die ansonsten – vor allem vor Wahlen – stets wiederkehrenden politischen Konflikte zwischen widerstreitenden Interessen über die Höhe der notwendigen Anpassungen zu vermeiden. Eine Indexierung würde außerdem verhindern, dass der reale Gegenwert der einmal festgelegten, aber nicht regelmäßig angepassten Mindestlöhne allmählich sinkt, wie es in den USA, die Anpassungen auf Bundesebene nur recht unregelmäßig vornehmen, immer wieder der Fall ist (Elwell/Levine 2013).[18]

Außerordentlich wichtig für seine unterschiedlichen Konsequenzen, u.a. für das bestehende System der Kollektivverhandlungen, aber auch für die Steuer- und Sozialpolitik, ist die Höhe des Mindestlohnes. Sie hätte nicht nur Konsequenzen für mögliche Beschäftigungseffekte, sondern auch für die Zahl bzw. den Anteil der von einer generellen Regelung überhaupt betroffenen Arbeitnehmer.[19] Diverse Vorschläge, die sich mehrheitlich um einen moderaten Stundenlohn zwischen 7,50 Euro (im Osten) und 8,50 Euro (im Westen) und damit auf dem Niveau der westeuropäischen Nachbarländer bewegen, liegen seit Jahren vor (Schulten et al. 2006; Bosch et al. 2009). Die Einführung eines Mindestlohns in Höhe von 8,50 Euro hätte zur Folge, dass jeder fünfte Beschäftigte Anspruch auf eine Lohnerhöhung hätte (Kalina/Weinkopf 2012). Profitieren wür-

---

17 Auch der Dachverband der britischen Arbeitgeber, Confederation of British Industry (CBI), hat den ursprünglich prinzipiellen Widerstand aufgegeben (http://www.cbi.org.uk/media-centre/press-releases/2012/03/cbi-comments-on-national-minimum-wage-announcement/).

18 Die USA verfügen über ein dreistufiges System. Der auf Bundesebene festgelegte Mindestlohn kann auf Ebene der einzelnen Bundesstaaten erhöht werden, die Kommunen können eine weitere Erhöhung („living wages") beschließen. In der Mehrzahl von Ländern gilt ein einheitlicher nationaler Mindestlohn.

19 Der Kaitz-Index gibt den relativen Wert des Mindestlohns an als Prozentsatz des nationalen Durchschnitts- im Sinne des Medianlohns. Die aktuellen Unterschiede zwischen den EU- bzw. OECD-Ländern sind beträchtlich; häufig liegt er unterhalb der Niedriglohnschwelle von zwei Dritteln des Medianlohns (Schulten 2012).

den vor allem Arbeitnehmer in den typischen Niedriglohnbranchen wie Bewachungsgewerbe, Erwerbsgartenbau, Friseurhandwerk, Gebäudereinigung sowie Hotel- und Gaststättengewerbe (Bispinck/WSI-Tarifarchiv 2012). Überproportional, wenngleich nicht ausschließlich betroffen wären atypisch Beschäftigte; etwa die Hälfte, vor allem Minijobber, und knapp 11 Prozent der Arbeitnehmer in NAV würden höhere Löhne beziehen (Statistisches Bundesamt 2012a). Zu bedenken bleibt, dass ein Mindestlohn in der genannten, politisch realistischen Höhe das Problem der Einkommensprekarität zwar wesentlich reduzieren, aber nicht vollständig beseitigen würde, da er immer noch unter dem subsistenzsichernden Niveau bleiben würde.

Ein allgemeiner Mindestlohn würde auf jeden Fall einen Beitrag zur Vermeidung zukünftiger Altersarmut leisten, da aufgrund der höheren Einkommen verbesserte eigene Ansprüche an die Rentenversicherung erworben würden. Schließlich würden auch die öffentlichen Haushalte wegen geringerer Transferleistungen profitieren.

Das Fehlen einer generellen Regelung kann die bereits bestehenden Probleme (vor allem bei der Leiharbeit) verschärfen, da auch in der Bundesrepublik seit Mai 2011 die EU-Regelungen zur Freizügigkeit für Arbeitnehmer aus den acht MOE-Staaten gelten, die 2004 der EU beigetreten sind. Die gesetzliche Einführung genereller Mindestlöhne als verbindliche Untergrenzen erweist sich als sinnvoll (Möller 2010b), da ansonsten die Tarifverträge bzw. Arbeitsbedingungen der jeweiligen Heimatländer auch in der Bundesrepublik gegolten hätten und Lohndumping in erheblichem Umfang zu erwarten gewesen wäre. Der schließlich im Frühjahr 2011 innerhalb der Regierungskoalition ausgehandelte politische Kompromiss besteht in der Aufnahme der Leiharbeit als weitere Branche in das Arbeitnehmerüberlassungsgesetz (AÜG); seit 2012 können unabhängig vom Sitz des Arbeitgebers im In- oder Ausland die tarifvertraglich vereinbarten Bedingungen für allgemeinverbindlich erklärt werden. Allerdings werden equal pay-Prinzipien im Sinne eines equal treatment von Leih- und Stammarbeitnehmern der Entleihunternehmen, wie sie im AÜG formuliert sind, durch diesen Kompromiss nicht durchgesetzt; außerdem können Umsetzungsprobleme auftreten, da die Regelung in Randbereichen der Baubranche nicht gilt.

Das Prinzip „gleicher Lohn für gleiche Arbeit" von Normal- und atypischen Beschäftigungsverhältnissen sollte nicht nur als Anspruch formuliert, sondern müsste in der Praxis tatsächlich durchgesetzt werden. Der Grundsatz des equal pay für Stamm- und alle anderen im Unternehmen beschäftigten Arbeitnehmer sollte nicht erst nach einer gewissen Einarbeitungszeit, sondern von Beginn der Tätigkeit an gelten, da er sonst bei bestimmten Formen (besonders bei Leiharbeit aufgrund der häufig kurzen Verleihzeiten von weniger als drei Monaten) seine intendierte Schutzfunktion weitgehend verfehlen müsste.[20] Die geltende Option, Abweichungen per Tarifvertrag zuzulassen (Tariföffnungsklausel nach § 3 I Nr.3 AÜG), ist aufgrund der Erfahrungen problematisch, da sie zu Unterbietungswettbewerb führen kann. Tarifliche Branchenzuschläge verringern die Lohndifferenzen (vgl. Kap. 6). Im Übrigen sollte equal pay Teil eines generellen equal treatment sein, dessen Einzelheiten (im Sinne einer Gleichbehandlung auch bei anderen Beschäftigungsbedingungen wie Weihnachts- und Urlaubsgeld oder Jahresurlaub) etwa bei der grundlegenden Revision des AÜG festzulegen wären.[21]

Einfluss auf die Einkommenshöhe hat neben equal pay-Regelungen ferner die Arbeitszeitdauer. Fast die Hälfte der teilzeitbeschäftigten Frauen und zwei Drittel der Minijobberinnen sind an längeren Arbeitszeiten interessiert, um ihre Einkommen aufzustocken (Wanger 2011). Es fehlt ihnen jedoch eine entsprechende rechtliche Grundlage, um den Wunsch nach längeren Arbeitszeiten durchzusetzen. Das TzBfG bietet Vollzeitbeschäftigten zwar rechtliche Ansprüche, in Teilzeitarbeit zu wechseln, nicht aber entsprechende Rückkehrrechte.[22] Einkommensprekarität ließe sich mindern, wenn Beschäftigte unterhalb der Vollzeit rechtliche Ansprüche hätten, die Arbeitszeit aufstocken oder zur Vollzeit zurückkehren zu können. Zugleich könnten die Beschäftigten ihre Rentenanwartschaften aufbessern. Diese Regelung hätte schließlich einen relevanten Nebeneffekt für die öffentlichen Haushalte. Mit steigenden Einkommen infolge längerer Arbeitszeiten würde die Zahl der Aufstocker abnehmen, sinkende Sozialausgaben könnten den Spielraum für Wachstum und Beschäftigung fördernde öffentliche Investitionen erweitern.

Atypische Beschäftigungsverhältnisse sind, mit der einzigen Ausnahme unbefristeter Teilzeit, weniger stabil als NAV. Die Einführung einer sogenannten Risikoprämie würde das (vor allem bei befristeter Beschäftigung und Leiharbeit) im Vergleich zum NAV erhöhte Risiko eines Verlustes des Arbeitsplatzes und des damit verbundenen Einkommens zwar nicht eliminieren können, zumindest aber finanziell zu kompensieren versuchen. Diese Prämie könnte durchgängig

20 Wegen der häufig kurzen Beschäftigungszeiten lösen die vorgeschlagenen Stufenmodelle (u.a. Jahn et al. 2011), welche die Gleichbehandlung bei den Entgelten schrittweise einführen möchten, das Problem nicht. Je länger die Fristen bis zum Erreichen gleicher Standards angesetzt werden, desto stärker laufen die vorgeschlagenen Regelungen ins Leere. Vor diesem Problem stehen auch die erwähnten Branchenzuschläge (vgl. Kap. 5).

21 Die Novelle vom Frühjahr 2011 verhindert lediglich den sogenannten Drehtüreffekt, d.h. dass Arbeitnehmer aus NAV entlassen und über konzern- bzw. hauseigene Leiharbeitsfirmen als Leiharbeitnehmer zu schlechteren Konditionen wieder eingestellt werden. Der Präzedenzfall, der zur Änderung führte, war der Drogeriediscounter Schlecker.

22 Das Konzept der Übergangsarbeitsmärkte (Schmid 2011) betont demgegenüber Wechsel in beide Richtungen.

als prozentualer Zuschlag zum regulären Entgelt oder als Pauschale bei Eintritt des Risikos gezahlt werden. Sie würde aus Unternehmenssicht zudem den Anreiz erhöhen, atypische in NAV umzuwandeln. Im Übrigen sind derartige Vorteilsregelungen, die eine Umverteilung von Risiken versuchen, weniger exotisch, als sie aus rein nationaler Perspektive auf den ersten Blick erscheinen mögen; sie bestehen bereits in den Rechtsordnungen einiger EU-Mitgliedsländer (Frankreich, Portugal).

7.2.2 Beschäftigungsstabilität und -fähigkeit

Beschäftigungsstabilität ist nicht mit Arbeitsplatzsicherheit („job security") gleichzusetzen (vgl. Kap. 2). Sie ist konzeptionell weiter gefasst, als Gelegenheit zu ununterbrochener Beschäftigung konzipiert und schließt bei Verlust des Arbeitsplatzes die möglichst nahtlose Wieder- bzw. Neubeschäftigung ein. Voraussetzung ist – neben einer ausreichenden Nachfrage nach Arbeitskräften – die Sicherung der Beschäftigungsfähigkeit (im skizzierten Sinne von „employability"), die nicht nur von der beruflichen Erstausbildung, sondern wesentlich von den Chancen zur Teilnahme an beruflicher Weiterbildung möglichst während der gesamten Erwerbsphase abhängt. Ohne verbesserten Zugang zu beruflicher Weiterbildung fällt es atypisch Beschäftigten schwer, in stabilere und besser entlohnte NAV zu wechseln (vgl. Kap. 4.1). Die eingeschränkten Zugangsmöglichkeiten zu betrieblicher Weiterbildung drohen mittel- und langfristig aber auch, Mismatch-Probleme zu verschärfen. Bleibt bei anhaltender Expansion atypischer Beschäftigung das betriebliche Weiterbildungsverhalten unverändert restriktiv, sind Unterinvestitionen in den gesamtwirtschaftlichen Humankapitalstock die Folge. Innovationsfähigkeit und wirtschaftliches Wachstum werden behindert.

Gerade angesichts des vielfach befürchteten Fachkräftemangels (zusammenfassend Brücker et al. 2013) liegt es nahe, die berufliche Weiterbildung zu intensivieren und bislang benachteiligte Personengruppen, vor allem atypisch Beschäftigte, zukünftig stärker einzubeziehen.

Während die Notwendigkeit, die beruflichen Qualifizierungsanstrengungen zukünftig ausweiten zu müssen, weitgehend unstrittig ist, gehen die Auffassungen darüber, wie eine solche Expansion zu organisieren und zu finanzieren ist, weit auseinander. Vorgeschlagen sind allgemeine Fondslösungen (Expertenkommission 2004; Bosch 2012) oder Lernzeitkonten (Seifert/Steinke 2001) oder eine Arbeitsversicherung mit Rechtsansprüchen auf Weiterbildung (Kocher/Welti 2012). In Ansätzen existieren derartige Konzepte bereits (Busse/Seifert 2009) und werden durch weitere Modelle, wie Bildungsschecks, Bildungsgutscheine, tarifliche Ansprüche auf Personalentwicklungsgespräche mit daraus abgeleiteten Weiterbildungsempfehlungen, partieller öffentlicher Förderung durch die BA im Rahmen des Programms „Weiterbildung Geringqualifizierter und beschäftigter älterer Arbeitnehmer in Unternehmen“ (WeGeBau) etc. ergänzt.

Trotz dieser Vielfalt an Konzepten bleibt die Regelungslandschaft der beruflichen Weiterbildung lückenhaft. Nach wie vor fehlt ein einheitliches und flächendeckendes System der Weiterbildungsorganisation und –finanzierung. Ein alle Wirtschaftsbereiche abdeckendes Fondsmodell könnte die Basis für individuell abgesicherte Weiterbildungschancen sichern. Denkbar wäre, privilegierte Zugangs- und Förderkonditionen für atypisch Beschäftigte einzuführen, die die bisherigen Benachteiligungen ausgleichen. Diese Fonds sollten umlagefinanziert sowie zweckgebunden sein und können auf gesetzlicher oder tarifvertraglicher Basis organisiert werden, wobei Kombinationen möglich sind.[23]

Denkbar ist auch, dass die Betriebe mit atypisch Beschäftigten zusätzlich zu den bisherigen Arbeitgeberbeiträgen einen bestimmten Anteil der Lohnsumme dieser Arbeitskräfte an die Bundesagentur für Arbeit zahlen, die diese Mittel für die Weiterbildung jener Beschäftigten verwendet. Höhere Beiträge wären durch das systematisch höhere Beschäftigungsrisiko atypisch Beschäftigter (mit Ausnahme der Teilzeitbeschäftigten) zu begründen.

Zu differenzieren ist – vor allem bei Leiharbeit – nach Art der Weiterbildungsform: On the job training (Lernen am Arbeitsplatz im Arbeitsprozess) findet vor allem im Arbeitsablauf bei den Entleihunternehmen statt, während formale Weiterbildung (Lernen in Ausbildungseinrichtungen mit anerkannten Abschlüssen) von den Verleihunternehmen zu organisieren wäre – und formal zertifiziert werden sollte, um ihre Transferierbarkeit zu erleichtern. Ein modulartiger Aufbau wäre notwendig, aber äußerst voraussetzungsvoll. Als schwierig umzusetzen dürfte sich dessen Timing erweisen, welches mit den verleihfreien Zeiten sorgsam abgestimmt werden müsste.

7.2.3 Soziale Sicherung

Die durch die Expansion atypischer Beschäftigungsverhältnisse verursachten Probleme reichen über die Erwerbsphase hinaus. Sie erfordern, Arbeitsmarkt- und Sozialpolitik bzw. Arbeits- und Sozialrecht (Waltermann 2010) nicht mehr, wie lange Zeit üblich, getrennt, sondern gemeinsam zu behandeln und zu gestalten. Wir diskutieren das generelle Problem der Integration in die sozialen Sicherungssysteme vorrangig am Beispiel der Rentenversicherung, obwohl auch in den anderen Zweigen, wie der Kranken- und Arbeitslosenversicherung, Probleme auftreten können (Klammer/Leiber 2007).

---

23 Eine erste Fondsregelung hat die IGBCE 2011 mit dem Personaldienstleister USG People abgeschlossen. Personaldienstleister und Entleihbetrieb zahlen jeweils 0,8 Prozent der Bruttolohnsumme ein, die Leiharbeitnehmer 0,4 Prozent. (http://newsroom.technicum.de/pressemitteilungen/news-singleview/article///modell-mit-v.html).

Neben den individuellen sind auch kollektive Konsequenzen der bestehenden Regelungen zu beachten, die durch die Strukturänderungen zwischen den Formen von Erwerbstätigkeit entstehen. So kann in der Krankenversicherung auf individueller Ebene der Schutz atypisch Beschäftigter aufgrund von beitragsfreier Mitversicherung von Ehepartnern gegeben sein. Auf kollektiver Ebene besteht jedoch das Problem einer Subventionierung bestimmter Beschäftigungsformen (u.a. von Minijobs und Solo-Selbstständigkeit). Die allmähliche Erosion der Finanzierungsbasis der sozialen Sicherungssysteme hat zur Folge, dass relativ weniger Beschäftigte in NAV höhere Beiträge zahlen müssen, um die Mitversicherung atypisch Beschäftigter zu finanzieren (SVR 2005: 118). Auch die aufgrund der spezifischen Zugangsbedingungen häufig fehlenden oder nur lückenhaft bestehenden Ansprüche an die Arbeitslosenversicherung stellen für bestimmte Formen atypischer Beschäftigung (vor allem bei Befristungen und Leiharbeit) ein im Vergleich zu NAV häufiger auftretendes Problem dar; zudem läuft der Anspruch auf Arbeitslosengeld I schnell (in der Regel nach zwölf Monaten) aus, so dass Leistungen der Grundsicherung in Anspruch genommen werden müssen.

Die Systeme der sozialen Sicherung (Arbeitslosigkeit, Krankheit und vor allem Alter) sind in der Bundesrepublik nach wie vor an den Prinzipien des NAV orientiert. Aufgrund der Umlagefinanzierung bzw. des Äquivalenzprinzips sind die individuellen Ansprüche abhängig von Höhe und Dauer der geleisteten Beiträge. Bei Abweichungen von den Kriterien des NAV treten systembedingt die behandelten sozialen Risiken auf. Eine systematische Anpassung des Arbeits- und Sozialrechts an die grundlegend veränderten Rahmenbedingungen der Erwerbs- und Versicherungsbiographien erweist sich als notwendig (zu Einzelheiten Weiss 2011). Diese Forderung gilt exemplarisch gerade für die Rentenversicherung.[24] Die Zahl bzw. der Anteil der Arbeitnehmer, die aufgrund zu geringer Beitragsleistungen infolge von diskontinuierlichen Erwerbsbiographien (vor allem durch atypische Beschäftigungsverhältnisse sowie Zeiten der Arbeitslosigkeit) keine subsistenzsichernden Ansprüche erwerben können, nimmt zu; besonders betroffen sind die jüngeren Alterskohorten (Trischler 2012).

Das mehrere Jahrzehnte als gelöst angesehene Problem der Altersarmut steht nicht kurz-, wohl aber mittel- und langfristig wieder auf der politischen Agenda (Fachinger 2007; Nürnberger 2007; Hinrichs 2008).[25] Der zu erwartende Anstieg der Armutsquote im Alter betrifft nicht ausschließlich, aber vor allem atypisch

24 Ein Arbeitnehmer, der 45 Jahre das Durchschnittseinkommen aller Versicherten erreicht und entsprechende Beiträge gezahlt hat, erhält eine monatliche Rente in Höhe von 1.236 Euro.

25 Die Folgen sind ungleich verteilt: Das durchschnittliche Rentenniveau in Westdeutschland bleibt relativ stabil bei Männern, die Anwartschaften von Frauen steigen, während in Ostdeutschland ein deutlicher Rückgang bei Frauen und Männern eintreten wird; die jüngeren Geburtskohorten sind deutlich stärker betroffen als die älteren, vor allem im Osten (Geyer/Steiner 2010).

Beschäftigte. Wie wir zeigen konnten, sind Frauen in sämtlichen Formen atypischer Beschäftigung (mit der einzigen Ausnahme der Leiharbeit) überrepräsentiert und damit von deren langfristigen Folgen bei sämtlichen Komponenten der Alterssicherung (gesetzliche, betriebliche, private) überproportional häufig betroffen (vgl. Kap. 4.1). Die abgeleitete Sicherung in Form von Witwenrenten entspricht nicht mehr der Realität auf dem Arbeitsmarkt und der Gesellschaft; sie sollte durch eine individuell eigenständige Sicherung abgelöst werden.

Das Problem der langfristig drohenden Altersarmut wird verschärft durch die Mitte der 2000er Jahre zur Stabilisierung der Finanzierung beschlossene generelle, langfristige Absenkung des Rentenniveaus (von ca. 53 Prozent in den frühen 2000er Jahren[26] auf 43 Prozent des durchschnittlichen Nettolohns) und der damit verbundenen Aufgabe des bisher geltenden Prinzips der Lebensstandardsicherung in den kommenden Jahren (Hinrichs 2008; Riedmüller/Schmalreck 2011). Von diesen Maßnahmen, die wie die sukzessive Erhöhung des Renteneintrittsalters (von 65 auf 67 Jahre) zu erheblichen Akzeptanzproblemen bei den Betroffenen führen, sind alle Versicherten betroffen.

Ein Kritikpunkt an unserer Argumentation könnte sein, dass sie sich ausschließlich auf die gesetzliche Rente bezieht und andere Sicherungsformen außer Acht lässt. Eine Untersuchung des Statistischen Bundesamtes (2012) zeigt jedoch, dass Beschäftigte mit Niedriglohn, d.h. mit weniger als 10,36 Euro Bruttostundenverdienst, deutlich seltener als Beschäftigte mit mittlerem oder hohem Verdienst in eine betriebliche Altersversorgung (sogenannte Entgeltumwandlung) investieren.[27] Da die meisten Niedriglohnbezieher atypisch Beschäftigte sind, kumulieren bei ihnen die Nachteile in Bezug auf die Alterssicherung.[28]

Das Ziel der Neugestaltung besteht in einer Minderung des Risikos, im Alter ergänzende Transferleistungen („Grundsicherung im Alter") in Anspruch nehmen zu müssen, die aus dem allgemeinen Steueraufkommen und nicht aus Beiträgen zu finanzieren sind. Empfohlen werden in der sozialpolitischen Diskus-

---

26 Standardrentenniveau netto vor Steuern, alte Bundesländer. http://www.sozialpolitik-aktuell.de/tl_files/sozialpolitik-aktuell/_Politikfelder/Alter-Rente/Datensammlung/PDF-Dateien/tabVIII9.pdf

27 Im Niedriglohnbereich machen nur ca. 6 Prozent der sozialversicherungspflichtig Beschäftigten von dieser Klausel Gebrauch, im mittleren Bereich hingegen ca. 22 Prozent, im hohen ca. 36 Prozent (Statistisches Bundesamt 2012a). Eine weitere Studie zur privaten Altersvorsorge kommt ebenfalls zu dem Schluss, dass die Ergänzung gesetzlicher Rentenansprüche, die aufgrund der eingeleiteten Kürzungen notwendig wird, nicht funktioniert: „Private Altersvorsorge fehlt, wo sie am nötigsten ist" (Promberger et al. 2012: 1), nämlich bei Beziehern von Niedrigeinkommen und besonders bei Empfängern von Arbeitslosengeld II.

28 Eine zusätzliche Altersvorsorge ist häufig bei geringen Einkommen nicht lohnend, da später bei Bezug von Grundsicherung Zahlungen aus Zusatzrenten (etwa einer Riester-Rente) verrechnet werden.

sion[29] mehrere Alternativen, die auf eine mehr oder weniger deutliche Entkoppelung von Erwerbs- und sozialen Sicherungssystemen zielen.

CDU/CSU und FDP favorisieren (zu Beginn des Jahres 2013) eine sogenannte Zuschuss- oder Lebensleistungsrente, die durch eine Kombination von Versicherungs- und Steuerfinanzierung die in Zukunft zunehmende Altersarmut von Geringverdienern vermeiden soll.[30] Dieses Konzept sieht eine Zusatzrente für Geringverdiener vor, die mindestens 40 Beitragsjahre sowie private Vorsorgeleistungen nachweisen können. Die Höhe soll „knapp oberhalb der Grundsicherung“ („Hartz IV“) bei ca. 850 Euro pro Monat liegen.

Die spezifischen Schwierigkeiten dieses allgemein gehaltenen Vorschlags liegen aus der Perspektive atypischer Beschäftigungsverhältnisse – neben den bekannten Problemen ihrer Finanzierung sowie des partiellen Abrückens vom bisher dominierenden Äquivalenzprinzip – in den hohen Zugangsvoraussetzungen: Zum einen wird die notwendige Anzahl der Beitragsjahre, vor allem bei längeren Unterbrechungen der Erwerbstätigkeit durch Arbeitslosigkeit, häufig nicht erreicht. Zum andern können die notwendigen individuellen zusätzlichen Vorsorgeleistungen aufgrund der häufig geringen Einkommen, vor allem bei Mini- und Midijobs, kaum erbracht werden. Unter diesen Vorzeichen würden nur wenige Geringverdiener von diesem Vorschlag profitieren.

Eine weitere Option wäre daher der Umbau der Rentenversicherung zu einem mehrstufigen Sicherungssystem („Drei-Säulen-Prinzip“), wie es u.a. in der Schweiz existiert. Es setzt sich zusammen aus einer nicht beitrags-, sondern steuerfinanzierten Mindest- bzw. Grundsicherung, einem obligatorischen, wie bisher beitragsfinanzierten Teil sowie einer auf freiwilliger Basis abzuschließenden individuellen Zusatzversicherung. Das spezifische Implementationsproblem dieser Option in Bezug auf atypisch Beschäftigte besteht darin, dass sie aufgrund ihrer niedrigen Einkommen einerseits kaum Beiträge zahlen bzw. nur geringe Ansprüche erwerben und andererseits keine freiwilligen Zusatzleistungen (etwa zum Aufbau einer „Riester-Rente“)[31] erbringen können, also faktisch in zwei der drei Säulen benachteiligt bleiben.

---

29 In der Bundesversicherungsanstalt für Angestellte (BfA) wurde in den 1990er Jahren ein weiteres Modell entwickelt, nach dem nicht mehr die Kontinuität des Erwerbsverlaufs honoriert werden soll, sondern individuelle Anreize für Flexibilität und Mobilität durch Ausbau der Alterssicherung in Umbruchphasen, d.h. beim Übergang zwischen Beschäftigungsverhältnissen, geschaffen werden sollen (Langelüddeke et al. 1999; Rabe/Langelüddeke 1999). Lücken in der Erwerbsbiographie würden unabhängig von ihren Gründen nicht mehr zu deutlichen Defiziten in der Rentenversicherung führen.

30 Andere Konzepte sind die Solidarrente (SPD) und die Garantierente (Die Grünen).

31 Die Kritik an dieser kapitalgedeckten Zusatzvorsorge betont, dass ihre finanziellen Aufwendungen vergleichsweise hoch sind und ihre Rendite geringer ausfällt als die der umlagefinanzierten Rente (Joebges et al. 2012).

Daher wäre ein langfristig anzulegender, grundlegender Systemwechsel der Rentenfinanzierung eine weiterreichende, nachhaltig wirkende Konsequenz; er würde allerdings aufgrund nach wie vor bestehender Gerechtigkeitsvorstellungen auf erhebliche Akzeptanzprobleme stoßen. Die wichtigste Änderung wäre, von der einkommens- bzw. erwerbszentrierten Form der Alterssicherung abzurücken und eine nicht beitrags-, sondern steuerfinanzierte, vom vorherigen Erwerbsstatus unabhängige, lediglich den Bürgerstatus voraussetzende, bedarfsorientierte Basis- bzw. Grundsicherung im Alter einzuführen. Weiterhin sollte die Finanzierungsbasis verbreitert werden, d.h. es wären nicht nur Arbeits-, sondern sämtliche Einkommensformen heranzuziehen (Schmid 2011) sowie alle Erwerbstätigen, d.h. auch Beamte und Selbstständige, einzubeziehen.[32]

7.3 Neu-Regulierung einzelner Formen

Die bisher skizzierten Vorschläge haben generellen Charakter und beziehen sich auf mehrere bzw. sämtliche Varianten atypischer Beschäftigung. Weitere spezielle Vorschläge betreffen einzelne Formen:

Minijobs

Die Abgabenprivilegierung der Minijobs bei den Beiträgen zur Sozialversicherung sollte, wie seit Jahren vielfach gefordert (SVR 2008: 421–451; Waltermann 2010), wieder abgeschafft werden,[33] sämtliche Beschäftigungsformen sollten hinsichtlich ihrer Sozialversicherungs- und Steuerpflicht gleich behandelt werden.[34] Damit ließe sich die Subventionierung der Branchen mit hohen Anteilen von Minijobbern (vgl. Kap. 4) verhindern. Ferner ließe sich der im internationalen Vergleich in der Bundesrepublik in den vergangenen Jahren überproportional expandierende Niedriglohnsektor durch eine Beseitigung der Kostenvorteile bzw. indirekten Subventionierung eindämmen und der Einstieg in ein sozialversicherungspflichtiges Beschäftigungsverhältnis erleichtern. Zudem würde die Wiedereinführung der durch die Hartz-Gesetze abgeschafften maximalen

32 Offen sind die Fragen nach der Bemessungsgrundlage und dem Äquivalenzprinzip.

33 Zur Erinnerung: In ihrer ersten Legislaturperiode führte die sozialdemokratisch-grüne Koalition 1999 im „Gesetz zur Neuregelung der geringfügigen Beschäftigungsverhältnisse“ deren Sozialversicherungspflicht gegen massiven Widerstand ein. Im Rahmen der Hartz-Gesetze schaffte sie diese Regelung in ihrer zweiten Legislaturperiode wieder ab (Oschmiansky 2004, 2010).

34 So ist folgender Sachverhalt kaum zu vermitteln. Ein Arbeitnehmer in einem NAV wird steuerlich anders behandelt, wenn er zusätzlich einen Minijob annimmt, als wenn er Überstunden leistet. Beide Tätigkeiten sollten bei der Bemessung der Sozialversicherungsbeiträge gleich behandelt werden.

Wochenarbeitszeit (von 15 Stunden) – oder einer geringeren Stundenzahl – helfen, die Zahlung niedriger Stundenlöhne, d.h. solcher unterhalb der tariflich vereinbarten Bedingungen, einzugrenzen.[35]

Die Regierungskoalition von CDU/CSU und FDP beschloss hingegen – auf Betreiben der FDP – sogar eine Anhebung der Schwellenwerte bei Mini- und Midijobs auf 450 bzw. 850 Euro ab Anfang 2013. Diese bereits im Koalitionsvertrag verabredete „Erhöhung und Dynamisierung der Grenze sozialversicherungsfreier Beschäftigungsverhältnisse“ läuft auf eine Ausweitung dieser Formen hinaus und geht in die entgegengesetzte Richtung unserer Empfehlungen – und der der Oppositionsparteien sowie wissenschaftlicher Experten.[36] Die Neuregelung schafft die automatische Abgabenbefreiung der Minijobber wieder ab und führt einen Arbeitnehmerbeitrag von 3,9 Prozent ein, der den vollständigen Zugang zu den Leistungen der Rentenversicherung ermöglichen soll. Allerdings gilt die Neuregelung nur für Minijobverträge, die nach dem 1.1.2013 geschlossen werden; zudem ermöglicht eine opt-out-Klausel nach wie vor die Befreiung und damit – wie bisher – die Vermeidung der Arbeitnehmerbeiträge.[37] Von dieser Option wird Schätzungen zufolge die überwiegende Mehrzahl der Minijobber Gebrauch machen, wie auch die Regierung einräumt. Insgesamt ist eine Ausweitung des Niedriglohnsektors zu erwarten.

Midijobs

Die Kontroverse um Maßnahmen und Instrumente der Re-Regulierung verläuft ähnlich wie die allgemeine Diskussion um Formen atypischer Beschäftigung und Midijobs. Für diese spezifische Variante sollten die allgemein gehaltenen Vorschläge, also Einführung eines flächendeckenden-allgemeinen Mindestlohns sowie möglichst vollständige Integration in die sozialen Sicherungssysteme, ebenso gelten wie für Minijobs.

Vor allem in der Rentenversicherung werden, da das Äquivalenzprinzip gilt, aufgrund der niedrigen Beiträge in der Gleitzone auch nur geringe Ansprüche erworben; eine zur Sicherung des Existenzminimums notwendige Höhe der Rente

---

35 Die Kontrolle der Einhaltung stellt, da Betriebsräte häufig nicht existieren, ebenso ein Problem dar wie bei Überstundenzuschlägen, Lohnfortzahlung im Krankheitsfall oder Urlaubsgeld.

36 Auch der SVR (2012: 315) betont, dass die Anhebung Minijobs für bestimmte Gruppen attraktiver macht und zur Verdrängung regulärer Teilzeitarbeit beitragen kann.

37 Die für Minijobber vorher bestehende Option, durch freiwillige Aufstockung des Pauschalbetrages des Arbeitgebers (von 15 auf 19,6 Prozent) Rentenansprüche zu erwerben, wurde nur von wenigen genutzt, was in Anbetracht der niedrigen Entgelte nicht verwunderlich ist. Der Anteil freiwilliger Aufstocker wird auf sieben Prozent beziffert (Bachmann et al. 2012a).

bzw. eine eigenständige soziale Absicherung kann nicht erreicht werden.[38] Der DGB schlägt eine generelle Sozialversicherungspflicht aller Einkommen mit einer Gleitzone bis 800 Euro vor, bei der zunächst die Arbeitgeber den größeren Teil der Abgaben leisten und der Anteil der Arbeitnehmer allmählich steigt. Die Arbeitnehmer sollen trotz der geringen Beiträge den vollständigen Schutz erhalten.

In der Krankenversicherung hingegen bestehen vollständige Leistungsansprüche trotz Beiträgen, die vor allem im unteren Bereich der Gleitzone gering sind. Durch diese Regelung werden Sicherungsprobleme zwar auf individueller, nicht jedoch auf kollektiver Ebene gelöst. Die Finanzierungsbasis der gesetzlichen Krankenkassen wird infolge dieser arbeitsmarktpolitischen Regelung geschwächt, die Belastung der Arbeitnehmer mit NAV steigt.

Befristete Beschäftigung

Bei der befristeten Beschäftigung stehen vor allem zwei Forderungen zur Diskussion. Die weiterreichende zielt im Rahmen einer generellen Begrenzung auf Abschaffung der sachgrundlosen Befristung, die nach geltendem Recht (§ 14 Abs. 2 TzBfG) für einen Zeitraum bis zu zwei Jahren möglich ist; die weniger weitreichende Variante sieht vor, befristete Beschäftigungsverhältnisse nach einer bestimmten Dauer in unbefristete umzuwandeln.

Leiharbeit

Bei Leiharbeit wäre die Wiedereinführung des durch die Hartz-Gesetze aufgehobenen Synchronisationsverbots zugunsten eines unbefristeten Arbeitsvertrages zwischen Verleihunternehmen und Leiharbeitnehmer sinnvoll.[39] Optionen bietet die EU-Richtlinie zur Leiharbeit (RL 2008/104/EG), welche beinhaltet, dass Leiharbeitnehmer in Bezug auf wesentliche Arbeits- und Beschäftigungsbedingungen nicht gegenüber anderen Arbeitnehmern benachteiligt werden dürfen; die Umsetzung der Richtlinie in nationales Recht musste bis Ende 2011 erfolgen.

Solo-Selbstständige

In der Diskussion über atypische Beschäftigung werden häufig – im Gegensatz vor allem zu Minijobbern und Leiharbeitern – die besonderen Probleme der sozialen Sicherung von Solo-Selbstständigen übersehen. Für diese Erwerbstätigen

---

38 Der Verzicht auf den niedrigeren Anteil des Arbeitnehmerbeitrags ist möglich, aber aufgrund des geringen Einkommens recht unwahrscheinlich.

39 2010 wurde lediglich die sogenannte Drehtürklausel verabschiedet, die einen bis dahin möglichen unternehmensinternen Austausch von NAV durch Leiharbeitnehmer („konzerninterne Arbeitnehmerüberlassung") verhindern soll.

kumulieren sowohl die kurz- als auch die langfristigen Risiken.[40] Die für die Gruppe der traditionellen, einer Kammer angehörenden Selbstständigen (wie Ärzte, Rechtsanwälte oder Architekten) geltende Annahme fehlender Schutzbedürftigkeit durch die Solidargemeinschaft der Versicherten trifft nicht zu.[41] Sie können aufgrund ihrer instabilen und unsicheren Einkommenssituation (Koch et al. 2011) bzw. der damit verbundenen geringen Sparfähigkeit kaum auf freiwilliger Basis eigenständig private Vorsorge treffen bzw. sich nur unzureichend gegen die skizzierten sozialen Risiken absichern. Vorhandene rechtliche Optionen, wie die Versicherungspflicht auf Antrag oder die freiwillige Weiterversicherung in der Arbeitslosenversicherung bei Wechsel von abhängiger Beschäftigung in Selbstständigkeit, werden aufgrund fehlender finanzieller Vorsorgefähigkeit kaum genutzt und bleiben faktisch weitgehend wirkungslos (vgl. Kap. 4).[42] Der Umfang der Lücken in der Versicherungsbiographie nimmt mit Dauer bzw. Häufigkeit der Solo-Selbstständigkeit zu; die jüngeren Alterskohorten sind von diesen Risiken stärker betroffen als die älteren.

Eine im Rentendiskurs[43] wiederholt erhobene Forderung lautet, diese Erwerbstätigengruppe – wie es in der Mehrzahl der anderen EU-Mitgliedsländern (Schulze Buschoff/Schmidt 2006, 2007)[44] der Fall ist – vollständig und obligatorisch in die sozialen Sicherungssysteme, vor allem die Rentenversicherung, einzubeziehen, wenn nicht bereits eine anderweitige Absicherung, vor allem über berufsständische Versorgungssysteme oder die Künstlersozialkasse, gegeben ist (zu Einzelheiten einer Ausgestaltung der Finanzierungs- und Leistungsseite Fachinger/Frankus 2011; Koch et al. 2011).[45]

---

40 Wir diskutieren die Probleme wie bei den anderen Formen am Beispiel der Alterssicherung. Probleme der Integration in die Sicherungssysteme bestehen auch u.a. bei der Arbeitslosenversicherung (European Parliament 2013: 49).

41 Die Bundesregierung führte 2012 eine Kürzung der Mittel für den Gründungszuschuss ein, der an Empfänger von Arbeitslosengeld I gezahlt wird, die sich selbstständig machen wollen. Die Begründung lautet, dass Mitnahmeeffekte aufträten, d.h. dass der Schritt in die Selbstständigkeit auch ohne staatliche Zuschüsse gegangen worden wäre (zur Kritik Caliendo/Kritikos 2010).

42 Eine Studie hält die freiwillige Weiterversicherung für „eine sinnvolle Ergänzung des sozialpolitischen Instrumentariums, die aber vergleichsweise selten genutzt wird“ (Evers et al. 2013: 1). Ende 2012 machten lediglich ca. 207.500 Selbstständige von dieser Option Gebrauch.

43 Vgl. zur ähnlich gelagerten Problematik der Arbeitslosenversicherung im Einzelnen Koch et al. (2011). In beiden Sicherungssystemen erscheint eine möglichst weitgehende Ausweitung der sozialen Absicherung notwendig.

44 Den Zusammenhang von Zunahme atypischer Beschäftigungsverhältnisse und Rentensystem behandeln in international vergleichender Perspektive Schulze Buschoff (2011), Stöger (2011) sowie European Parliament (2013).

45 Sonderregelungen wie Übergangsfristen oder Altersgrenzen wären möglich.

Bei Realisierung dieser Forderung wäre neben der obligatorischen individuellen Absicherung, die Altersarmut einer wachsenden Personengruppe bzw. die ansonsten notwendige Unterstützung aus öffentlichen Mitteln verhindern oder zumindest reduzieren soll, auch Gleichbehandlung aller Erwerbstätigen unabhängig von ihrem Status sowie ohne Sonderregelungen (wie Befreiungsmöglichkeiten) gegeben. Grundlage der Beitragsbemessung könnte das selbstständige Arbeitseinkommen laut Steuerbescheid sein; reduzierte Beiträge in der Phase der Unternehmensgründung wären ebenso möglich wie Bundeszuschüsse bei niedrigen sowie gegebenenfalls bei unregelmäßigen Einkommen. Ein für diese Gruppe der Erwerbstätigen spezifisches Problem besteht in der Tatsache, dass der Arbeitgeberbeitrag fehlt, der bei dem üblichen Prinzip der paritätischen Finanzierung gegeben ist, was zu einer hohen finanziellen Belastung führt[46] (zu Einzelheiten institutioneller Ausgestaltungsoptionen Betzelt/Fachinger 2004; Fachinger et al. 2004). Erreicht werden sollte ein Niveau, welches oberhalb der ansonsten fälligen „Grundsicherung im Alter" liegt; ansonsten wären staatliche Leistungen zur Erreichung der Existenzsicherung notwendig.

Ein derartiger obligatorischer Einbezug der Solo-Selbstständigen in die gesetzliche Rentenversicherung (GRV) würde Altersarmut nicht in jedem Fall verhindern können: Zum einen sinkt langfristig das Niveau der Absicherung bzw. die Ersatzrate aufgrund der Reformen zur Sicherung der Finanzierung (u.a. Verschlechterung der rentenrechtlichen Berücksichtigung bestimmter Zeiten wie Ausbildung oder Bezug von Arbeitslosengeld II), zum anderen sind Unterbrechungen der Beitragsleistung, etwa bei Arbeitslosigkeit, nicht auszuschließen. Notwendig wäre im Rahmen eines Mehrsäulenmodells die Integration dieser Gruppe in die weitere Säule einer privat-eigenverantwortlichen Zusatzversorgung, die individuell zu finanzieren wäre, was aufgrund der infolge der Einkommenssituation häufig geringen Sparfähigkeit allerdings wenig realistisch erscheint. Schließlich entfällt die dritte, „betriebliche" Säule bei Solo-Selbstständigkeit automatisch. Damit sind wir wieder bei Konzepten einer steuerfinanzierten, allgemeinen Grund- bzw. Basissicherung, die ein Mindestmaß an sozialer Sicherung im Alter unabhängig vom vorherigen Status der Erwerbstätigkeit garantieren und daher eher zur Problembewältigung geeignet erscheinen, aber eine nicht mehr systemkonforme Lösung darstellen.

Eine Alternative zur umlagefinanzierten Versicherungspflicht in der GRV („Erwerbstätigenversicherung") wäre eine Pflichtversicherung durch eine in der Regel private, kapitalgedeckte Altersvorsorge, die u.a. der Sachverständigenrat

46 Ein gelegentlich gefordertes Instrument wäre eine sogenannte Auftraggeberabgabe, die den jeweiligen Auftraggeber – anstelle des nicht vorhandenen Arbeitgebers – verpflichtet, sich an der Finanzierung der sozialen Sicherung, vor allem der Alterssicherung, zu beteiligen.

(2006) favorisiert. Auch die von CDU/CSU und FDP geführte Bundesregierung beabsichtigte in ihren Anfang 2012 vorgestellten Plänen „für eine Altersvorsorgepflicht für selbständig tätige Erwerbspersonen“, eine Pflicht zur Vorsorge vorzuschreiben, aber die Form bzw. Wahl der Absicherung zwischen gesetzlicher und privater Versicherung den Individuen zu überlassen. Kritiker monieren die vorgesehene Wahlfreiheit, welche die Finanzierungsbasis der Rentenversicherung und – ähnlich wie in der Krankenversicherung – das Solidarprinzip schwächt. Auch Betroffene üben Kritik mit der Begründung, dass Pflichtbeiträge Mehrbelastungen bedeuten, was allerdings auch für andere Erwerbstätige gilt.

7.4 Ausblick

Eine in der beschäftigungspolitischen Diskussion selten diskutierte Frage lautet, ob in den vergangenen Jahrzehnten die Verfassung des Arbeitsmarktes, die durch hohe und strukturelle Arbeitslosigkeit geprägt ist, die erhebliche Zunahme atypischer Beschäftigungsverhältnisse überhaupt erst ermöglicht bzw. zumindest gefördert hat. Oder, anders formuliert, wie wäre die Entwicklung des Erwerbssystems bei niedrigerer Arbeitslosigkeit bzw. einem Nachfrageüberhang verlaufen? Unsere Vermutung lautet, dass eine Zunahme atypischer Beschäftigungsformen ebenfalls stattgefunden hätte, da sich durch Veränderungen der Rahmenbedingungen (u.a. Strukturwandel, Internationalisierung im Sinne vor allem von Europäisierung, Deregulierungsmaßnahmen u.a. durch die Hartz-Gesetze) die Opportunitätsstrukturen der Unternehmen verändert haben. Diese Zunahme wäre aber insgesamt geringer ausgefallen, hätte die einzelnen Formen zudem in unterschiedlichem Ausmaß betroffen und die konkreten Arbeitsbedingungen (vor allem Entgelte, aber auch Beschäftigungsstabilität) hätten sich bei Arbeitskräfteknappheit für die Beschäftigten weniger ungünstig entwickelt. Wenig plausibel erscheint, dass Beschäftigte bei alternativen Optionen Leiharbeitsverhältnisse oder Befristungen zu den derzeitigen Arbeitsbedingungen eingehen würden. Unternehmen werden gesuchten Arbeitskräften attraktive Angebote machen müssen. Sicherlich ist es eine spekulative Frage, die Prekaritätsrisiken abzuschätzen. Sie dürften zwar weiterhin existieren, wären aber weniger ausgeprägt und würden ein geringeres Problem darstellen als unter der Randbedingung hoher und anhaltender Arbeitslosigkeit.

Literatur

Abraham, M./Hinz, Th. (Hg.) (2005): Arbeitsmarktsoziologie. Probleme, Theorien, empirische Forschung. Wiesbaden

Achatz, J./Bruckmeier, K./Buch, T./Burkert, C./Dietrich, H./Dietz, M./Garloff, A./Gundert, S./Hell, S./Hohendanner, C./Jahn, E./Kleinert, C./Koller, L./Lehmer, F./Matthes, B./Niebuhr, A./Schels, B./Trappmann, M./Walwei, U./Wapler, R./Ziegler, K. (2012): Übergänge am Arbeitsmarkt und Qualität von Beschäftigung, in: Brücker, H./Klinger, S./Möller, J./Walwei, U. (Hg.): Handbuch Arbeitsmarkt 2013. Analysen, Daten, Fakten. Bielefeld, S. 141–203

Addison, J. T./ Schnabel, C./ Wagner, J. (2004): The Course of Research into the Economic Consequences of German Works Councils. In: British Journal of Industrial Relations, Vol. 42/No. 2, S. 255–281

Alewell, D./Bähring, K./Thommes, K. (2005): Institutional structures of the flexible assignment of personnel between enterprises. An economic comparison of temporary agency work, interim management and consulting. In: Management Revue, Vol. 16/No. 4, S. 475–493

Alewell, D./Hauff, S. (2012): Make-or-buy decisions regarding temporary agency work – an empirical analysis of the decision process and expected effects. In: The International Journal of Human Resource Management, Vol. 22/No. 15, S. 3127–3145

Andreß, H.-J./Seeck, T. (2007): Ist das Normalarbeitsverhältnis noch armutsvermeidend? In: Kölner Zeitschrift für Soziologie und Sozialpsychologie, Jg. 59/Heft 3, S. 459–492

Anger, C./ Schmid, J. (2008): Gender Wage Gap und Familienpolitik. In: IW Trends 2, S. 55–68

Antoni, M./Jahn, E. J. (2006): Arbeitnehmerüberlassung. Boomende Branche mit hoher Fluktuation. IAB-Kurzbericht 14/2006. Nürnberg

Artus, I./Böhm, S./Lücking, S./Trinczek, R. (Hg.) (2006): Betriebe ohne Betriebsrat. Informelle Interessenvertretung in Unternehmen. Frankfurt/M., New York

Artus, I./Roßmeißl, F. (2012): Leiharbeit und prekäre Arbeit – aktuelle Situation und Trends im Organisationsbereich der bayerischen IG Metall. Endbericht des von der Hans-Böckler-Stiftung geförderten Forschungsprojekts. Erlangen

Ashenfelter, O. C./Farber, H./Ransom, M. R. (2010): Modern Models of Monopsony in Labor Markets: A Brief Survey. IZA Discussion Paper, No. 4915. Brighton

Atkinson, J. (1984): Flexibility, uncertainty and manpower. Brighton

Aust, A./Holst, H. (2006): Von der Ignoranz zur Organisierung? Gewerkschaftliche Strategien im Umgang mit atypisch Beschäftigten am Beispiel von Callcentern und Leiharbeit. Industrielle Beziehungen, Jg. 13/Heft 4, S. 291–313

Autorengruppe Bildungsberichterstattung (2012): Bildung in Deutschland 2012, Bundesministerium für Bildung und Forschung. Bielefeld

Bachmann R./Driesch, E. v. d. /Ehlert, C./Flake, R./Frings, H./Schaffner, S./Scheuer, M. (2012a): Studie zur Analyse der geringfügigen Beschäftigungsverhältnisse. Forschungsvorhaben im Auftrag des Ministeriums für Arbeit, Integration und Soziales des Landes Nordrhein-Westfalen, Projektbericht, Essen

Bachmann, R./Bauer, Th. K/Kroeger, A. (2012b): Minimum wages as a barrier to entry: Evidence from Germany, IZA Discussion Paper, No. 6484. Bonn

Bäcker, G. (2013): Bei Niedriglöhnen und hohen Mieten: Trotz Vollzeitarbeit droht ein Einkommen unterhalb des Hartz IV-Niveaus (Internet: http://www.sozialpolitik-aktuell.de/tl_files/sozialpolitik-aktuell/_Politikfelder/Sozialstaat/Datensammlung/PDF-Dateien/abbIII 41a.pdf; zuletzt aufgesucht am 10.7.2013)

Bäcker, G./Neuffer, St. (2012): Von der Sonderregelung zur Beschäftigungsnorm: Minijobs im deutschen Sozialstaat. WSI-Mitteilungen, Jg. 65/Heft 1, S. 13–21

Baltes, K./Hense, A. (2006): Weiterbildung als Fahrschein aus der Zone der Prekarität? Rat für Sozial- und WirtschaftsDaten (RatSWD), Working Paper No. 4. Berlin

Baltes, K./Hense, A. (2009): Weiterbildungschancen in flexiblen Arbeitsmärkten. In: Seifert, H./Struck, O. (Hg.): Arbeitsmarkt und Sozialpolitik. Kontroversen um Effizienz und soziale Sicherheit. Wiesbaden, S. 135–166

Barbier, J.-C. (2011): "Employment precariousness" in a European cross-national perspective. A sociological review of thirty years of research, CES Working Papers, No. 2011.78. Paris

Bartkiw, T. J. (2012): Unions and temporary help agency employment. In: Relations Industrielles, Vol. 67/No. 3, S. 453–476

Bauer, T./Bender, S./Bonin, H. (2004): Betriebe reagieren kaum auf Änderungen beim Kündigungsschutz. In: IAB-Kurzbericht 15/2004. Nürnberg

Baumgarten, D./Kvasnicka, M. (2012): Zeitarbeit in Deutschland, Bertelsmann-Stiftung (Hg.). Gütersloh

BDA (2013): Die Realität am deutschen Arbeitsmarkt. Fakten statt Zerrbilder. Berlin

Becker, K./Brinkmann, U./Engel, Th. (2012): Arbeits- und Gesundheitsschutz & Leiharbeit – zwei problematische Handlungsfelder. In: Arbeit. Zeitschrift für Arbeitsforschung, Arbeitsgestaltung und Arbeitspolitik, Jg. 21/Heft 1, S. 20–38

Behrens, M. (2005): Die Rolle der Betriebsräte bei der Werbung von Gewerkschaftsmitgliedern. In: WSI-Mitteilungen, Jg. 58/Heft 6, S. 329–338

Behrens, M./Dribbusch, H. (2013): Anti-Unionismen in a Coordinated Market Economy. The Case of Germany. In: Gall, G./Dundon, T. (eds.): Nature, Dynamics, Trajectories and Outcomes. Houndsmill-Basingstoke, S. 83–103

Behringer, J./Dengler, C./Boockmann, B. (2011): Befristete Verträge und Arbeitsplatzdynamik in baden-württembergischen Betrieben. Eine empirische Analyse auf der Basis des IAB-Betriebspanels. IAW Kurzberichte 2. Tübingen

Bellmann, L./Kühl, A. (2008): Expansion der Leiharbeit? Edition der Hans-Böckler-Stiftung Nr. 224. Düsseldorf

Bellmann, L./Fischer, G./Hohendanner, C. (2009): Betriebliche Dynamik und Flexibilität auf dem deutschen Arbeitsmarkt. In: Möller, J./Walwei, U. (Hg.): Handbuch Arbeitsmarkt 2009. Nürnberg, Bielefeld, S. 360–401

Bellmann, L/Gerner, H.-D. (2012): Betriebliche Bündnisse für Beschäftigung in der Krise 2008/2009 erfolgreich. In: Wirtschaftsdienst, Jg. 92/Heft 10, S. 706–711

Bellmann, L./Grunau, P./Leber, U./Noack, M. (2013): Weiterbildung atypisch Beschäftigter. Gütersloh

Benkhoff, B./Hermer, V. (2008): Zur Verbreitung und Ausgestaltung geringfügiger Beschäftigung im Einzelhandel. Eine explorative Studie aus der Perspektive von Management und Beschäftigten. In: Industrielle Beziehungen Jg. 15/Heft 3, S. 5–31

Berndt, J. (2009): Sozialversicherungsrecht in der Praxis. Wiesbaden

Betzelt, S./Fachinger, U. (2004): Selbständige – arm im Alter? Für eine Absicherung Selbständiger in der GRV. In: Wirtschaftsdienst , Jg. 84/Heft 6, S. 379–386

Bhaskar, V./Manning, A./To, T. (2002): Oligopsony and Monopsonistic Competition in Labor Markets. In: The Journal of Economic Perspectives, Vol. 16/No. 2, S. 155–174

Biebeler, H./Lesch, H. (2006): Mitgliederstruktur der Gewerkschaften in Deutschland. In: IW-Trends, Jg. 33/Heft 4, S. 1–16

Bielenski, H./Kohler, B. (1995): Wie un-normal sind befristete Arbeitsverträge? Eine Positionsbestimmung auf der Grundlage empirischer Erhebungen. In: Keller, B./Seifert, H. (Hg.): Atypische Beschäftigung. Verbieten oder gestalten? Köln, S. 139–162

Bispinck, R./Schulten, T. (2003): Verbetrieblichung der Tarifpolitik? Aktuelle Tendenzen und Einschätzungen aus Sicht von Betriebs- und Personalräten. In: WSI-Mitteilungen, Jg. 56/Heft 3, S. 157–166.

Bispinck, R./Schulten, T. (2011): Trade union responses to precarious employment in Germany. WSI-Diskussionspapier, Nr. 178. Düsseldorf

Bispinck, R./WSI-Tarifarchiv (2012): Statistisches Taschenbuch Tarifpolitik 2012. Düsseldorf

Bispinck, R./WSI-Tarifarchiv (2013a): Statistisches Taschenbuch Tarifpolitik 2013. Düsseldorf

Bispinck, R./WSI-Tarifarchiv (2013b): Tarifpolitischer Jahresbericht 2012: Höhere Tarifabschlüsse und Erfolge bei Leiharbeit und Ausbildung. In: WSI-Mitteilungen Jg. 66/Heft 2, S. 117–125

Bitterwolf, S./Seeliger, M. (2013): „Über Bande gespielt." Möglichkeiten und Grenzen neuer Strategien im Verhältnis von Betriebsräten, Arbeitgebern und Medienöffentlichkeit am Beispiel der Regulierung von Leiharbeit. In: Industrielle Beziehungen, Jg. 20/Heft 1, S. 36–53

Blank, F./Wiecek, S. (2012): Die betriebliche Altersversorgung in Deutschland: Verbreitung, Durchführungswege und Finanzierung, WSI–Diskussionspapier, Nr. 181. Düsseldorf

Blum, U./Hüther, M./Schmidt, Chr. M./Sinn, H.-W./Snower, D.J./Straubhaar, Th./Zimmermann, K. (2008): Gemeinsamer Aufruf der Präsidenten und Direktoren der Wirtschaftsforschungsinstitute vom 12. März 2008, ifo Schnelldienst 6. München

Boal, W. M./Ransom, M. R. (1997): Monopsony in the Labor Market. In: Journal of Economic Literature, Vol. 35/No. 1, S. 86–112

Bögenhold, D./Fachinger, U. (2010): Mikro-Selbstständigkeit und Restrukturierung des Arbeitsmarktes – Theoretische und empirische Aspekte zur Entwicklung des Unternehmertums. In: Bührmann, A. D./Pongratz, H. J. (Hg.): Prekäres Unternehmertum. Wiesbaden, S. 61–84

Bögenhold, D./Fachinger, U. (2012): Neue Selbstständigkeit. Wandel und Differenzierung der Erwerbstätigkeit. Expertise im Auftrag der Friedrich-Ebert-Stiftung. Bonn

Boockmann, B./Hagen, T. (2003): Works councils and fixed-term employment – evidence from West German establishments. In: Schmollers Jahrbuch. Zeitschrift für Wirtschafts- und Sozialwissenschaften, Jg. 123/Heft 3, S. 359–381

Boockmann, B./Hagen, T. (2006): Befristete Beschäftigungsverhältnisse – Brücken in den Arbeitsmarkt oder Instrumente der Segmentierung? Baden-Baden

Bosch, G. (2012): In Qualifizierung investieren – ein Weiterbildungsfonds für Deutschland. Expertise im Auftrag der Friedrich-Ebert-Stiftung. Bonn

Bosch, G./Kalina, Th. (2008): Low-wage work in Germany: An overview. In: Bosch, G./ Weinkopf, C. (eds.): Low-wage work in Germany. New York, S. 19–112

Bosch, G./Weinkopf, C./Kalina, Th. (2009): Mindestlöhne in Deutschland. Expertise im Auftrag der Friedrich-Ebert-Stiftung. Bonn

Bosch, G./Weinkopf, C. (2012): Wirkungen der Mindestlohnregelungen in acht Branchen. Expertise im Auftrag der Friedrich-Ebert-Stiftung. Bonn

Bothfeld, S. (2005): Arbeitsmarkt. In: Bothfeld, S./Klammer, U./Klenner, Chr./Leiber, S./ Thiel, A./Ziegler, A.: WSI-FrauenDatenReport. Berlin, S. 109–186

Bothfeld, S./Sesselmeiner, W./Bogedan, C. (Hg.) (2012): Arbeitsmarktpolitik in der sozialen Marktwirtschaft. Vom Arbeitsförderungsgesetz zum Sozialgesetzbuch II und III (2. aktual. u. erw. Aufl.). Wiesbaden

Bourdieu, P. (1998): Prekarität ist überall. In: Bourdieu, P.: Gegenfeuer. Wortmeldungen im Dienste des Widerstands gegen die neoliberale Invasion. Konstanz, S. 96–102

Bourdieu, P. (2000): Die zwei Gesichter der Arbeit. Konstanz

Brehmer, W./Seifert, H. (2008): Sind atypische Beschäftigungsverhältnisse prekär? Eine empirische Analyse sozialer Risiken. In: Zeitschrift für Arbeitsmarktforschung, Jg. 41/Heft 4, S. 501–531

Bremme, P./Fürniß, U./Meinecke, U. (Hg.) (2007): Never work alone. Organizing – ein Zukunftsmodell für Gewerkschaften. Hamburg

Brenke, K. (2011): Ongoing change in the structure of part-time employment. DIW Economic Bulletin, Nr. 6.

Brenke, K. (2013): Allein tätige Selbständige: Starkes Beschäftigungswachstum, oft nur geringe Einkommen. In: DIW Wochenbericht Nr. 7, S. 3–16

Brenke, K./Eichhorst, W. (2008): Leiharbeit breitet sich rasant aus. In: DIW-Wochenbericht Nr. 19, S. 242–252

British Journal of Industrial Relations (2009): Special Edition on 100 Years of Minimum Wage Regulation, Vol. 47/No. 2, S. 205–470

Bröring, M./Buschmann, M. (2012): Atypische Beschäftigungsverhältnisse in ausgewählten Arbeitsfeldern der Kinder- und Jugendhilfe. (Broschüre GEW Wissen). Frankfurt/M.

Brown, W. (2009): The process of fixing the British national minimum wage. In: British Journal of Industrial Relations, Vol. 47/No. 2, S. 429–443

Brücker, H. et al. (2013): Fachkräftebedarf: Analyse und Handlungsstrategien. In: Brücker H./ Klinger, S./Möller, J./Walwei, U. (Hg.): Handbuch Arbeitsmarkt. Analysen, Daten, Fakten. Nürnberg, S. 206–290

Brülle, J. (2013): Unterschiede in den Arbeitsmarktchancen von atypisch Beschäftigten: Effekte von Beschäftigungsformen oder Erwerbspräferenzen? In: Zeitschrift für Soziologie, Jg. 42/Heft 2, S. 157–179

Brzinsky-Fay, C./Protsch, P./Schulze Buschoff, K. (2007): Atypische Beschäftigung – Umfang, Dynamik und soziale Sicherung im europäischen Vergleich. Arbeitspapier, vorgelegt zur 5. Internationalen Forschungskonferenz über soziale Sicherheit. Warschau

Büchtemann, C. F. (1989): Befristete Arbeitsverträge nach dem Beschäftigungsförderungsgesetz (BeschFG 1985). Ergebnisse einer empirischen Untersuchung im Auftrag des Bundesministers für Arbeit und Sozialordnung. Bonn

Bührmann, A. D./Pongratz, H. J. (2010): Prekaritätsrisiken unternehmerischen Handelns. In: Bührmann, A. D./Pongratz, H. J. (Hg.): Prekäres Unternehmertum. Unsicherheiten von selbstständiger Erwerbstätigkeit und Unternehmensgründung. Wiesbaden, S. 25–60

Bundesagentur für Arbeit (BA) (2010a): Beschäftigung Ende Dezember 2009 in Deutschland. Nürnberg

Bundesagentur für Arbeit (BA) (2010b): Der Arbeitsmarkt in Deutschland – aktuelle Entwicklungen in der Zeitarbeit (Internet: http:/www.pub.arbeitsagentur.de/hst/services/statistik/interim/arbeitsmarktberichte/berichte-broschueren/arbeitsmarkt.shtlm)

Bundesagentur für Arbeit (BA) (2011): Der Arbeitsmarkt in Deutschland – aktuelle Entwicklungen in der Zeitarbeit (Internet: http://statistik.arbeitsagentur.de/cae/servlet/contentblob/244170/publicationFile/119019/Arbeitsmarkt-Deutschland-Zeitarbeit-Aktuelle-Entwicklung-1HJ2010.pdf; zuletzt aufgesucht am 24.3.2013)

Bundesagentur für Arbeit (BA) (2012a): Der Arbeitsmarkt in Deutschland. Zeitarbeit in Deutschland – Aktuelle Entwicklungen. Nürnberg

Bundesagentur für Arbeit – BA (2012b): Arbeitsmarkt in Zahlen. Beschäftigungsstatistik. Länderreport Deutschland, Nürnberg

Bundesagentur für Arbeit – BA (2012c): ANBA, Sondernummer 2, Arbeitsmarkt 2011

Bundesagentur für Arbeit – BA (2013): Arbeitsmarkt in Zahlen. Arbeitnehmerüberlassung, Nürnberg

Bundesministerium für Arbeit und Soziales – BMAS (2006): Die Wirksamkeit moderner Dienstleistungen am Arbeitsmarkt. Bericht 2006 des Bundesministeriums für Arbeit und Soziales zur Wirkung der Umsetzung der Vorschläge der Kommission Moderne Dienstleistungen am Arbeitsmarkt (ohne Grundsicherung für Arbeitsuchende). Berlin

Bundesministerium für Familie, Senioren, Frauen und Jugend – BMFSFJ (Hg.) (2012): Frauen im Minijob. Berlin

Bundesverband Zeitarbeit und Personaldienstleistungen e.V. (2011): IW-Zeitarbeitsindex, Welle 41. Berlin

Burmeister, K. (2012): Leiharbeit 2012. Zwischen gewerkschaftlichem Erfolg, unternehmerischen Ausweichmanövern und politischer Verantwortung. FES Analysen und Konzepte zur Wirtschafts- und Sozialpolitik. Bonn

Busse, G./Seifert H. (2009): Tarifliche und betriebliche Regelungen zur beruflichen Weiterbildung (edition Hans Böckler Stiftung 233). Düsseldorf

BZA (2010): Zahl der Zeitarbeitnehmer erreicht neuen Höchststand (Internet: http://www.bza.de/fileadmin/bilder/2010/1010_Zeitarbeitsindex.pdf; zuletzt aufgesucht am 24.3.2013)

Caliendo, M./Kritikos, A. (2010): Gründungen aus Arbeitslosigkeit: Nur selten aus der Not geboren und daher oft erfolgreich. In: DIW-Wochenbericht Nr. 18, S. 2–7

Caliendo, M./Künn, S./Wießner, F. (2010): Die Nachhaltigkeit von geförderten Existenzgründungen aus Arbeitslosigkeit: Eine Bilanz nach fünf Jahren. In: Zeitschrift für Arbeitsmarktforschung, Jg. 42/Heft 4, S. 269–291

Caliendo, M./Hogenacker, J./Künn, St./Wießner, F. (2012): Gründungszuschuss für Arbeitslose: Bislang solider Nachfolger der früheren Programm. IAB-Kurzbericht 2/2012. Nürnberg

Card, D./Krueger, A. B. (1995): Myth and measurement: The new economics of the minimum wage. Princeton

Card, D./Krueger, A.B. (2000): Minimum wages and employment: A case study of the fast-food industry in New Jersey and Pennsylvania: Reply. In: American Economic Review, Vol. 90/No. 5, S. 1397–1420

Castel, R. (2000): Die Metamorphosen der sozialen Frage. Eine Chronik der Lohnarbeit. Konstanz

Castel, R. (2011): Die Krise der Arbeit. Neue Unsicherheiten und die Zukunft des Individuums. Hamburg

Cella, G. P. (2012): The representation of non-standard workers. Theory and culture of collective bargaining. In: Transfer – European Journal of Labour and Research, Vol. 18/No. 2, S. 171–184

Cobble, D. S./Vosko, L. (2000): Historical perspectives on representing nonstandard workers, In: Carré, F./Ferber, M.A./Golden, L./Herzenberg, St. (eds), Nonstandard work. The nature and challenges of changing employment arrangements. Champaign, S. 291–312

Crimmann, A./Ziegler, K./Ellguth, P./Kohaut, S./Lehmer, F. (2009): Forschungsbericht zum Thema „Arbeitnehmerüberlassung", Nürnberg (Internet: http://doku.iab.de/externe/2010/k100113303.pdf; zuletzt aufgesucht am 24.3.2013)

Deeke, A. (2009): Konjunkturelle Kurzarbeit – Was kann bei vorübergehendem Arbeitsausfall bewirkt werden? In: WSI-Mitteilungen, Jg. 62/Heft 8, S. 446–455

Deregulierungskommission. Unabhängige Expertenkommission zum Abbau marktwidriger Regulierungen(1991): Marktöffnung und Wettbewerb. Berichte 1990 und 1991. Stuttgart

Deutscher Bundestag (1984): Fünfter Bericht der Bundesregierung über Erfahrungen bei der Anwendung des Arbeitnehmerüberlassungsgesetzes – AÜG – sowie über die Auswirkungen des Gesetzes zur Bekämpfung der illegalen Beschäftigung –BillBG-, BT-Drucksache 10/1934. Bonn

Deutscher Bundestag (2005): Zehnter Bericht der Bundesregierung über Erfahrungen bei der Anwendung des Arbeitnehmerüberlassungsgesetzes – AÜG –, BT-Drucksache 15/6008, Berlin

Deutscher Bundestag (2006): Bericht 2006 der Bundesregierung zur Wirksamkeit moderner Dienstleistungen am Arbeitsmarkt, BT-Drucksache 16/3982, Berlin

Deutscher Bundestag (2010): Elfter Bericht der Bundesregierung über Erfahrungen bei der Anwendung des Arbeitnehmerüberlassungsgesetzes, BT-Drucksache 17/464. Berlin

DGB (1982): 12. Ordentlicher Bundeskongress des DGB 16. – 22.5.1982 Berlin, Düsseldorf

DGB (1998): 16. Ordentlicher Bundeskongress des DGB 8.–12.6.1998 Düsseldorf. Düsseldorf

DGB (2002): 17. Ordentlicher Bundeskongress des DGB 27.–31.5.2002 Berlin. Berlin

Dietrich, H. (1999): Empirische Befunde zur selbständigen Erwerbstätigkeit unter besonderer Berücksichtigung scheinselbständiger Erwerbsverhältnisse. In: MittAB, Jg. 32/Heft 1, S. 85–101

Doeringer, P./Piore, M. (1971): Internal labor markets and manpower analysis. Lexington

Dörre, K. (2006): Prekäre Arbeit. Unsichere Beschäftigungsverhältnisse und ihre sozialen Folgen. In: Arbeit. Zeitschrift für Arbeitsforschung, Arbeitsgestaltung und Arbeitspolitik, Jg. 15/Heft 1, S. 181–193

Dörre, K./ /Holst, H. (2010): Einschätzungen zum Forschungsstand Prekarität. In: IG Metall, Beiträge zur Arbeitspolitik und Arbeitsforschung. Frankfurt/M., S. 32–44

Dribbusch, H. (2002): Gewerkschaftliche Mitgliedergewinnung im Dienstleistungssektor: Ein Drei-Länder-Vergleich im Einzelhandel. Berlin

Dube, A./Lester, T. W./Reich, M. (2010): Minimum wage effects across state borders: Estimates using contiguous counties. In: The Review of Economics and Statistics, Vol. 92/No. 4, S. 945–964

Dube, A./Naidu, S./Reich, M. (2007): The economic impacts of a citywide minimum wage. In: Industrial and Labor Relations Review, Vol. 60/No. 4, S. 522–543

Düll, H./Ellguth, P. (1999): Atypische Beschäftigung: Arbeit und betriebliche Interessenvertretung? Empirische Analysen mit dem IAB-Betriebspanel zum Einfluss von Betriebsräten auf befristete und geringfügige Beschäftigung. In: WSI-Mitteilungen, Jg. 52/Heft 3, S. 165–176

Dütsch, M. (2011): Wie prekär ist Zeitarbeit? Eine Analyse mit dem Matching Ansatz. In: Zeitschrift für Arbeitsmarktforschung, Jg. 43/Heft 4, S. 299–318

Dütsch, M./Z. J. Juhasz/Struck, O. (2011): Beschäftigungsformen in Deutschland. Entwicklungen, Determinanten und Folgen. Gütersloh

Ebbinghaus, B. (2003): Die Mitgliederentwicklung deutscher Gewerkschaften im historischen und internationalen Vergleich. In: Schroeder, W./Wessels, B. (Hg.): Die Gewerkschaften in Politik und Gesellschaft der Bundesrepublik Deutschland. Ein Handbuch. Wiesbaden, S. 174–203

Ebbinghaus, B. (2006): Trade union movements in post-industrial welfare states. Opening up to new social interests. In: Armingeon, K./Bonoli, G. (eds.): The politics of post-industrial welfare states: Adapting post-war social policies to new social risks. London, New York, S. 123–142

Ebbinghaus, B./Göbel, C./Koos, S. (2009): Inklusions- und Exklusionsmechanismen gewerkschaftlicher Mitgliedschaft: Ein europäischer Vergleich. In: Stichweh, R./Windolf, P. (Hg.): Inklusion und Exklusion. Analysen zur Sozialstruktur und sozialen Ungleichheit, Wiesbaden, S. 341–359

Ehrenberg, R. G./Smith, R. S. (2011): Modern labor economics. Theory and public policy (11th ed.). Boston, Columbus

Eichhorst, W./Marx, P./Thode, E. (2010): Atypische Beschäftigung und Niedriglohnarbeit. Bertelsmann-Stiftung, Gütersloh

Ellguth, P./Kohaut S. (2011): Tarifbindung und betriebliche Interessenvertretung: Aktuelle Ergebnisse aus dem IAB Betriebspanel 2010. In: WSI-Mitteilungen, Jg. 64/Heft 5, S. 242–247

Ellguth, P./Kohaut, S. (2012): Arbeitsbeziehungen und Personalpolitik im Dienstleistungsbereich. In: Industrielle Beziehungen, Jg. 19/Heft 2, S. 257–289

Ellguth, P./Kohaut, S. (2013): Tarifbindung und betriebliche Interessenvertretung. Ergebnisse aus dem IAB-Betriebspanel 2012. In: WSI-Mitteilungen, Jg. 66/Heft 4, S. 281–288

Ellguth, P./Promberger, M. (2007): Arbeitszeitsituation und betriebliche Interessenvertretung – Bessere Zeiten mit Betriebsrat? In: WSI-Mitteilungen, Jg. 60/Heft 4, S. 209–215

Elwell, C. K./Levine, L. (2013): Inflation and the real minimum wage: A fact sheet, Congressional Research Service 7-5700 Internet: (http://www.fas.org/sgp/crs/misc/R42973.pdf; zuletzt aufgesucht am 11.7.2013)

Erickson, Chr. L./Mitchell, D. J. B. (2007): Monopsony as a metaphor for the emerging post union labour market. In: International Labour Review, Vol. 146/No. 3–4, S. 163–187

Esping-Andersen, G. (1990): The three worlds of welfare capitalism. Princeton

European Commission (2010): Employment in Europe. Luxembourg

European Parliament, Directorate-General for Internal Policies, Policy Department (2013): Social protection rights of economically dependent self-employed workers (Internet: http://www.europarl.europa.eu/committees/en/studiesdownload.html?languageDocument=EN&file=92570; zuletzt aufgesucht am 3.7.2013)

European Sociological Review (2009): Special edition: Atypical employment, Vol. 25/No. 6, S. 621–692

Evans, J./Gibb, E. (2009): Moving from precarious employment to decent work. ILO-GURN Discussion Paper No. 13. Geneva

Evers, K./Schleinkofer, M./Wießner, F. (2013): Freiwillige Arbeitslosenversicherung für Existenzgründer: Etwas mehr Sicherheit. IAB-Kurzbericht 12/2013. Nürnberg

Expertenkommission Finanzierung Lebenslangen Lernens (2004): Der Weg in die Zukunft. Bielefeld

EWCO – European Working Conditions Survey (2010): Working poor in Europe – Germany (Internet: http://www.eurofound.europa.eu/ewco/studies/tn0910026s/de0910029q.htm; zuletzt aufgesucht am 3.7.2013)

Fachinger, U. (2007): Neue Erwerbsformen: Herausforderungen für die soziale Sicherheit. In: ZeS-Report, Jg. 12/Heft 1, S. 7–14

Fachinger, U./Frankus, A. (2011): Sozialpolitische Probleme bei der Eingliederung von Selbstständigen in die gesetzliche Rentenversicherung. Expertise im Auftrag der Friedrich-Ebert-Stiftung. Bonn

Fachinger, U./Oelschläger, A./Schmähl, W. (2004): Alterssicherung von Selbständigen. Bestandsaufnahme und Reformoptionen. Münster

Fertig, M./Kluve, J. (2006): Alternative Beschäftigungsformen in Deutschland: Effekte der Neuregelung von Zeitarbeit, Minijobs und Midijobs. In: Vierteljahreshefte zur Wirtschaftsforschung, Jg. 75/Heft 3, S. 97–117

Fink, M. (2000): Atypische Beschäftigung und deren politische Steuerung im internationalen Vergleich, Österreichische Zeitschrift für Politikwissenschaft Jg. 29/Heft 4, S. 401–415

Fitzenberger, B. (2012): Expertise zur Entwicklung der Lohnungleichheit in Deutschland, Sachverständigenrat zur Begutachtung der gesamtwirtschaftlichen Entwicklung, Arbeitspapier 04/2012. Wiesbaden

Franz, W. (2009): Arbeitsmarktökonomik (7. vollst. überarb. Aufl.). Dordrecht, Heidelberg

Frege, C./Kelly, J. (eds.) (2004): Varieties of unionism: Strategies for union revitalization in a globalizing economy. Oxford

Freier, R./Steiner, V. (2008): 'Marginal Employment': Stepping Stone or Dead End? Evaluating the German Experience. In: Zeitschrift für Arbeitsmarktforschung, Jg. 41/Heft 2–3, S. 223–243

Friedrich, W. (1995): Sozialversicherungsfreie Beschäftigungsverhältnisse 1987 und 1992. In: Keller, B./Seifert, H. (Hg.): Atypische Beschäftigung. Verbieten oder gestalten? Köln, S. 65–83

Fritsch, M./Kritikos, A./Ruskova, A. (2012): Selbständigkeit in Deutschland: Der Trend zeigt seit langem nach oben. In: DIW-Wochenbericht Nr. 4, S. 3–12

Fuller, S. (2009): Investigating longitudinal dimensions o precarious employment. Conceptual and practical issues. In: Vosko, L./MacDonald, M./Campbell, I. (eds.): Gender and the contours of precarious employment. New York, S. 226–239

Gajewska, K./Niesyto, J. (2009): Organising campaigns as 'revitaliser' for trade unions? The example of the Lidl campaign. In: Industrial Relations Journal, Vol. 40/No. 2, S. 156–171

Gallagher, D. G. (2008): Contingent work arrangements. In: Blyton, P./Heery, E./Bacon, N./ Fiorito, J. (eds.): The Sage handbook of industrial relations. Los Angeles, London, S. 471–490

Gather, C./Schmidt, T./Ulbricht, S. (2010): Der Gender Income Gap bei den Selbstständigen – empirische Befunde. In: Bührmann, A. D./Pongratz, H. J. (Hg.): Prekäres Unternehmertum. Unsicherheiten von selbstständiger Erwerbstätigkeit und Unternehmensgründung. Wirtschaft und Gesellschaft. Wiesbaden, S. 85–110

Gautié, J./Schmitt, J. (eds.) (2010): Low-wage work in the wealthy world. New York

Geißler, R. (2010): Die Sozialstruktur Deutschlands. Aktuelle Entwicklungen und theoretische Erklärungsversuche. Gutachten im Auftrag der Friedrich-Ebert-Stiftung. Bonn

Gensicke, M./Herzog-Stein, A./Seifert, H./Tschersich, N. (2010): Einmal atypisch, immer atypisch beschäftigt? Mobilitätsprozesse atypischer und normaler Arbeitsverhältnisse im Vergleich. In: WSI-Mitteilungen, Jg. 63/Heft 4, S. 179–187

Gerner, H.-D./Wießner, F. (2012): Die Förderung bewährt sich, der soziale Schutz nicht immer. IAB-Kurzbericht 23/2012. Nürnberg

Geyer, J./Steiner, V. (2010): Künftige Altersrenten in Deutschland: Relative Stabilität im Westen, starker Rückgang im Osten. In: DIW-Wochenbericht Nr. 11, S. 2–11

Giesecke, J. (2009): Socio-economic Risks of Atypical Employment Relationships: Evidence from the German Labour Market. In: European Sociological Review, Vol. 25/No. 6, S. 629–646

Giesecke, J./Groß, M. (2007): Flexibilisierung durch Befristung. Empirische Analysen zu den Folgen befristeter Beschäftigung. In: Keller, B./Seifert, H. (Hg.): Atypische Beschäftigung – Flexibilisierung und soziale Risiken. Berlin, S. 85–105

Gieseke, J./Groß, M. (2012): Soziale Schließung und die Strukturierung externer Arbeitsmärkte. In: Krause, A./Köhler, Chr. (Hg.): Arbeit als Ware. Zur Theorie flexibler Arbeitsmärkte. Bielefeld, S. 91–115

Gottschall, K./Schwarzkopf, M. (2010): Rechtliche und institutionelle Anreize zu irregulärer Arbeit in Privathaushalten in Deutschland. Bestandsaufnahme und Lösungsansätze. Studie für die Hans-Böckler-Stiftung. Düsseldorf

Gstöttner-Hofer, G./Kaiser, E./Wall-Strasser, S./Greif, W. (Hg.) (1997): Was ist morgen noch normal? Gewerkschaften und atypische Beschäftigungsverhältnisse. Wien

Gumbrell-MacCormick, R. (2011): European trade unions and 'atypical' workers. In: Industrial Relations Journal, Vol. 42/No. 3, S. 293–310

Gundert, S./Hohendanner, C. (2011): Leiharbeit und befristete Beschäftigung. Soziale Teilhabe ist eine Frage von stabilen Jobs. IAB-Kurzbericht 4/2011. Nürnberg

Hartmann, J./Kuwan, H. (2011): Determinanten der Weiterbildungsbeteiligung: multivariate Analysen. In: von Rosenbladt, B./Bilger, F. (Hg.): Weiterbildungsbeteiligung 2010. Trends und Analysen auf Basis des deutschen AES. Bielefeld, S. 70–79

Hartmann, M./Meinken, H. (2004): Mini- und Midijobs in Deutschland. Sonderbericht Dezember 2004. Bundesagentur für Arbeit. Nürnberg

Hartmann, M./Meinken, H. (2007): Statistik der Bundesagentur für Arbeit. Mini- und Midijobs in Deutschland. Nürnberg

Heery, E. (2004): The trade union response to agency labour in Britain. In: Industrial Relations Journal, Vol. 35/No. 5, S. 434–450

Heery, E. (2009): Trade unions and contingent labor: scale and method. In: Cambridge Journal of Regions, Economy and Society, Vol. 2/No. 3, S. 429–442

Heery, E./Conley, H./Delbridge, R./Simms, M./Stewart, P. (2004): Trade union responses to non-standard work. In: Healy, G./Heery, E./Taylor, P./Brown, W. (eds.): The future of worker representation. Houndsmills, S. 127–150

Heinze, R. G./Hinrichs, K./Offe, C./Olk, Th. (1984): Interessendifferenzierung und Gewerkschaftseinheit. Bruchlinien innerhalb der Arbeiterklasse als Herausforderung für gewerkschaftliche Politik. In: Offe, C., „Arbeitsgesellschaft". Strukturprobleme und Zukunftsperspektiven. Frankfurt/M., New York, S. 118–137

Herzog-Stein, A./Logeay, C. (2009): Makroökonomische Effekte des Kündigungsschutzes auf das Niveau der Arbeitslosigkeit, IMK Policy Brief, Düsseldorf

Herzog-Stein, A./Seifert, H. (2010): Der Arbeitsmarkt in der Großen Rezession – Bewährte Strategien in neuen Formen. In: WSI-Mitteilungen, Jg. 63/Heft 11, S. 551–559

Hinrichs, K. (2008): Kehrt die Altersarmut zurück? Atypische Beschäftigung als Problem der Rentenpolitik. In: Bonoli, G./Bertozzi, F. (Hg.): Les nouveaux défis de l'Etat social / Neue Herausforderungen für den Sozialstaat. Lausanne, Bern, S. 19–36

Hinz, L. (2012): Minijobs im Einzelhandel. In: WSI-Mitteilungen, Jg. 65/Heft 1, S. 58–60

Hohendanner, C. (2010): Befristete Arbeitsverträge zwischen Auf- und Abschwung. Unsichere Zeiten, unsichere Verträge. IAB-Kurzbericht 14/2010. Nürnberg

Hohendanner, C. (2011): Beschäftigungsformen jenseits der Normalarbeit. Analysen auf Basis von Betriebs- und Individualdaten (Diss.). Erlangen, Nürnberg

Hohendanner, C. (2013): Befristete Beschäftigung – Aktuelle Zahlen aus dem IAB-Betriebspanel 2012 (Internet: http://doku.iab.de/aktuell/2013/Befristung_2012.pdf; zuletzt aufgesucht am 10.8.2013))

Hohendanner. C./Stegmaier, J. (2012): Geringfügige Beschäftigung in deutschen Betrieben. Umstrittene Minijobs, IAB-Kurzbericht 24/2012. Nürnberg

Hohendanner, C./Walwei, U. (2013): Arbeitsmarkteffekte atypischer Beschäftigung. In: WSI-Mitteilungen, Jg. 66/Heft 4, S. 239–246

Holst, H. (2010): „Die Flexibilität unbezahlter Zeit" – Die strategische Nutzung von Leiharbeit. In: Arbeit. Zeitschrift für Arbeitsforschung, Arbeitsgestaltung und Arbeitspolitik, Jg. 19/Heft 2–3, S. 164–177

Holst, H./Aust, A./Pernicka, S. (2008): Kollektive Interessenvertretung im strategischen Dilemma – Atypisch Beschäftigte und die „dreifache Krise“ der Gewerkschaften. In: Zeitschrift für Soziologie, Jg. 37/Heft 2, S. 158–176

Holst, E./Seifert, H. (2012): Arbeitszeitpolitische Kontroversen im Spiegel der Arbeitszeitwünsche. In: WSI-Mitteilungen, Jg. 65/Heft 2, S. 141–149

Horn, G./Logeay, C./Zwiener, R. (2007): Wer profitierte vom Aufschwung? IMK Report Nr. 27. Düsseldorf

Houseman, S. N./Osawa, M. (eds.) (2003): Nonstandard work in developed countries. Causes and consequences. Kalamazoo

IAB/RWI/ISG (2011): Evaluation bestehender Mindestlohnregelungen – Branche: Bauhauptgewerbe. Berlin

ILO (2012): World of Work Report 2012. Better jobs for a better economy. Geneva

Industrielle Beziehungen (2012): Schwerpunktheft „Betriebliche Beschäftigungssysteme“, Jg. 19/Heft 2, S. 85–252

Jahn, E. J. (2005): Wie wirkt der Kündigungsschutz? Zeitschrift für Arbeitsmarktforschung, Jg. 38/Heft 2, S. 284–304

Jahn, E./Weber, E. (2013): Zeitarbeit. Zusätzliche Jobs, aber auch Verdrängung. IAB-Kurzbericht 2/2013. Nürnberg

Jahn, E./Lehmer, F./Möller, J./Promberger, M./Walwei, U./Ziegler, K. (2011): Mehr Stabilität und soziale Sicherheit – Stellung der Leiharbeitnehmer verbessern. Öffentliche Anhörung von Sachverständigen vor dem Ausschuss für Arbeit und Soziales des Deutschen Bundestags am 21. März 2011. IAB-Stellungnahme, 03/2011.Nürnberg

JILPT – Japan Institute for Employment Policy and Training (2011): Non-regular employment – Issues and challenges common to the major developed countries. JILPT Report No 10. Tokyo

Joebges, H./Meinhardt, V./Rietzler, K./Zwiener, R. (2012): Auf dem Weg in die Altersarmut. Bilanz der Einführung der kapitalgedeckten Riester-Rente. IMK Report Nr.73. Düsseldorf

Journal of Labour Market Research (2012): Minimum wages in Germany/Mindestlöhne in Deutschland, Jg. 45/Heft 3–4, S. 185–353

Juha'sz, Z. (2011): Beschäftigungsformen in Deutschland. Ergebnisse einer Befragung, Gütersloh (Internet: http://www.bertelsmann-stiftung.de/cps/rde/xbcr/SID-28B5EB0B-2B18E5BB/bst/xcms_bst_dms_35492_35493_2.pdf; zuletzt aufgesucht am 25.1.2013)

Kahn, L. M. (2012): Labor market policy: A comparative view on the costs and benefits of labor market flexibility. In: Journal of Policy Analysis and Management, Vol. 31/No. 1, S. 94–110

Kalina, T./Weinkopf, C. (2008): Konzentriert sich die steigende Niedriglohnbeschäftigung in Deutschland auf atypisch Beschäftigte? In: Zeitschrift für Arbeitsmarktforschung, Jg. 41/Heft 4, S. 447–469

Kalina, T./Weinkopf, C. (2012): Niedriglohnbeschäftigung 2010: Fast jede/r Vierte arbeitet für Niedriglohn. IAQ-Report 01. Essen

Kalleberg, A. L. (2000): Nonstandard employment relations: Part-time, temporary and contract work. In: Annual Review of Sociology, Vol. 26, S. 341–365

Kalleberg, A. L. (2009): Presidential Address: Precarious Work, Insecure Workers: Employment Relations in Transitions. In: American Sociological Review, Vol. 74/No. 1, S. 1–22

Kalleberg, A. L. (2011): Good Jobs, Bad Jobs. New York

Kalleberg, A.L. (2012): Job quality and precarious work: Clarifications, controversies, and challenges. In: Work and Occupations, Vol. 39/No. 4, S. 427–448

Kaufman, B. E. (2010): Institutional economics and the minimum wage: Broadening the theoretical and policy debate. In: Industrial and Labor Relations Review, Vol. 63/No. 3, S. 427–453

Keller, B. (2004): Multibranchengewerkschaft als Erfolgsmodell? Zusammenschlüsse als organisatorisches Novum – das Beispiel ver.di. Hamburg

Keller, B./Seifert, H. (Hg.) (1995): Atypische Beschäftigung. Verbieten oder gestalten? Köln

Keller, B./Seifert, H. (2005): Atypische Beschäftigungsverhältnisse und Flexicurity. In: Kronauer, M./Linne, G. (Hg.): Flexicurity. Die Suche nach Sicherheit in der Flexibilität. Berlin, S. 127–147

Keller, B./Seifert, H. (Hg.) (2007): Atypische Beschäftigung. Flexibilisierung und soziale Risiken. Berlin

Keller, B.; Seifert, H. (2008): Flexicurity: Ein europäisches Konzept und seine nationale Umsetzung. Expertise im Auftrag der Friedrich-Ebert-Stiftung. Bonn

Keller, B./Seifert, H./Schulz, S./Zimmer, B. (2011): Atypische Beschäftigung und soziale Risiken. Entwicklung, Strukturen, Regulierung. Expertise für die Friedrich-Ebert-Stiftung. Bonn

Kelleter, K. (2009): Selbstständige in Deutschland. Ergebnisse des Mikrozensus 2008, Wirtschaft und Statistik, Heft 12, S. 1204–1217

Klammer, U./Leiber, S. (2007): Atypische Beschäftigung und sozialer Schutz. EU-Regulierung und Situation in Deutschland, in: Keller, B./Seifert, H. (Hg.): Atypische Beschäftigung. Flexibilisierung und soziale Risiken. Berlin, S. 185–207

Klinger, S./Rothe, T./Weber, E. (2013): Die Vorteile überwiegen. IAB-Kurzbericht 11/2013, Nürnberg

Koch, A./Bäcker, G. (2003): Mit Mini- und Midi-Jobs aus der Arbeitslosigkeit? Die Neuregelungen zur Beschäftigungsförderung im unteren Einkommensbereich. In: Sozialer Fortschritt, Jg. 52/Heft 4, S. 94–102

Koch, A./Rosemann, M./Späth, J. unter Mitarbeit von Beurer, A.-K./Potjagailo, G. (2011): Soloselbstständige in Deutschland. Strukturen, Entwicklungen und soziale Sicherung bei Arbeitslosigkeit. Studie im Auftrag der Friedrich-Ebert-Stiftung. Bonn

Kocher, E./Welti, F. (2012): Wie lässt sich ein Anspruch auf Weiterbildung rechtlich gestalten? Expertise im Auftrag der Friedrich-Ebert-Stiftung. Bonn

Koller, L./Neder, N./Rudolph, H./Trappmann, M. (2012): Viel Arbeit für wenig Geld. IAB-Kurzbericht 22/2012. Nürnberg

Kommission Moderne Dienstleistungen am Arbeitsmarkt (2002): Bericht der Kommission. Berlin

Kommission für Zukunftsfragen der Freistaaten Bayern und Sachsen (1996): Erwerbstätigkeit und Arbeitslosigkeit in Deutschland. Bonn

König, M./Möller, J. (2007): Mindestlohneffekte des Entsendegesetzes. Eine Mikrodatenanalyse für die deutsche Bauwirtschaft. IAB-Discussion Paper Nr. 30/2007. Nürnberg

Konle-Seidl, R./Trübswetter, P. (2011): Dynamik auf den europäischen Arbeitsmärkten. IAB-Kurzbericht 25/2011, Nürnberg

Körner, T./Puch, K./Frank, T./Meinken, H. (2011): Geringfügige Beschäftigung in Mikrozensus und Beschäftigungsstatistik. In: Wirtschaft und Statistik, Heft 11, S. 1065–1085

Körner, T./Meinken, H./Puch, K, (2013): Wer sind die ausschließlich geringfügig Beschäftigten? Eine Analyse nach sozialer Lebenslage. In: Wirtschaft und Statistik, Heft 1, S. 42–61

Kraemer, K. (2008): Prekarität – was ist das? In: Arbeit. Zeitschrift für Arbeitsforschung, Arbeitsgestaltung und Arbeitspolitik, Jg. 17/Heft 2, S. 77–90

Kranzusch, P./Richter, M. (2011): Soloselbstständige in der Insolvenz – zwischen Stigmatisierung und Neustart, WISO direkt. Friedrich-Ebert-Stiftung. Bonn

Krause, A./Köhler, Ch. (2011): Von der Vorherrschaft interner Arbeitsmärkte zur dynamischen Koexistenz von Arbeitsmarktsegmenten. In: WSI-Mitteilungen, Jg. 64/Heft 11, S. 588–596

Krause, A./Köhler, Ch. (2012a): Arbeit als Ware. Zur Theorie flexibler Arbeitsmärkte, Bielefeld

Krause, A./Köhler, Ch. (2012b): Was sind flexible Arbeitsmärkte und wie kann man sie erklären? In: Krause, A./Köhler, Ch. (Hg.): Arbeit als Ware. Zur Theorie flexibler Arbeitsmärkte. Bielefeld, S. 9–43

Kruppe, T. (2012): Organisation und Finanzierung von Qualifizierung und Weiterbildung im Lebensverlauf. Expertise im Auftrag der Friedrich-Ebert-Stiftung. Bonn

Kvasnicka, M. (2008): Does Temporary Help Work Provide a Stepping Stone to Regular Employment? NBER Discussion Paper w13843, Cambridge

Labini, P. S. (1964): Precarious Employment in Sicily. In: International Labour Review, Vol. 89/No. 3, S. 268–285

Langelüddeke, A./Rabe, B./Thiede, R. (1999): Flexible Anwartschaften und Anwartschaftszeiten. Ein Vorschlag zum Ausbau der eigenständigen Frauenalterssicherung und zur Anpassung der Rentenversicherung an den Wandel der Arbeit. In: Die Angestelltenversicherung, Heft 46, S. 7–13

Langhoff, Th./Krietsch, I./Schubert, A. (2012): Anforderungen an eine gesundheitsgerechte Gestaltung der Leiharbeit. In: WSI-Mitteilungen, Jg. 65/Heft 6, S. 464–470

Lehmer, F./Ziegler, K. (2010): Brückenfunktion der Leiharbeit. Zumindest ein schmaler Steg. IAB-Kurzbericht 13/2010. Nürnberg

Lenhardt, U./Ertel, M./Morschhäuser, M. (2010): Psychische Arbeitsbelastungen in Deutschland: Schwerpunkte – Trends – betriebliche Umgangsweisen. In: WSI-Mitteilungen, Jg. 63/Heft 7, S. 335–342

Leschke, J. (2009): Flexible Erwerbsverläufe und Sozialversicherung. In: WSI-Mitteilungen, Jg. 62/Heft 7, S. 383–389

Lindbeck, A./Snower, D. J. (1988): The Insider-Outsider-Theory of Employment and Unemployment. Cambridge, London

Lindbeck, A./Snower, D. J. (2001): Insiders versus outsiders. In: Journal of Economic Perspective, Vol. 15/No. 1, S. 165–188

Logan, J. (2006): The union avoidance industry in the United States. In: British Journal of Industrial Relations, Vol. 44/No. 4, S. 651–675

Lohmann, H./Andreß, H.-J. (2011): Autonomie oder Armut? Zur Sicherung gleicher Chancen materieller Wohlfahrt durch Erwerbsarbeit. In: WSI-Mitteilungen, Jg. 64/Heft 4, S. 178–187

Lorber, P. (2010): 'Strengthening the protection of precarious workers: fixed term workers'. Strengthening the protection of precarious workers. ITC - ILO. Turin.

Lundy, M. C./Roberts, K./Becker, D. (2006). Union responses to the challenges of contingent work arrangements. In: Gleason, S. E. (ed.): The shadow workforce. Perspectives on contingent work in the United States, Japan and Europe. Kalamazoo, S. 99–132

Lutz, B. (1987): Arbeitsmarktstruktur und betriebliche Arbeitskräfteschlange. Eine theoretisch-historische Skizze zur Entstehung betriebszentrierter Arbeitsmarktsegmentation. Frankfurt/M., New York.

MacKenzie, R. (2010): Why do contingent workers join a trade union? Evidence from the Irish telecommunications sector. In: European Journal of Industrial Relations, Vol. 16/ No. 2, S. 153–168

Mai, Chr.-M./Marder-Puch, K. (2013): Selbstständigkeit in Deutschland. In: Wirtschaft und Statistik, Heft 7, S. 482–496

Mangan, J. (2000): Workers without traditional employment. An international study of non-standard work. Cheltenham, Northampton

Manning, A. (2003): Monopsony in motion: Imperfect competition in labor markets. Princeton

Martin, A./Nienhüser, W. (Hg.) (2002): Neue Formen der Beschäftigung – neue Personalpolitik? München, Mering

Mason, G./Salverda, W. (2010): Low pay, working conditions and living standards. In: Gautié, J./Schmidt, J. (eds.): Low-wage work in the wealthy world. New York, S. 35–89

Massa-Wirth, H. (2007): Zugeständnisse für Arbeitsplätze? Konzessionäre Beschäftigungsvereinbarungen im Vergleich Deutschland – USA. Berlin

Massa-Wirth, H./Seifert, H. (2004): Betriebliche Bündnisse für Arbeit nur mit begrenzter Reichweite. In: WSI-Mitteilungen, Jg. 57/Heft 5, S. 246–254

McKay, S./Jeffreys, S./Paraksevopoulou, A./Keles, J. (2012): Study on precarious work and social rigths. Final report. London Metropolitan University. London

Metcalf, D. (2008): Why has the British National Minimum Wage had little or no impact on employment? In: The Journal of Industrial Relations, Vol. 50/No. 3, S. 489–511

Meyer, D. (2010): Organisierung von Zeitarbeitern. In: Greef, S./Kalass, V./Schroeder, W. (Hg.): Gewerkschaften und die Politik der Erneuerung – Und sie bewegen sich doch. Düsseldorf, S. 263–288

Mirschel, V. (2008): Selbstständige und Gewerkschaft – geht das? In: Wall-Strasser, S./Kaiser, E./Wimplinger, J./Breiner, G. (Hg.): Gewerkschaften und atypische Beschäftigung. Interessen – Überzeugungen – Mitglieder. Wien, S. 185–195

Möller, J. (2010a): The German labour market response in the world recession – de-mystifying a miracle. In: Zeitschrift für Arbeitsmarktforschung, Jg. 42/Heft 3, S. 325–336

Möller, J. (2010b): Standpunkt: Mindestlohn muss die Dienstleistungsfreiheit in der EU absichern, IAB-Forum, Nr. 2, S. 24–27

Möller, J. (2012): Minimum wages in German industries – what does the evidence tell us so far? In: Journal of Labour Market Research, Vol. 45/No. 3–4, S. 185–186

Möller, J./Walwei, U./Koch, S./Kupka, P./Steinke, J. (2009): Fünf Jahre SGB II. Eine IAB-Bilanz. Der Arbeitsmarkt hat profitiert, IAB-Kurzbericht 29/2009. Nürnberg

Mosthaf, A. (2011): Low-wage jobs – stepping stones or just bad signals? IAB-Discussion Paper 11. Nürnberg

Mückenberger, U. (1985): Die Krise des Normalarbeitsverhältnisses – hat das Arbeitsrecht noch Zukunft? In: Zeitschrift für Sozialreform, Jg. 31/Heft 7–8, S. 415–434; 457–475

Mückenberger, U. (2007): Folgerungen aus der Krise des Normalarbeitsverhältnisses. In: Lorenz, F./Schneider, G. (Hg.): Ende der Normalarbeit? Mehr Solidarität statt weniger Sicherheit – Zukunft betrieblicher Interessenvertretung. Hamburg, S. 80–109

Mückenberger, U. (2010): Krise des Normalarbeitsverhältnisses – ein Umbauprogramm. In: Zeitschrift für Sozialreform, Jg. 56/Heft 4, S. 403–420

Neubäumer, R./Tretter, D. (2008): Mehr atypische Beschäftigung aus theoretischer Sicht. In: Industrielle Beziehungen, Jg. 15/Heft 3, S. 256–278

Neumark, D./Wascher, W. L. (2010): Minimum wages. Cambridge, London

Nienhüser, W. (2007): Betriebliche Beschäftigungsstrategien und atypische Arbeitsverhältnisse. In: Keller, B./Seifert, H. (Hg.): Atypische Beschäftigung. Flexibilisierung und soziale Risiken. Berlin, S. 45–65

Nienhüser, W. (2013): Für mehr Transparenz und Teilhabe in der Arbeitswelt. Arbeitspapier für das Fortschrittsforum der Friedrich-Ebert-Stiftung. Berlin

Noll, S./Wießner, F. (2007): Selbstständig oder arbeitslos: Brücke oder Falle? Einige empirische Betrachtungen zu geförderten Neugründungen aus arbeitsmarkt- und sozialpolitischer Perspektive. In: Keller, B./Seifert, H. (Hg.): Atypische Beschäftigung. Flexibilisierung und soziale Risiken. Berlin, S. 145–161

Nürnberger, I. (2007): Was bekommen künftige Rentner? In: Soziale Sicherheit, Jg. 57/Heft 12, S. 405–416

OECD (1986): Flexibility in the labour market. The current debate. Paris

OECD (1989): Labour market flexibility. Trends in enterprises. Paris

OECD (1993): Employment Outlook. Paris

OECD (1994): Job Study: Facts, Analysis, and Strategies. Paris

OECD (1997): Employment Outlook. Paris

OECD (1999): Employment Outlook. Paris

OECD (2006): Employment Outlook. Paris

Offe, C./Hinrichs, K. (1984): Sozialökonomie des Arbeitsmarktes: primäres und sekundäres Machtgefälle, in: Offe, C., „Arbeitsgesellschaft“ Strukturprobleme und Zukunftsperspektiven, Frankfurt/M., New York, S. 44–86

Olson, M. (1965): Die Logik des kollektiven Handelns. Kollektivgüter und die Theorie der Gruppen. Tübingen

Oschmiansky, F. (2004): Bekämpfung von Schwarzarbeit (Ich-AG, Mini-Jobs), In: Jann, W./Schmid, G. (Hg.): Eins zu eins? Eine Zwischenbilanz der Hartz-Reformen am Arbeitsmarkt. Berlin, S. 51–62

Oschmiansky, F. (2010): Dossier Arbeitsmarktpolitik: Minijobs/geringfügige Beschäftigung (Internet: http://www.bpb.de/politik/innenpolitik/arbeitsmarktpolitik/55335/minijobs; zuletzt aufgesucht am 31.7.2013)

Osterman, P. (2011): Institutional labor economics, the new personnel economic and internal labor markets: A reconsideration. In: Industrial and Labor Relations Review, Vol. 64/No. 4, S. 635–651

Osterman, P./Burton, M. D. (2005): Ports and ladders. The nature and relevance of internal labor markets in a changing world. In: Ackroyd, St./ Batt, R./ Thompson, P./Tolbert, P. M. (eds), The Oxford handbook of work and organization. Oxford, S. 425–445

Pernicka, S. (2005): The evolution of union politics for atypical employees. A comparison between German and Austrian trade unions in the private sector. In: Economic and Industrial Democracy, Vol. 26/No. 2, S. 201–224

Pernicka, S. (2006): Organizing the self-employed: Theoretical considerations and empirical findings. In: European Journal of Industrial Relations, Vol. 12, S. 125–143

Pernicka, S./Aust, A. (2007): Die Unorganisierten gewinnen. Gewerkschaftliche Rekrutierung und Interessenvertretung atypisch Beschäftigter. Ein deutsch-österreichischer Vergleich. Berlin

Pfeffer, J./Baron, J. N. (1988), Taking the workers back out: Recent trends in the structure of employment. In: Staw, B. M./Cummings, L. L. (eds): Research in Organizational Behavior, Vol. 10, S. 257–303

Pfeifer, C. (2007): Eine theoretische und empirische Analyse der betrieblichen Determinanten von Teilzeitarbeit, Mini- und Midi-Jobs. In: Zeitschrift für Arbeitsmarktforschung, Jg. 40/Heft 1, S. 65–76

Pfeifer, C. (2012): Fixed-term contracts and wages revisited using linked employer-employee data. In: Journal for Labour Market Research, Vol. 45/No. 2, S. 171–183

Pfeiffer, R./Metzger, H. (2009): Minijobs im Haushalt – Aus der Schmuddelecke zum Arbeitsmarkt. Erfahrungen mit der Öffentlichkeitskampagne gegen Schwarzarbeit in Privathaushalten. RVaktuell 9/2009, S. 304–312 (Internet: http://www.minijob-zentrale.de/DE/Service/DownloadCenter/6_Berichte_und_Statistiken/PDF-4_Minijobs_im_Haushalt,templateId=raw,property=publicationFile.pdf/PDF-4_Minijobs_im_Haushalt. pdf; zuletzt aufgesucht am 24.1.2013)

Pongratz, H. J./Simon, St. 2010: Prekaritätsrisiken unternehmerischen Handelns. In: Bührmann, A. D./Pongratz, H. J. (Hg.): Prekäres Unternehmertum. Unsicherheiten von selbstständiger Erwerbstätigkeit und Unternehmensgründung, Wirtschaft und Gesellschaft. Wiesbaden, S. 27–61

Prognos (2011): Fiskalische Effekte eines gesetzlichen Mindestlohns. Studie im Auftrag der Friedrich-Ebert-Stiftung. Basel

Promberger, M. (2009): Leiharbeit und betriebliche Mitbestimmung. In: Industrielle Beziehungen, Jg. 16/Heft 2, S. 192–194

Promberger, M. (2012a): Topographie der Leiharbeit. Flexibilität und Prekarität einer atypischen Beschäftigungsform. Berlin

Promberger, M. (2012b): Eine Strategie oder viele Strategien? Zur Polyvalenz flexibler Beschäftigungsformen im betrieblichen Einsatz am Beispiel der Leiharbeit. In: Krause, A./Köhler, Chr. (Hg.): Arbeit als Ware. Zur Theorie flexibler Arbeitsmärkte. Bielefeld, S. 163–184

Promberger, M./Wenzel, U./Pfeiffer, S./Hacket, An./Hirseland, A. (2008): Beschäftigungsfähigkeit, Arbeitsvermögen und Arbeitslosigkeit. In: WSI-Mitteilungen, Jg. 61/Heft 2, S. 70–76

Promberger, M./Wübbecke, C./Zieglowski, M. (2012): Private Vorsorge fehlt. Wo sie am nötigsten ist. IAB-Kurzbericht 15/2012. Nürnberg

Puch, K. (2008): Zeitarbeit. Ergebnisse des Mikrozensus (Internet: http://www.destatis.de/jetspeed/portal/cms/Sites/destatis/Internet/DE/Content/Publikationen/STATmagazin/Arbeitsmarkt/2008__3/PDF2008__3,property=file.pdf; zuletzt aufgesucht am 23.1.2013)

Rabe, B./Langelüddeke, A. (1999): Flexible Anwartschaften als Element der Rentenreform. In: Wirtschaftsdienst, Jg. 79/Heft 4, S. 237–244

Raffo, J. (2008): Organizing-Ansätze als Schlüssel für neue Zielgruppen. In: Wall-Strasser, S./Kaiser, E./Wimplinger, J./Breiner, G. (Hg.): Gewerkschaften und atypische Beschäftigung. Interessen – Überzeugungen – Mitglieder. Wien, S. 129–145

Reich, M. (ed.) (2008): Segmented labor markets and labor mobility, 2 vols. Cheltenham

Rcinowski, E./Sauermann, J. (2008): Befristete Beschäftigung, berufliche Weiterbildung und ihre Finanzierung. Rat für Sozial- und WirtschaftsDaten (RatSWD), Working Paper No. 14. Berlin

Rheinisch-Westfälisches Institut für Wirtschaftsforschung und Institut für Sozialforschung und Gesellschaftspolitik – RWI/IfS (2006): Evaluation der Umsetzung der Vorschläge der Hartz-Kommission. Arbeitspaket 1, Modul 1f – Verbesserung der beschäftigungspolitischen Rahmenbedingungen und Makrowirkungen der aktiven Arbeitsmarktpolitik Forschungsvorhaben im Auftrag des Bundesministeriums für Arbeit und Soziales Endbericht Zusammenfassung und Schlussfolgerungen. Essen

Rheinisch-Westfälisches Institut für Wirtschaftsforschung. (2012): Herausforderung Zeitarbeit. Studie im Auftrag der Bertelsmann-Stiftung. Gütersloh

Riedel, P. (2012): Minijobs in der Gebäudereinigung. In: WSI-Mitteilungen, Jg. 65/Heft 1, S. 64–67

Riedmüller, B./Schmaleck, U. (2011): Eigenständige Alterssicherung von Frauen. Bestandsaufnahme und Handlungsbedarf. Expertise im Auftrag der Friedrich-Ebert-Stiftung, Bonn

Riphahn, R. T./Schnitzlein, D. D. (2011): Wage Mobility in East and West Germany, IZA Discussion Paper No. 6246. Bonn

Rische, H. (2008): Weiterentwicklung der gesetzlichen Rentenversicherung zu einer erwerbstätigen Versicherung. Ansätze zur Begründung und konkreten Ausgestaltung, RVaktuell 2008/1, S. 2–10

Rodgers, G. (1989): Precarious work in Western Europe: The state of the debate. In: Rodgers, G./Rodgers, J. (eds.): Precarious jobs in labour market regulation: The growth of atypical employment in Western Europe. Brussels, S. 1–16

Rosenbladt, B. v./Bilger, F. (2008): Weiterbildungsbeteiligung in Deutschland – Eckdaten zum BSW-AES 2007. Ms. München

Rothe, K./Störling, P./Zeitler, G. (2012): Minijobs im Bäckerhandwerk und Gastgewerbe. In: WSI-Mitteilungen, Jg. 65/Heft 1, S. 61–63

Rudolph, H. (2003): Mini- und Midi-Jobs. Geringfügige Beschäftigung im neuen Outfit. In: IABKurzbericht 6/2003. Nürnberg

Rudolph, W./Wassermann, W. (2006): Übergänge zwischen Betriebsratslosigkeit und Betriebsratsgründung: Neue Betriebsratsgründungen im Bereich kleiner Betriebe und Reform der Betriebsverfassung, in: Artus, I./Böhm, S./Lücking, St./ Trinczek, R. (Hg.):

Betriebe ohne Betriebsrat. Informelle Interessenvertretung in Unternehmen. Frankfurt/M., New York, S. 81–105

Rycx, F./Kampelmann, St. (2012): Who earns minimum wages in Europe? New evidence based on household surveys. ETUI Report 124. Brussels

Sachverständigenrat zur Begutachtung der gesamtwirtschaftlichen Entwicklung – SVR (1996): Reformen voranbringen. Jahresgutachten 1996/67. Stuttgart

Sachverständigenrat zur Begutachtung der gesamtwirtschaftlichen Entwicklung – SVR (2004): Erfolge im Ausland – Herausforderungen im Inland. Jahresgutachten 2004/2005. Wiesbaden

Sachverständigenrat zur Begutachtung der gesamtwirtschaftlichen Entwicklung – SVR (2005): Die Chance nutzen – Reformen mutig voranbringen. Jahresgutachten 2005/2006. Wiesbaden

Sachverständigenrat zur Begutachtung der gesamtwirtschaftlichen Entwicklung – SVR (2006a): Jahresgutachten 2006/2007. Widerstreitende Interessen – ungenutzte Chancen. Wiesbaden

Sachverständigenrat zur Begutachtung der gesamtwirtschaftlichen Entwicklung – SVR (2006b): Arbeitslosengeld II reformieren: Ein zielgerichtetes Kombilohnmodell. Expertise im Auftrag des Bundesministers für Wirtschaft und Technologie. Wiesbaden

Sachverständigenrat zur Begutachtung der gesamtwirtschaftlichen Entwicklung – SVR (2008): Jahresgutachten 2008/2009. Die Finanzkrise meistern – Wachstumskräfte stärken. Wiesbaden

Sachverständigenrat zur Begutachtung der gesamtwirtschaftlichen Entwicklung – SVR (2010): Jahresgutachten 2010/11. Chancen für einen stabilen Aufschwung. Wiesbaden

Sachverständigenrat zur Begutachtung der gesamtwirtschaftlichen Entwicklung – SVR (2011): Jahresgutachten 2011/2012. Verantwortung für Europa wahrnehmen. Wiesbaden

Sachverständigenrat zur Begutachtung der gesamtwirtschaftlichen Entwicklung – SVR (2012): Jahresgutachten 2012/13. Stabile Architektur für Europa – Handlungsbedarf im Inland. Wiesbaden

Salengros, P./van de Leemput, D./Mukibangiey, L. (1989): Psychological and sociological perspectives on precarious employment in Belgium. In: Rodgers, G./Rodgers, J. (eds.): Precarious jobs in labour market regulation. Geneva. S. 197–223

Schäfer, H. (2010): Sprungbrett oder Sackgasse? – Entwicklung und Strukturen von flexiblen Erwerbsformen in Deutschland. In: IW-Trends 1, S. 47–63

Schäfer, H./Schmidt, J. (2009): Einkommensmobilität in Deutschland – Entwicklung, Strukturen, Determinanten. In: IW-Trends 2, S. 91–105

Schank, T./Schnabel, C./Stephani, J./Bender, S. (2008): Niedriglohnbeschäftigung. Sackgasse oder Chance zum Aufstieg? IAB-Kurzbericht 8/2008. Nürnberg

Schettkat, R. (2006): Lohnspreizung: Mythen und Fakten. Eine Literaturübersicht zu Ausmaß und ökonomischen Wirkungen von Lohngleichheit. Edition der Hans-Böckler-Stiftung, 183. Düsseldorf

Schlese, M. (2012): Wie viele Leiharbeitskräfte gibt es? Zur Vergleichbarkeit der Fallzahlen bei Leiharbeit zwischen SOEP und ANÜSTAT. SOEPpapers 486. Berlin

Schmeißer, C./Stuth, S./Behrend, C./Budras, R./Hipp, L./Leuze, K./Giesecke, J. (2012): Atypische Beschäftigung in Europa 1996–2009. Wissenschaftszentrum für Sozialforschung (WZB), discussion paper, P 2012-001. Berlin

Schmid, G. (2011): Übergänge am Arbeitsmarkt. Berlin

Schmid, G./Protsch, P. (2009): Wandel der Erwerbsformen in Deutschland und Europa. Wissenschaftszentrum für Sozialforschung (WZB), discussion paper, SP I 2009-505. Berlin

Schmitt, J. (2013): Why does the minimum wage have no discernible effect on employment? Center for Economic and Policy Research, Washington

Schröder, E. (1997): „Arbeitnehmerüberlassung in Vermittlungsabsicht". Start oder Fehlstart eines arbeitsmarktpolitischen Modells in Deutschland? Nürnberg

Schulten, T. (2011): WSI-Mindestlohnbericht – Mindestlöhne unter Krisendruck. In: WSI-Mitteilungen, Jg. 64/Heft 3, S. 131–137

Schulten, T. (2012): Minimum wages in Europe under austerity. ETUI Policy Brief 5/2012. Brussels

Schulten, T./Bispinck, R./Schäfer, C. (Hg.) (2006): Mindestlöhne in Europa. Hamburg

Schulze Buschoff, K. (2006): Die soziale Sicherung von selbstständig Erwerbtätigen in Deutschland. Wissenschaftszentrum für Sozialforschung (WZB), discussion paper SP I 2006-107. Berlin

Schulze Buschoff, K. (2010): Sozialpolitische Perspektiven der ‚neuen Selbstständigkeit'. In: Bührmann, A. D./Pongratz, H. J. (Hg.): Prekäres Unternehmertum. Unsicherheiten von selbstständiger Erwerbstätigkeit und Unternehmensgründung, Wirtschaft und Gesellschaft. Wiesbaden, S. 167–192

Schulze Buschoff, K. (2011): Atypisch beschäftigt = typisch arm im Alter? Die Flexibilisierung der Arbeitsmärkte und der staatliche Schutz vor Altersarmut – ein europäischer Vergleich. Expertise im Auftrag der Friedrich-Ebert-Stiftung. Berlin

Schulze Buschoff, K. (2012): Neue Arbeitswelt und neue Selbstständigkeit, Gegenblende, Ausgabe 14, März-April 2012

Schulze Buschoff, K./Schmidt, C. (2005): Die Status-Mobilität der Solo-Selbstständigen und ihre Absicherung im europäischen Vergleich. In: Zeitschrift für Arbeitsmarktforschung, Jg. 38/Heft 4 S. 531–553

Schulze Buschoff, K./Schmidt, C. (2006): Own-account workers in Europe. Flexible, mobile and often inadequately insured. Wissenschaftszentrum für Sozialforschung (WZB), discussion paper, SP I 2006-122. Berlin

Schulze Buschoff, K./Schmidt, C. (2007): Neue Selbstständige im europäischen Vergleich. Struktur, Dynamik und soziale Sicherheit. Edition der Hans-Böckler-Stiftung, 201. Düsseldorf

Schulze Buschoff, K./Schmidt, C. (2009): Adapting labour law and social security to the needs of the 'new self-employed' – comparing the UK, Germany and the Netherlands. In: Journal of European Social Policy, Vol. 19/No. 2, S. 147–159

Schwitzer, H. (2012): Wildwuchs eingedämmt. In: Die Mitbestimmung, Jg. 57/Heft 7–8, S. 47–49

Schwitzer, H./Schumann, D. (2013): Tarifverträge über Branchenzuschläge – eine erste Zwischenbilanz. In: WSI-Mitteilungen, Jg. 66/Heft 4, S. 297–300

Sczesny, C./Schmidt, S./Schulte, H./Dross, P. (2008): Zeitarbeit in Nordrhein-Westfalen. Strukturen, Einsatzstrategien, Entgelte, Endbericht. Dortmund

Seifert, H./Steinke, R.: (2001): Lernen, ein Leben lang. Strategien für ein Lernzeitkonto. In: Schriftenreihe der Senatsverwaltung für Arbeit, Soziales und Frauen, Bd. 44, Lebens-LangesLernen. Berlin

Seifert, H. (Hg.) (2002): Betriebliche Bündnisse für Arbeit. Rahmenbedingungen – Praxiserfahrungen – Zukunftsperspektiven. Berlin

Seifert, H. (2012): Die Zwei Gesichter der Flexibilität: Stabilität versus Instabilität. In: Sozialer Fortschritt, Jg. 61/Heft 6, S. 132–139

Seifert, H./Brehmer, W. (2008): Leiharbeit: Funktionswandel einer flexiblen Beschäftigungsform. In: WSI-Mitteilungen, Jg. 61/Heft 6, S. 335–341

Seifert, H./Tangian, A. (2009): Index „Qualität der Arbeit“: Nordische Länder und Deutschland im Vergleich. In: WSI-Mitteilungen, Jg. 62/Heft 1, S. 52–57

Sengenberger, W. (1987): Struktur und Funktionsweise von Arbeitsmärkten. Frankfurt/M., New York

Sengenberger, W. (2010): Beyond the measurement of unemployment and underemployment: The case for extending and amending labour market statistics. Ms. Geneva

Sesselmeier, W. (2007): (De)Stabilisierung der Arbeitsmarktsegmentation? Überlegungen zur Theorie atypischer Beschäftigung. In: Keller, B./Seifert, H. (Hg.): Atypische Beschäftigung. Flexibilisierung und soziale Risiken. Berlin, S. 67–80

Sesselmeier, W./Funk, L./Waas, B. (2010): Arbeitsmarkttheorien. Eine ökonomisch-juristische Einführung (3. Aufl.). Heidelberg

Spermann, A. (2011): Die neue Rolle der Zeitarbeit in Deutschland. Randstad Discussion Paper No. 1, Eschborn

Standing, G. (1999): Global Labour Flexibility: Seeking Distributive Justice. Basingstoke

Standing, G. (2011): The Precariat. The New Dangerous Class. London/New York

Starke, P. (2010): Soziale Absicherung atypisch Beschäftigter in Deutschland. In: Friedrich-Ebert-Stiftung (Hg.): Zukunft der Sozialversicherungssysteme in Russland und Deutschland. Bonn, S. 127–134

Statistisches Bundesamt (2008): Atypische Beschäftigung auf dem deutschen Arbeitsmarkt. Wiesbaden

Statistisches Bundesamt (2009): Niedrigeinkommen und Erwerbstätigkeit (Internet: http://www.destatis.de/jetspeed/portal/cms/Sites/destatis/Internet/DE/Presse/pk/2009/Erwerbstaetigkeit/begleitheft_Erwerbstaetigkeit,property=file.pdf; zuletzt aufgesucht am 22.1. 2013)

Statistisches Bundesamt (2010a): Befristete Beschäftigung: Jeder Elfte Vertrag hat ein Verfallsdatum (Internet: http://www.destatis.de/jetspeed/portal/cms/Sites/destatis/Internet/DE/Navigation/Publikationen/STATmagazin/2010/Arbeitsmarkt2010_032,templateId=renderPrint.psml_nnn=true; zuletzt aufgesucht am 7.2.2012)

Statistisches Bundesamt (2010b): Pressemitteilung Nr.257 vom 22.07.2010. Atypische Beschäftigung im Krisenjahr 2009 rückläufig. http://www.destatis.de/jetspeed/portal/cms/Sites/destatis/Internet/DE/Presse/pm/2010/07/PD10_257_132,templateId=renderPrint.psml; zuletzt aufgesucht am 7.2.2012)

Statistisches Bundesamt (2012a): Qualität der Arbeit. Geld verdienen und was sonst noch zählt. Wiesbaden

Statistisches Bundesamt (2012b): Fachserie 1, Reihe 4.1.1, Mikrozensus (Internet: https://www.destatis.de/DE/Publikationen/Thematisch/Arbeitsmarkt/Erwerbstaetige/StandEntwicklung Erwerbstaetigkeit2010411117004.pdf?_blob=publicationFile; zuletzt aufgesucht am 15. 2.2013)

Statistisches Bundesamt (2012c): Niedriglohn und Beschäftigung 2010. Begleitmaterial zur Pressekonferenz am 10. September 2012 in Berlin

Steffen, J. (2010): Gebrochene Erwerbsbiografien, atypische Beschäftigung und drohende Altersarmut. In: Arbeitnehmerkammer Bremen, Perspektiven solidarischer Sicherungskonzepte, Nr. 12. Bremen, S. 1–11

Stephani, J. (2012): Wage growth and career patterns of German low-wage workers. IAB-Discussion Paper 1. Nürnberg

Stöger, H. (2011): Rentensystem und Altersarmut im internationalen Vergleich. FES-Studie. Berlin

Stone, K. V. W. (2012): The Decline in the Standard Employment Contract: Evidence from Ten Advanced Industrial Countries. UCLA School of Law, Law-Econ Research Paper No. 12–19 (Internet: http://papers.ssrn.com/sol3/papers.cfm?abstract_id=2181082; zuletzt aufgesucht am 31.7.2013)

Stone, K. V. W./Arthurs, H. (eds.) (2013): Rethinking workplace regulation. Beyond the standard contract of employment. New York

Storrie, D. (2002): Temporary agency work in the European Union. Luxembourg

Trischler, F. (2012): Auswirkungen diskontinuierlicher Erwerbsbiographien auf die Rentenanwartschaften. In: WSI-Mitteilungen, Jg. 65/Heft 4, S. 253–261

Vandaele, K./Leschke, J. (2010): Following the 'organising model' of British unions? Organising non-standard workers in Germany and the Netherlands. ETUI working paper 2010/02. Brussels

Verma, A./Kochan, Th. A. (eds.) (2004): Unions in the 21st century. An international perspective, London

Vitols, K. (2008): Zwischen Stabilität und Wandel: Die Sozialpartnerschaft in Deutschland und die atypische Beschäftigungsform Zeitarbeit. Hamburg

Vogel, S./Dribbusch, H. (2009): Germany: Self-employed workers (Internet: http://www.eurofound.europa.eu/comparative/tn0801018s/de0801019q.htm, zuletzt aufgesucht am 10.10.2011)

Vosko, L. (2009): Less than adequate: regulating temporary agency work in the EU in the face of an internal market in services. In: Cambridge Journal of Regions, Economy and Society, Vol. 2/No. 3, S. 395–411

Vosko, L. (2010): Managing the Margins: Gender, Citizenship and the International Regulation of Precarious Employment. Oxford

Vosko, L. F./MacDonald, M./Campbell, I. (2009a): Introduction. Gender and the concept of precarious employment. In: Vosko, L. F/ MacDonald, M./Campbell, I. (eds.): Gender and the contours of precarious employment. New York. S. 1–25

Vosko, L. F./MacDonald; M./Campbell, I. (eds.) (2009b): Gender and the contours of precarious employment. New York

Voss, D./Weinkopf, C. (2012): Niedriglohnfalle Minijob. In: WSI-Mitteilungen, Jg. 65/Heft 1, S. 5–12

Voss, E./Farvaque, N./Broughton, A./Behling, F./Dota, F./Leonardi, S./Naedenoen, F. (2012): The Role of Temporary Agency Work and Labour Market Transitions in Europe: Institutional frameworks, empirical evidence, good practice and the impact of social dialogue. Final Report for the Eurociett / UNI Europa Project. Hamburg

Voss-Dahm, D. (2006): Minijobs als Triebkräfte der Ausdifferenzierung betrieblicher Beschäftigungssysteme – das Beispiel Einzelhandel. In: Nienhüser, W. (Hg.): Beschäftigungspolitik von Unternehmen. Theoretische Erklärungsansätze und empirische Erkenntnisse. München, Mering, S. 75–94

Voss-Dahm, D. (2009): Über die Stabilität sozialer Ungleichheit im Betrieb. Verkaufsarbeit im Einzelhandel. Berlin

Voswinkel, S. (1995): Die Regulierung der Leiharbeit. Zeitarbeit zwischen Arbeitsvermittlung und überbetrieblicher Beschäftigung. In: Keller, B./Seifert, H. (Hg.): Atypische Beschäftigung. Verbieten oder gestalten? Köln, S. 108–138

Wagner, A. (2010): Atypische Beschäftigung. Eine wissenschaftliche Bilanzierung. Abschlussbericht. Berlin

Wall-Strasser, S./Kaiser, E./Wimplinger, J./Breiner, G. (Hg.) (2008): Gewerkschaften und atypische Beschäftigung. Interessen – Überzeugungen – Mitglieder. Wien

Waltermann, R. (2010): Abschied vom Normalarbeitsverhältnis? Welche arbeits- und sozialrechtlichen Regelungen empfehlen sich im Hinblick auf die Zunahme neuer Beschäftigungsformen und die wachsende Diskontinuität von Erwerbsbiographien? Gutachten für den 68. Deutschen Juristentag. Bonn

Wanger, S. (2006): Teilzeitarbeit fördert Flexibilität und Produktivität. IAB-Kurzbericht 7/2006. Nürnberg

Wanger, S. (2011): Ungenutzte Potenziale in der Teilzeit. Viele Frauen würden gerne länger arbeiten. IAB-Kurzbericht 9/2011. Nürnberg

Wassermann, W./Rudolph, W. (2007a): Leiharbeit als Gegenstand betrieblicher Mitbestimmung. Anforderungen und Arbeitsressourcen von Betriebsräten in Betrieben mit hohem Leiharbeitnehmeranteil. Ergebnisse einer Befragung von Betriebsräten in Betrieben des Organisationsbereiches der IG Metall im Frühjahr 2007. Düsseldorf

Wassermann, W./Rudolph, W. (2007b): Leiharbeiter in der betrieblichen Mitbestimmung. Wie sieht die Praxis in den Betrieben aus? In: Arbeitsrecht im Betrieb, Jg. 28/Heft 12, S. 700–704

Weiss, M. (2011): Re-inventing labour law? In: Davidov, G./Langille, B (eds.): The idea of labour law. Oxford, S. 43–56

Wiemers, J./Ziegler, K. (2013): Kurz & bündig. Fiskalische Wirkungen eines Mindestlohns. (Internet: http://www.iab.de/UserFiles/File/kub_Mindestlohn_2013-07-24.pdf; zuletzt aufgesucht am 31.7.2013)

Wießner, Fr. (2005): Neues von der Ich-AG. Nicht jeder Abbruch ist eine Pleite. IAB-Kurzbericht 2/2005, Nürnberg

Wingerter, C. (2011): Der Eintritt junger Menschen in das Erwerbsleben. In: Wirtschaft und Statistik, Heft 2, S. 99–117

Wingerter, C. (2012): Atypische Beschäftigung: Arbeitsmarkt im Wandel. In: Wirtschaftsdienst, Jg. 92/Heft 3, S. 208–212

Wissenschaftlicher Beirat beim Bundesministerium für Wirtschaft und Technologie (BMWi) (2012): Altersarmut. Ms. Berlin

Wolf, E. (2001): Comparing the part-time wage gap in Germany and the Netherlands. ZEW Discussion Paper No. 01-18, Mannheim

Wölfle, T. (2008): Gewerkschaftliche Strategien in der Leiharbeit. In: WSI-Mitteilungen, Jg. 61/Heft 1, S. 38–44

Wolters, T. (2008): Leiharbeit – Arbeitnehmerüberlassungsgesetz (AÜG). Düsseldorf

WSI-Mitteilungen (2012): Schwerpunktheft Minijobs, Jg. 65/Heft 1

Zeitschrift für Arbeitsmarktforschung – ZAF (2008): Themenheft Atypische Beschäftigung und Niedrigeinkommen, Jg. 41/Heft 4

Zimmer, R. (2012): Entgeltgleichheit und Begrenzung der Flexibilisierung geringfügiger Beschäftigung durch kollektivrechtliche Regelungen. In: WSI-Mitteilungen, Jg. 65/Heft 1, S. 50–57

Zumbeck, Chr. (2005): Betriebs- und Dienstvereinbarungen Zeitarbeit und befristete Beschäftigung. Analyse und Handlungsempfehlungen. Frankfurt/M.

Zumbeck, Chr. (2007): Betriebs- und Dienstvereinbarungen zu prekären Arbeitsverhältnissen. Ergebnisse der Auswertung. In: Lorenz, F./Schneider, G. (Hg.): Ende der Normalarbeit. Hamburg, S. 109–123

Abkürzungsverzeichnis

ANÜSTA	Arbeitnehmerüberlassungsstatistik
AÜG	Arbeitnehmerüberlassungsgesetz
AVE	Allgemeinverbindlichkeitserklärung
BA	Bundesagentur für Arbeit
BAG	Bundesarbeitsgericht
BAP	Bundesarbeitgeberverband der Personaldienstleister e.V.
BDA	Bundesvereinigung Deutscher Arbeitgeberverbände
BetrVG	Betriebsverfassungsgesetz
BfA	Bundesversicherungsanstalt für Angestellte
BMAS	Bundesministerium für Arbeit und Soziales
BMFSFJ	Bundesministerium für Familie, Senioren, Frauen und Jugend
CGZP	Tarifgemeinschaft christlicher Gewerkschaften für Zeitarbeit und Personalservice-Agenturen
DGB	Deutscher Gewerkschaftsbund
EGB	Europäischer Gewerkschaftsbund
EPL	Employment Protection Legislation
GRV	Gesetzliche Rentenversicherung
IAB	Institut für Arbeitsmarkt- und Berufsforschung der Bundesagentur für Arbeit
iGZ	Interessenverband Deutscher Zeitarbeitsunternehmen e.V.
ISG	Institut für Sozialforschung und Gesellschaftspolitik
NAV	Normalarbeitsverhältnis
OECD	Organisation for Economic Co-Operation and Development
RWI	Rheinisch-Westfälisches Institut für Wirtschaftsforschung
SGB	Sozialgesetzbuch
SOEP	Sozioökonomisches Panel
TzBfG	Teilzeit- und Befristungsgesetz
UNICE	Union of Industrial and Employers‘ Confederation of Europe

Verzeichnis der Schaubilder, Tabellen und Übersichten

Schaubilder

Tabellen

Übersichten